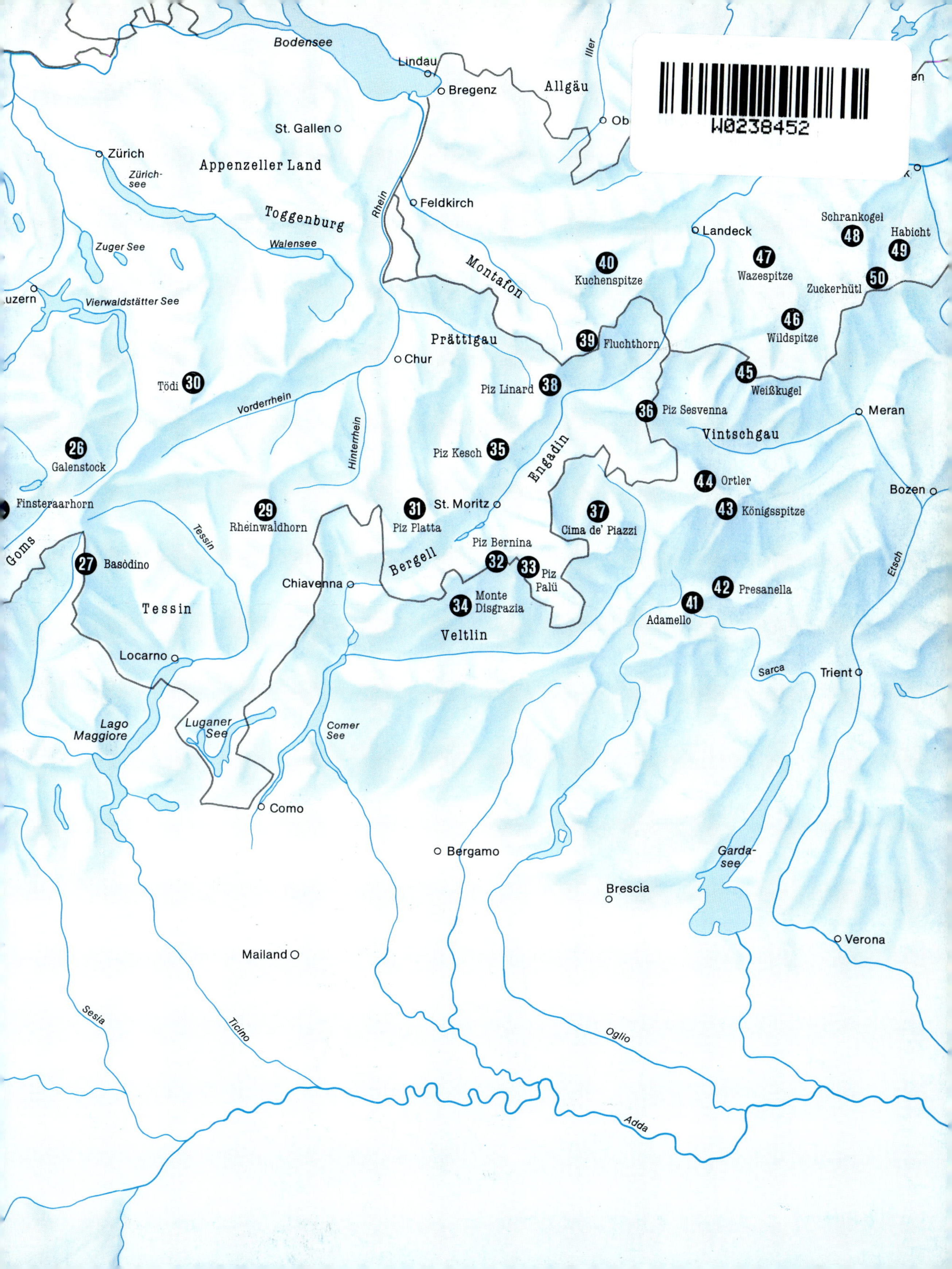

Bodensee
Lindau
Bregenz
Allgäu
Iller
St. Gallen
Zürich
Zürich-see
Appenzeller Land
Toggenburg
Rhein
Feldkirch
Zuger See
Walensee
Landeck
Schrankogel
48
Habicht
49
47
Wazespitze
40
Kuchenspitze
Montafon
50
Zuckerhütl
uzern
Vierwaldstätter See
46
Wildspitze
Prättigau
39
Fluchthorn
Chur
45
Weißkugel
Tödi
30
Piz Linard
38
Vorderrhein
36
Piz Sesvenna
Meran
Vintschgau
26
Galenstock
Hinterrhein
Piz Kesch
35
Engadin
44
Ortler
Bozen
Finsteraarhorn
29
Rheinwaldhorn
31
Piz Platta
St. Moritz
37
Cima de' Piazzi
43
Königsspitze
Tessin
Goms
27
Basòdino
Piz Bernina
32
33
Piz Palü
Bergell
Chiavenna
Tessin
34
Monte Disgrazia
41
Adamello
42
Presanella
Etsch
Veltlin
Locarno
Sarca
Trient
Lago Maggiore
Luganer See
Comer See
Como
Bergamo
Garda-see
Brescia
Verona
Mailand
Sesia
Ticino
Oglio
Adda

Bergsteigen

Band 1

Klassische Alpengipfel

Walter Pause

Neubearbeitung:
Michael Pause

BLV Verlagsgesellschaft
München Wien Zürich

Wohl kein Bergsteiger kann von sich behaupten, er kenne alle »klassischen« Alpengipfel aus eigenem Erleben, denn die hier vorliegende Zusammenstellung ist nur eine Auswahl aus 100 oder 200 Gipfeln dieser Kategorie. Ich danke daher für die engagierte Mitarbeit Johannes und Rosi Führer (Köln), Walter Hellberg (Bischofsheim), Lilo Rücker (Reintal), Hans Steinbichler (Kothöd), Ulrich Tubbesing (Bielefeld) und Ewald Weiß (Denkendorf). Dank schulde ich außerdem Matthias Rost für die Zeichnung der Karten- und Anstiegsskizzen sowie den vielen fotografierenden Bergsteigern und bergsteigenden Fotografen für ihre Mühe und Geduld bei der hochalpinen Landschaftsfotografie.

Michael Pause

CIP-Kurztitelaufnahme der Deutschen Bibliothek

Pause, Walter:
Bergsteigen / Walter Pause.
Neubearb.: Michael Pause. –
München; Wien; Zürich:
BLV Verlagsgesellschaft

NE: Pause, Michael [Bearb.]

Bd. 1. Klassische Alpengipfel. – 1985.
ISBN 3-405-13153-7

Bildnachweis
Titelbild (In Eis und Urgestein am Cosmiquesgrat/Aiguille du Midi): J. Winkler
S. 2/3 (Aiguille Verte und die Drus vom Lac Blanc in den Aiguilles Rouges; im Hintergrund rechts die Nordwand der Grandes Jorasses): W. Hellberg
S. 6 (Abstieg am Ostgrat des Piz Palü; im Hintergrund der Piz Varuna): J. Penner
H. Ehmert: S. 133 – W. End: S. 41, 46, 119, 129 – J. Führer: S. 27, 31, 71 – R. Haas: S. 19 – H. Häusle: S. 95 – W. Heiss: S. 115 – W. Hellberg: S. 33, 111 – T. Hiebeler: S. 30/31, 39, 49, 57, 59, 62/63, 85, 121, 135, 138, 139 – E. Höhne: S. 11 – E. Kress: S. 37 – W. Lang: S. 125 – R. Leitner: S. 23, 131 – R. Lindner: S. 16, 79 kl. – R. Mathis: S. 97 – F. Nußbaumer: S. 117 – J. Penner: S. 82/83, 106 – K.-H. Rochlitz: S. 123, 136 – H. Steinbichler: S. 9, 15, 53, 91, 99 – F. Stettmayer: S. 35 gr. – M. Stöckle: S. 18/19, 35 kl., 101 – U. Tubbesing: S. 13, 21, 25, 28, 47, 55 (2), 67, 69, 73, 75, 77, 79 gr., 83, 89, 104, 106/107, 141 – J. Winkler: S. 43, 44, 51, 60, 65, 80, 93 – F. Zengerle: S. 87, 103, 109, 113, 127.

Karten: Matthias Rost

Gesamtherstellung: Passavia Passau

Printed in Germany · ISBN 3-405-13153-7

Inhalt

1 Argentera, 3297 m — 8
Stiller Berg in Rivieranähe

2 Monviso, 3841 m — 10
Über der Quelle des Po

3 Pic de l'Etendard, 3464 m — 12
Zum westlichsten Gletscherberg der Alpen

4 Barre des Ecrins, 4102 m — 14
Auf den südlichsten Viertausender der Alpen

5 Meije, 3982 m — 17
Über den Promontoiregrat zum Grand Pic

6 Pointe de Charbonnel 3752 m — 20
Eisdom überm Vallée d'Avérole

7 Grande Casse, 3855 m — 22
Über den Glacier des Grands Couloirs

8 Mont Pourri, 3779 m — 24
Eislabyrinth im Vanoise-Nationalpark

9 Gran Paradiso, 4061 m — 26
Auf dem Normalweg aus dem Valsavaranche

10 Montblanc, 4807 m — 29
Überschreitung Aiguille du Goûter – Col du Midi

11 Grandes Jorasses, 4208 m — 32
Durch die Hängegletscher der italienischen Seite

12 Aiguille Verte, 4121 m — 34
Das Couloir Whymper

13 Grivola, 3969 m — 36
Steile Pyramide überm Aostatal

14 Grand Combin, 4314 m — 38
Über die eisige Nordwestflanke abseits des Corridor

15 Dent Blanche, 4357 m 40
»Weißer Zahn« aus schwerem Fels

16 Matterhorn, 4478 m 42
Der Hörnligrat

17 Monte Rosa, 4634 m 45
Am Normalweg auf die Dufourspitze

18 Weißhorn, 4506 m 48
Der Normalweg über den Ostgrat

19 Dom, 4545 m 50
Über Festijoch und Nordflanke

20 Bietschhorn, 3934 m 52
Überschreitung Nordgrat–Westgrat

21 Aletschhorn, 4195 m 54
Südwestgrat vom Oberaletschgletscher

22 Blüemlisalp, 3663 m 56
Überschreitung Morgenhorn – Weiße Frau – Blüemlisalphorn

23 Jungfrau, 4158 m 58
Über Rottalsattel und Südgrat

24 Finsteraarhorn, 4274 m 61
Normalweg auf den höchsten Berner Gipfel

25 Schreckhorn, 4078 m 64
Südwestgrat auf den schwierigsten Berner Viertausender

26 Galenstock, 3583 m 66
Erstklassiger Aussichtsberg im Herzen der Schweiz

27 Basòdino, 3274 m 68
Eisberg im Tessin

28 Monte Leone, 3553 m 70
Breite Mauer überm Simplon

29 Rheinwaldhorn, 3404 m 72
Höchster Berg zwischen Wallis und Bergell

30 Tödi, 3614 m 74
Von der Planura-Hütte durch die Südwestwand

31 Piz Platta, 3392 m 76
Stiller Aussichtsgipfel zwischen Ost- und Westalpen

32 Piz Bernina, 4049 m 78
Überschreitung Biancograt – Spallagrat – Fortezzagrat

33 Piz Palü, 3905 m 81
Überschreitung Ostgrat – Fortezzagrat

34 Monte Disgrazia, 3678 m 84
Auf den höchsten Gipfel überm Val Màsino

35 Piz Kesch, 3418 m 86
Auf den höchsten Berg der Bündner Alpen

36 Piz Sesvenna, 3205 m 88
Leichter Gipfel über neuer Hütte

37 Cima de'Piazzi, 3439 m 90
Im Schatten von Bernina und Ortler

38 Piz Linard, 3411 m 92
Schwarze Pyramide überm Unterengadin

39 Fluchthorn, 3399 m 94
Durch die Weilenmannrinne

40 Kuchenspitze, 3170 m 96
Ostgrat – Südgratplatte

41 Adamello, 3539 m 98
Auf den Spuren Julius Payers

42 Cima Presanella, 3556 m 100
Zwischen Tonalepaß und Sarcatal

43 Königspitze, 3859 m 102
Ideale Berggestalt mit Wächtenkrone

44 Ortler, 3905 m 105
Der weiße Dom über dem Vintschgau

45 Weißkugel, 3739 m 108
Am Scheitelpunkt der Ötztaler Alpen

46 Wildspitze, 3770 m 110
Ötztaler Urkund – Normalweg

47 Wazespitze, 3533 m 112
Der Eisweg auf den höchsten Gipfel des Kaunergrats

48 Schrankogel, 3496 m 114
Dunkle Felspyramide überm Sulztal

49 Habicht, 3277 m 116
Zwischen Gschnitz- und Stubaital

50 Zuckerhütl, 3505 m 118
Auf den höchsten Stubaier Eisgipfel

51 Olperer, 3476 m 120
Elegante Überschreitung im Tuxer Kamm

52 Hochfeiler, 3510 m 122
Leichter Weg zum höchsten Zillertaler

53 Großer Möseler, 3478 m 124
Anspruchsvolle Nord-Süd-Überschreitung

54 Rötspitze, 3495 m 126
Zwischen Ahrntal und Umbaltal

55 Hochgall, 3435 m 128
Kühnes Vorwerk der Hohen Tauern

56 Reichenspitze, 3303 m 130
Vom Zillergrund ins Wildgerlostal

57 Großes Wiesbachhorn, 3564 m 132
Vom Kaindlgrat zur Oberwalder Hütte

58 Großvenediger, 3674 m 134
Über den historischen Weg

59 Großglockner, 3798 m 137
Am höchsten Berg Österreichs

60 Hochalmspitze, 3360 m 140
Rudolfstädter Weg – Großelendkees

Wichtige Hinweise 142

Vorwort

Die Alpen im Herzen Europas sind eine Oase der Ordnungswidrigkeit, die den von kleinen Reizen übersättigten Städter mit den großen einfachen Dingen konfrontiert: der Strapaze und der Gefahr.
Wolf Schneider

Wer als Bergsteiger die höheren Gipfel der Alpen zum Ziel hat, sie jedoch nicht etwa stur in der Reihenfolge der Gipfelhöhen vom Montblanc abwärts »abhaken« will, stellt sich irgendwann die Frage: Wohin zuerst – welches sind die »schönsten«, welches die »klassischen« Alpengipfel? Wer immer hier zu antworten wagte, er müßte sogleich eine philosophische Bemerkung anfügen: daß nämlich alle diese »klassischen« Alpengipfel zwar unterschiedlich hoch und unterschiedlich schwierig sind, daß aber das »Gipfelglück« stets in gleichem Ausmaß zur Stelle ist ...

In dem vorliegenden Band – einer durchgreifenden Neubearbeitung des gleichen Titels, der erstmals vor 25 Jahren in der Bergbuchreihe meines Vaters erschien – werden 60 »klassische« Alpengipfel vorgestellt. Darunter befinden sich natürlich die markantesten Gipfel des Alpenhauptkamms, denen jedermann dieses Prädikat ohne Zögern zugesteht – sämtliche »Matterhörner« der Alpen. Der Kenner findet aber auch einige weniger bekannte Berge wie zum Beispiel Piz Platta oder Cima de'Piazzi, die man jedoch aufgrund ihrer Form, ihrer klaren Anstiegslinien oder des Stellenwerts innerhalb ihrer Gebirgsgruppe zu diesen besonderen Gipfeln rechnen darf.

Von den 100 Touren, die im Vorgängerband zusammengefaßt waren, wurden 51 nach genauer Überprüfung aller Angaben in dieses Buch übernommen (einige mit veränderten Routen); neun Gipfel kamen neu dazu. Die Besteigung aller dieser Berge verlangt den hochalpin erfahrenen und geschulten Bergsteiger, dem Kletterpassagen ebensowenig Schwierigkeiten bereiten wie Gletscherbegehungen und der selbstverständlich stets in einer Seilschaft aufsteigt; nur ganz wenige der Touren kann ein Alleingänger verantwortungsvoll bewältigen! Sämtliche Routen werden mit einem oder mehreren Bildern, einer Übersichtsskizze (bei reinen Klettertouren mit einer Anstiegsskizze), den stichwortartig zusammengefaßten wichtigsten Informationen sowie dem Text vorgestellt.

In der Oberzeile zu jeder Tour taucht neben Staat und Gebirgsgruppe der Hinweis auf, ob es sich um eine Eistour (E), eine Felskletterei (F) oder ein kombiniertes Unternehmen (F/E) handelt; bei Routen in Firn und Fels wird das dominierende Element an erster Stelle genannt. Die in Klammern gesetzte Schwierigkeitsbewertung bezieht sich einzig auf Kletterstrecken bzw. auf die – bei normalen Verhältnissen – schwierigste Kletterstelle.

Bei den Stichworten wird unter der Rubrik »Charakter« versucht, die Tour insgesamt zu bewerten; Selbstverständlichkeiten sind hier nicht berücksichtigt (beispielsweise, daß auf Gletschern Spaltensturzgefahr besteht, daß in der Hauptsaison viele Hütten überbelegt sind u.ä.). Wenn eine Tour spezielle Ausrüstungsgegenstände erfordert, wird darauf unter einem eigenen Stichwort hingewiesen. Was die Stützpunkte betrifft, wird nur bei unbewirtschafteten Hütten dieser Umstand vermerkt; selbst bei den meisten SAC-Hütten ist es mittlerweile die Regel, daß die Hütte zur Hauptsaison durchgehend von einem Wirt bzw. einer Wirtin oder zumindest in regelmäßigen Abständen von einem Hüttenwart versorgt bzw. beaufsichtigt wird (in Zweifelsfällen im Tal nachfragen). Die unter »Höhenunterschied« genannten Meter beziehen sich ausschließlich auf die im Aufstieg zurückzulegenden Strecken; bei längeren Zwischenabstiegen ist die Summe der Höhenmeter angegeben. Alle aufgeführten Abstiegszeiten gelten für die Strecke bis zum jeweils nächstgelegenen Stützpunkt, weitere Abstiege ins Tal sind hier nicht berücksichtigt.

Zum Abschluß noch der Hinweis auf den außergewöhnlich ernsten Charakter der Mehrzahl dieser Touren: Bergsteigen im Granit, Gneis und Eis der Zentralalpen erfordert sehr frühen Aufbruch, oft schon Stunden vor der Dämmerung; nur dann sind Firn und Eis auch beim Abstieg noch gut passierbar. Man begibt sich stets in große Höhe, wo ein Wettersturz wesentlich gefährlicher ist als in mittleren Lagen. Jeder Benutzer dieses Bandes muß wissen, daß die hier angebotenen Informationen nur anregen können, keinesfalls aber die Benutzung der – angegebenen – Führerliteratur überflüssig machen.

Michael Pause

1 Argentera

Stiller Berg in Rivieranähe

Italien
Seealpen
3297 m
F(I)

Talort Terme di Valdieri, 1368 m, im Val Gesso, Straße/Bus von Cuneo.

Stützpunkt Rif. Remondino, 2430 m, CAI, zeitweise bewirtschaftete H. südwestl. der Argentera, Schlüssel in Terme di Valdieri erhältl.; 4 Std. von Terme durch das Vallettatal (oder vom dortigen Straßenende 2 Std.), bez.

Aufstieg Über Passo dei Detriti und S-Flanke – **Höhenunterschied** 900 m. – **Zeit** 3 Std.

Abstieg Wie Aufstieg, 2 Std.

Charakter Im unteren Teil (Schuttrinne) ein Schinder, den in der S-Flanke exponierte, doch leichte Kletterei (I) ablöst.

Ausrüstungstip Wenn in der Steilrinne zum Passo dei Detriti kein Schnee liegt, sind Pickel und Steigeisen unnötig; kann erst von der Hütte aus beurteilt werden!

Erstersteiger Unbekannt.

Führer Nur in italienischer Sprache: Alpi Liguri e Marittime, TCI/CAI.

Karte IGC 8, Alpi Marittime e Liguri, 1 : 50 000 (derzeit einzig brauchbare Karte für die Argentera).

Bild Blick vom Hauptgipfel der Argentera zum Klotz des Nordgipfels. Der grobblockige Fels ermöglicht jedem trittsicheren und etwas klettergewandten Bergsteiger einen unschwierigen Anstieg.

Daß die Seealpen ans Mittelmeer grenzen, deutet schon der Name an, daß sie aber auch die Dreitausend-Meter-Marke erreichen und über weite Strecken Hochgebirgscharakter aufweisen, gehört im nördlichen Vorland der Alpen noch nicht zum Allgemeinwissen der Bergsteiger. Auf ihrem höchsten Berg, der Cima Argentera, einem mächtigen, von stillen Wandfluchten getragenen Zackengrat, steht man nur 45 km von der Riviera entfernt und doch schon 3300 m über dem Meeresspiegel. Diese Cima Argentera ist die letzte, herausragende Erhebung im Alpenhauptkamm, der bedeutendste Gipfel zwischen Monte Viso und Monte Carlo, keine grazile Schönheit zwar, aber markant und selbst von weither unübersehbar. Der Zugang zur Argentera erfolgt am besten von Cuneo her durch das Valle della Valletta, wobei man es nicht versäumen sollte, sich in Terme di Valdieri nach dem Schlüssel für das Rifugio Remondino zu erkundigen. Erst an der kleinen Hütte selbst, nach einem abwechslungsreichen Anstieg durch mediterran angehauchte Vegetationsstufen, bekommt man die Cima Argentera richtig zu Gesicht – und ist meist wenig angetan von der steinig-düsteren Ostflanke und dem steilen Schuttcouloir, das da 400 m hoch zum wichtigen Passo dei Detriti emporzieht. Jenseits tut sich eine ganz andere Argentera-Realität auf: die glatte, aus grellem Firn aufsteigende Südwand und das exponierte Band, das diesen Berg auch dem trittsicheren Nichtkletterer erschließt. Bis auf zwei kurze Kriechstellen stellt das luftige Gesims in der Südwand keinerlei Anforderungen an die bergsteigerische Geschicklichkeit. Vom Ende des Bandes folge man, auch wenn die zwei Rinnen logischer aussehen, rechts zwei ausgesetzten, aber leichten Felsstufen. Sie führen unmittelbar unter den Gipfel, der zuletzt durch ein kurzes, harmloses Couloir erreicht wird.

Spätestens hier oben verflüchtigt sich auch der letzte Ärger über den mühsamen Tourenauftakt. Der Ausblick zu den 200 km entfernten Eisgipfeln der Walliser Alpen, zum Riesenkegel des Monviso oder der beklemmend schöne Tiefblick an der Südwand hinab zum Passo dei Detriti – das gehört zu den bleibenden Eindrücken dieser auch auf dem Normalweg meist einsamen Bergfahrt.

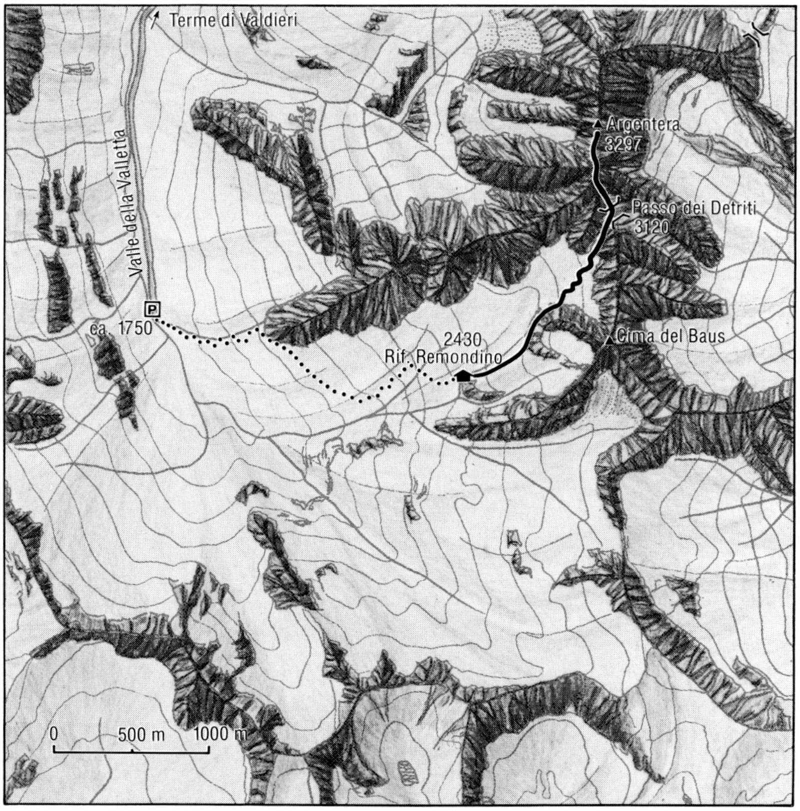

2 Monviso

Über der Quelle des Po

Italien
Cottische Alpen
3841 m
F(II)/E

Talort Crissolo, 1318 m, im Valle Po, Bus von Saluzzo, Camping möglich.

Stützpunkt Rif. Quintino Sella, 2640 m, CAI, am Lago Grande di Viso, 4 Std. von Crissolo oder 2.20 Std. vom Pian del Re, 2020 m, (Straße von Crissolo), bez. Wege.

Aufstieg Über Passo di Sagnette und S-Wand, gut markiert, II–. – **Höhenunterschied** 1300 m. – **Zeit** 4–5 Std.

Abstieg Wie Aufstieg, 3 Std.

Charakter Streckenweise mühsamer Schutt- und Felsweg, geringe klettertechnische Schwierigkeiten (I-II), aber Steinschlaggefahr, wenn mehrere Gruppen unterwegs sind.

Ausrüstungstip Für die steilen Firnreste des ehem. Visogletschers Pickel und Steigeisen, möglichst auch Steinschlaghelm.

Besonderer Hinweis Früh aufbrechen, da wegen der Nähe zur Po-Ebene am Nachmittag häufig Quellwolkenbildung.

Erstersteiger W. Mathero und W. Jacomb mit M. und J. B. Croz, 1861.

Führer CAI-Führer Monviso, S. Zessone.

Karten IGN 246, Queyras – Monviso, 1:25000. – IGC 6, Monviso, 1:50000.

Bild Weite Schuttkare, kleine Firnflecken und eine mürbe Felsflanke prägen die Südseite des Monviso-Gipfelaufbaus. Der Normalweg führt zum Gletscherrest (links der Bildmitte), im Zickzack durch die gestufte Wand und schließlich am Südostgrat (rechts) zum Gipfel.

Die südlichen Alpen hören keineswegs mit den Riesen des Dauphiné auf, denn dort, wo sich das Fußvolk des auslaufenden Hauptkamms sammelt, da überragt der Monte Viso, kurz Monviso genannt, alles Gebirge weithin. Sein ebenmäßiger Obelisk wirkt wie ein Goliath unter Zwergen und bildet einen der markantesten Gipfel zwischen Nizza und Wien, ein Riesenkegel, dem fast ein Zehntel des Alpenraums zu Füßen liegt. Er steht (geographisch) noch südlich von Turin und ist doch an Höhe und Form dem höchsten Berg Österreichs ebenbürtig. Und was der Großglockner für die Alpenrepublik, das ist der Monviso für Norditalien: der populärste Berg dieser Region und darüber hinaus die Geburtsstätte des Italienischen Alpenclubs.

An seinem Sockel, am Pian del Re, sammeln sich die Quellbäche des Po, und dort sammeln sich – vor allem im Juli und August – auch die Autos der Turiner Bergsteiger und Sommerfrischler. Alle Schattierungen streßgeplagter Großstädter sind hier anzutreffen: die einen beim ausgelassenen Familienpicknick, die anderen mit neuen Sorgen und schweren Hochtourenrucksäcken beladen auf dem Weg zum Rifugio Q. Sella. Droben in der großen, renovierten CAI-Hütte am Lago Grande di Viso läßt sich auf

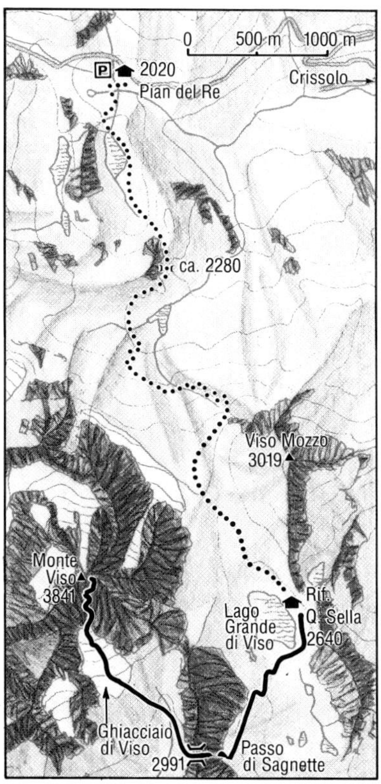

einer jeden Tag aktualisierten Tafel ablesen, wie die Verhältnisse auf den verschiedenen Routen sind und welche Ausrüstung mitgenommen werden sollte. Was fehlt, kann man hier an Ort und Stelle nachkaufen und sich vom Scheitel bis zur Sohle, vom Steinschlaghelm bis zu den Steigeisen, hochalpin einkleiden.

Natürlich wählt die Mehrzahl der Aspiranten den Normalweg durch die gut gestufte, aber etwas brüchige Südwand, mäßig schwierig nur und dank der reichlichen Markierungspfeile mittlerweile leicht zu finden. Diese Route ist zwar nicht sehr interessant und teilweise sogar ein rechter Schinder – besonders im Anstieg zum Passo di Sagnette –, aber dafür ist der Berg, für den man sich abgequält, um so schöner. Leider hat der Monviso die schlechte Angewohnheit, sich selbst bei gutem Wetter ab Mittag eine Wolkenkappe überzuziehen. Deshalb ist frühzeitiger Aufbruch ratsam – wer zu lange schläft, riskiert seinen Gipfel!

Von der Sella-Hütte führt ein nicht zu verfehlender Pfad südwärts zu einem engen, mühsamen Schuttcouloir, das direkt hinauf zum Passo di Sagnette zieht. Dort wird – endlich – die Südwand des Monviso sichtbar: steil und von erdrückender Wucht, aber doch beruhigend aufgegliedert durch zahlreiche Bänder, Rinnen und Rippen. Einigen Steinmanndln folgend gelangt man durch ein trümmergefülltes Kar zum weit zurückgezogenen Ghiacciaio di Viso, der als Relikt längst vergangener Gletscherherrlichkeit eine kümmerliche, von Wärmestrahlung und Steinablagerung bedrohte Randexistenz am Sockel der Monviso-Südwand fristet. Über den spaltenlosen Firn geht es so weit wie möglich schräg hinauf bis zum Beginn der Felsen bei einem deutlich ausgeprägten Band (3300). Hier leiten dann die zahlreichen Pfeile weiter empor, steile Wandstufen und enge Rinnen wechseln einander ab. Tritte und Griffe sind reichlich vorhanden, an man-

chen Stellen sind sogar Eisenstifte und Drahtseile angebracht. Weiter oben lockern geröllbedeckte Absätze und kurze Schneerampen das Klettergelände auf, und im Zickzack gewinnt man rasch an Höhe. Kurz unter dem Gipfel weicht die Route allen Schwierigkeiten nach rechts zu einem Absatz im obersten Südostgrat aus, von dem schließlich die letzten Höhenmeter wahlweise steil über Platten oder durch eine Art Kamin zum höchsten Punkt führen.

Am Gipfel ist man der näheren Umgebung so weit entrückt, daß man im Umkreis von 50 km buchstäblich ins Leere schaut. Erst danach scheinen die Alpen wieder anzufangen: mit der Cima Argentera im Süden, mit den Riesen des Dauphiné, dem Gran Paradiso und dem Montblanc im Norden sowie der langen Kette der Walliser Alpen über dem schier endlosen Dunstmeer der Po-Ebene.

3 Pic de l'Etendard

Zum westlichsten Gletscherberg der Alpen

Frankreich
Thabor-Gruppe
3464 m
E

Talort Col de la Croix de Fer (Chalet-Hôt.), 2064 m, Straßenpaß zwischen Grenoble und Val d'Arc (Basse Maurienne).

Stützpunkt Ref. de l'Etendard, 2430 m, CAF, 1.30 Std. vom Col de la Croix de Fer, bez.

Aufstieg Über den Glacier de St. Sorlin. – **Höhenunterschied** 984 m. – **Zeit** 3–3.30 Std.

Abstieg Wie Aufstieg, 2 Std.

Charakter Unschwierige, schöne Firntour über den nur am Gipfelaufbau etwas steileren Glacier de St. Sorlin; einige Spalten!

Erstersteiger Unbekannt.

Führer Kein deutschsprachiger Führer; über Routenverlauf notfalls auf Hütte informieren.

Karte IGN 4, Chartreuse – Belledonne – Marienne, 1 : 50 000.

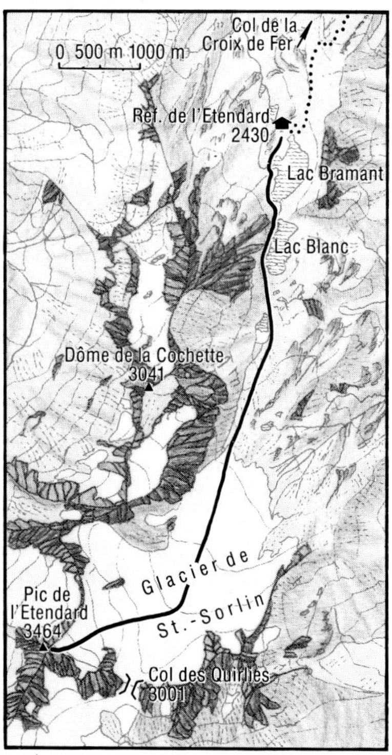

Direkt vor den Toren Grenobles liegt das westlichste Gletschermassiv der Alpen, die Grandes Rousses, mit einem halben Dutzend Gipfeln und ebenso vielen, nach allen Himmelsrichtungen abfließenden Gletschern – ein kleiner Gebirgszug für sich, durch weite Täler und Pässe rundum von jeder Nachbarschaft isoliert. Den höchsten Punkt dieser Grandes Rousses zu bestimmen, bedeutet Zentimeterarbeit: die amtliche französische Karte »bevorzugt« inzwischen den in unmittelbarer Seilbahnnähe stehenden Pic Bayle; topographischer und touristischer Hauptgipfel ist in jedem Falle der Pic de l'Etendard, eine einprägsame Berggestalt über dem Glacier de St. Sorlin.

Für den Bergsteiger ist der Pic de l'Etendard ebenso leicht wie lohnend, sowohl per pedes als auch per Ski; das Problem für die Mehrzahl der deutschsprachigen Besucher dürfte eher darin bestehen, hinzukommen. Ab Genf heißt die beste Anreiseroute Annecy, Albertville und Val d'Arc, aus dem eine schmale Gebirgsstraße zum Col de la Croix de Fer führt. Wer hingegen in Grenoble startet, gelangt durch das Tal der Romanche und durch das tief eingeschnittene, verschlungene Val d'Olle, das demnächst in den Fluten eines Stausees ertrinken soll, in knapp 2 Stunden ans Ziel.

Vom Col de la Croix de Fer ist es nur noch ein kurzer Nachmittagsbummel zum Refuge de l'Etendard, einer gemütlichen CAF-Hütte, der auch die Gebäude des kleinen E-Werks und die beiden Staubecken nebenan nichts von ihrem Charme nehmen. Wem die Verständigung hier Schwierigkeiten bereitet, darf es ruhig mal auf Deutsch versuchen – in der Regel kommt die Antwort dann im besten Wienerisch zurück! Die Hüttenwartin ist nämlich gebürtige Wienerin, das verrät der Speisezettel ebenso deutlich wie die unverkennbare Mundart.

Anderntags sollte man nur die Grundausrüstung mitnehmen, denn der Glacier de St. Sorlin verlangt allenfalls eine leidliche Kondition und eine Portion Vorsicht im Umgang mit Spalten. Ein bezeichneter Pfad führt von der Hütte südwärts an den beiden Staubecken und einigen Seeaugen vorbei zum Gletscherrand. Dort hat man ihn direkt vor sich, den Pic de l'Etendard: ein Firnberg vom Scheitel bis zur Sohle, wie aus einem Guß geformt. Wenn kein Nebel herrscht, kann eigentlich gar nichts mehr schiefgehen, die günstigste Route drängt sich dem erfahrenen Bergsteiger geradezu auf: Zuerst genau nach Süden gegen den Col des Quirlies, ab 2800 m dann, hinter dem Felssockel der Cimes de la Cochette, über spaltendurchzogene Hänge empor in Richtung Col della Barbarate und schließlich – je nach Zustand des obersten Bergschrunds – direkt zu der Gipfelhaube hinauf oder zuerst in den Sattel östlich darunter und die letzten 100 m über den leichten Ostgrat. Wie gesagt, der richtige Anstiegsweg findet sich wie von selbst, außerdem führt zu dem vielbesuchten Gipfel meist eine ausgetrampelte Trasse.

Die Aussicht vom Gipfel ist berühmt, doch hat der Frühaufsteher davon nur wenig, denn praktisch alles, was sich Alpen nennt, liegt östlich vom Etendard, und da steht morgens nun einmal die Sonne. Wer also das ungewöhnliche Panorama von der Meije bis zum Monte Rosa und besonders den kuriosen Dreizack der Cimes d'Arves bei bester Beleuchtung genießen will, muß entweder eine Menge Geduld aufbringen oder den Mut, eine Gletschertour auch einmal zur Mittagszeit zu beginnen.

Bild Der Gipfelkamm der Grandes Rousses vom Pic de l'Etendard gesehen. Im Hintergrund der Pic Bayle, 3465 m, mit dem zerschrundeten Glacier des Quirlies.

4 Barre des Ecrins

Auf den südlichsten Viertausender der Alpen

Frankreich
Dauphiné
4102 m
E/F(II)

Talort Ailefroide, 1506 m, am O-Fuß des Mont Pelvoux, Straße/Bus von Briançon bzw. von Argentière-la Bessée im Tal der Durançe.

Stützpunkte Ref. du Glacier Blanc, 2550 m, CAF, über der Zunge des Glacier Blanc, 2.30 Std. vom Chalet-Hôt. du Pré de Mme. Carle, 1874 m, priv., im gleichnamigen Talboden, bis dort Straße/Bus von Ailefroide. – Ref. des Ecrins, 3170 m, CAF, auf einem Felssporn oberhalb des Glacier Blanc, 2–2.30 Std. vom Ref. du Glacier Blanc über die Seitenmoräne und den Gletscher, meist Trasse, aber Vorsicht: Spalten!

Aufstieg Glacier Blanc – N-Flanke – Brèche Lory – W-Grat. – **Höhenunterschied** Vom Ref. des Ecrins 970 m, vom Ref. du Glacier Blanc 1570 m. – **Zeiten** 4–5 Std. bzw. 6–7 Std.

Abstieg Wie Aufstieg, 2–3 Std. bzw. 3–4 Std. zu den Hütten.

Charakter Anspruchsvolle Hochtour für erfahrene Bergsteiger; der mächtige Bergschrund und der scharfe W-Grat mit ausgesetzter Kletterei (II–III) bilden die alpinistischen Schwierigkeiten der Tour; daneben sollten in der Hauptsaison (August) die touristischen Probleme (Überfüllung des Ref. des Ecrins!) nicht unterschätzt werden (evtl. besser im Ref. du Glacier Blanc übernachten und sehr früh starten).

Erstersteiger A.W. Moore, H. Walker, E. Whymper mit Chr. Almer und M. Croz, 1864.

Führer Devies/Laloue: Auswahlführer Haut Dauphiné, Rother, München.

Karte IGN 241, Massif des Ecrins – Meije – Pelvoux, 1:25000.

Bild Der südlichste Viertausender der Alpen: die Barre des Ecrins. Links am Bildrand der Sockel der Barre Noire, darüber die Barre des Ecrins, von der sich nach rechts über den Pic Lory der Westgrat zur Brèche Lory und zum Dôme de Neige absenkt. Der Anstieg vom Plateau des Glacier Blanc im Vordergrund über die rund 800 m hohe, von riesigen Querspalten und Bergschründen durchzogene Gletscherflanke zum Dôme de Neige sowie die anschließende Kletterei am Gipfelgrat erfordern ein Höchstmaß an hochalpiner Erfahrung!

Barre des Ecrins – das ist mehr als nur der höchste Dauphinégipfel und südlichste Alpenviertausender: ein Wallfahrtsort für Alpinisten, Nationalparkwanderer und Sommerfrischler! Ihr faszinierender Aufbau allein mit dem einzigartigen, alle Dauphinékämme überragenden Firnschild auf der Nordseite und der felsig düsteren Südwand erhebt die Barre des Ecrins zu einem der ganz großen »klassischen Alpengipfel«. Viele bezeichnen sie als den schönsten Eisgipfel der Alpen: makellos weiß, eine hochaufgerichtete Gipfelschneide mit einem prächtigen, nordwärts abfließenden Gletschermantel – der Name Glacier Blanc verspricht nicht zuviel!
Der Anstieg ist zwar keineswegs leicht, trotzdem bilden der große Bergschrund und die klettertechnischen Schwierigkeiten am schmalen Westgrat (II–III) nicht das Hauptproblem dieser Tour. Das liegt vielmehr in den zur Hauptsaison (Juli, August) hoffnungslos überlaufenen Hütten: Eine Nacht ohne künstlichen Sauerstoff im chronisch verstopften Refuge des Ecrins kann zu einer harten Belastungsprobe werden. Wer ohne Vorbereitungstraining in Sachen klaustrophobischer Enge hierher kommt, wird die Nacht vor der Tour lange Zeit als Tortur im Gedächtnis behalten.
Der Andrang beginnt allerdings nicht erst im Refuge des Ecrins auf 3170 m Höhe, schon bei der Anreise glaubt man, hinter Ailefroide durch den größten Biwakplatz der Alpen zu fahren: Auf jedem freien Fleck wird an schönen Hochsommertagen campiert. Das wildromantische Pré de Mme. Carle verwandelt sich an Wochenenden in ein riesiges Blechkar – Auto an Auto! Der weitaus größte Teil der Heerscharen bewegt sich in Richtung Refuge du Glacier Blanc bzw. Refuge des Ecrins, doch selbst im dichten Kolonnenverkehr bewahrt sich dieser Hüttenanstieg seinen be-

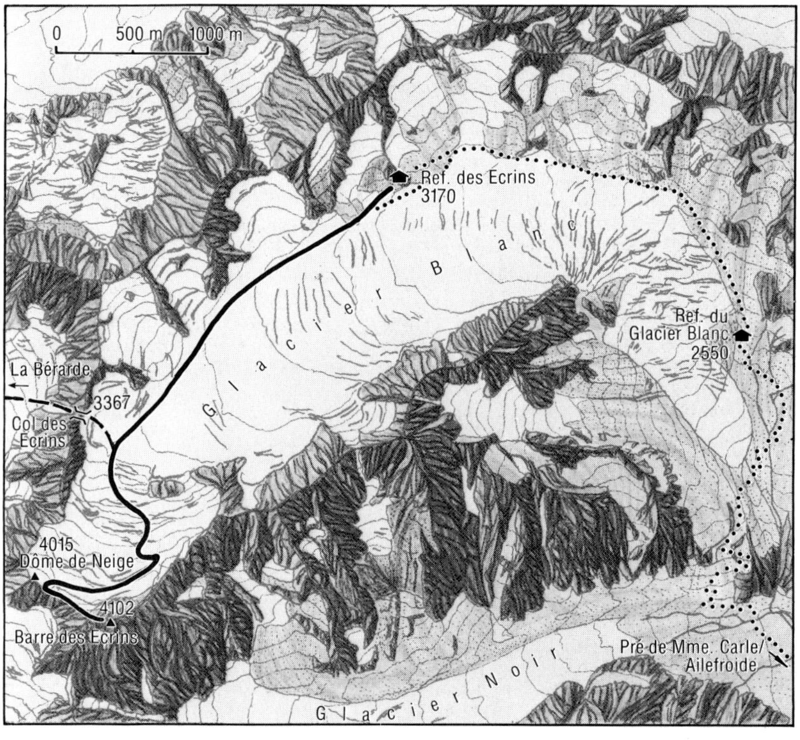

Die Detailansicht der Gipfelflanke der Barre des Ecrins mit der deutlich erkennbaren Anstiegsspur zeigt, zu welchen Umwegen die großen Spalten zwingen. Den ausgesetzten Gipfelgrat sollte man nur bei sicherem Wetter, guten Schneeverhältnissen und bester Kondition angehen; ansonsten gibt man sich mit dem Skigipfel des Dôme de Neige zufrieden.

sonderen Reiz: die letzten Lärchen im Talgrund, der interessante Wechsel unter der Eiszunge des Glacier Blanc von einer Talflanke in die andere und der atemberaubende Rückblick zum Riesenstock des Mont Pelvoux von der Terrasse des Refuge du Glacier Blanc. Wer hier noch freie Plätze vorfindet, sollte die Gelegenheit nützen, denn 600 Höhenmeter weiter oben, im Refuge des Ecrins, sind die Aussichten auf einen anatomisch angemessenen Schlafplatz in der Hauptsaison zuweilen gering. Andererseits könnte man dort endlich einmal seine Biwakausrüstung testen und in der Kühle der Nacht von einem »zünftigen Hüttenabend« träumen. Am nächsten Morgen geht's vom Felsbalkon des Refuge des Ecrins hinab zum Glacier Blanc und dann am Seil in der kaum zu verfehlenden Trasse den schönen Gletschermantel hinauf bis zur obersten Terrasse unter der felsdurchsetzten Gipfelschneide.

Sind die Felsen im Frühsommer noch nicht ausgeapert, ist es am günstigsten, nach der manchmal zeitraubenden Überwindung des großen Bergschrunds direkt und steil in der Gipfelfallinie aufzusteigen. Bei schlechtem Schnee oder im Spätsommer dagegen erfolgt der Einstieg erst unmittelbar an der Brèche Lory, wo die Randkluft meist leichter zu bewältigen ist. Der abschließende, luftige Westgrat führt nur schwindelfreie, klettergewandte Bergsteiger zum begehrten Ziel; alle anderen müssen sich mit dem Dôme de Neige, dem sogenannten Wintergipfel (4015 m) zufrieden geben. Wer es jedoch bis zum Hauptgipfel (4102 m) geschafft hat, dem liegen die gesamten Südwestalpen zu Füßen.

Für Bergvagabunden, deren Touren nicht an Autoparkplätzen beginnen oder enden müssen, empfiehlt sich der Übergang über den Col des Ecrins nach La Bérarde, dem »Zermatt des Dauphiné«. Die heikle Steilrinne auf der Westseite des Passes, früher eine gefährliche Schlüsselstelle, ist mittlerweile mit einem langen Drahtseil entschärft worden. Unten an der Seitenmoräne des Glacier de Bonne Pierre ist der Rest dann wohlige Entspannung – eine Traumtour in Eis und Schnee hinter sich und vor sich die ersten Vorboten des Lebens: spärliches Grün, vereinzelt Blumen – und nicht zuletzt die Restaurants von La Bérarde!

5 Meije

Über den Promontoiregrat zum Grand Pic

Frankreich
Dauphiné
3982 m
F(III)/E

Talort La Bérarde, 1711 m, im Val Vénéon, mit CAF-Berggasth. und Campingplatz, Straße/Bus von Le Bourg-d'Oisans.

Stützpunkte Ref. du Châtelleret, 2225 m, CAF, im Talschluß des Vallée des Etançons, 2 Std. von La Bérarde, bez. – Ref. du Promontoire, 3092 m, CAF, auf dem Felssockel des Promontoiregrats, 3 Std. vom Ref. du Châtelleret, einige ges. Felspassagen.

Aufstieg Promontoiregrat (S-Grat) – Glacier Carré – SW-Wand des Grand Pic. – **Höhenunterschied** Knapp 1000 m. – **Zeit** 4–6 Std.

Abstieg Wie Aufstieg, 4–5 Std.

Charakter Lange, anspruchsvolle Felstour in steilem, hartem Granit mit zahlreichen Passagen im III. Schwierigkeitsgrad; bei Vereisung der Felsen erhebl. schwieriger und gefährlich!

Besonderer Hinweis Tour nur bei absolut sicherem Wetter angehen! Im Abstieg für weniger gute Kletterer evtl. eine Abseilstelle.

Erstersteiger E. Boileau des Castelnau mit P. Gaspard (Vater und Sohn), 1877.

Führer Devies/Laloue: Auswahlführer Haut Dauphiné, Rother, München.

Karte IGN 241, Massif des Ecrins – Meije – Pelvoux, 1: 25000.

Alternative Route O-Grat, kombinierte Kletterei, III–IV, als Abstieg im Rahmen der großartigen klassischen Meije-Überschreitung vom Grand Pic zum Pic Central, 3974 m, einige Passagen mit Drahtseil ges., Abseilstellen, 1.30 Std.–2 Std. am Gipfelgrat, weitere 1.30 Std. zum Ref. de l'Aigle, 3450 m (weitere 2.30 Std. bis 3 Std. nach La Grave).

Südwestlich des Montblanc befindet sich auf der Alpenkarte bei vielen Bergsteigern aus dem deutschsprachigen Raum ein weißer Fleck; und doch – eine Gipfelgruppe ist auch in ostalpinen Bergsteigerkreisen bekannt: das wilde Dauphinémassiv, mit mehreren eindrucksvollen Berggestalten, deren berühmteste zweifellos die Meije ist. Ihre Grate und Wände übten schon in den Anfängen des »Schwierigkeits-Alpinismus« eine enorme Anziehungskraft auf die damals besten Kletterer aus. Die Österreicher Ludwig Purtscheller mit Emil und Otto Zsigmondy führten 1885 die erste Längsüberschreitung des gewaltigen und türmereichen Gipfelgrats der Meije durch; kurz darauf stürzte Emil Zsigmondy in der Südwand beim Versuch einer Erstbegehung zu Tode.

Vorgeschobener Ausgangspunkt für Meije-Besteiger ist die Promontoire-Hütte,die bereits nur mit leichter, teilweise gesicherter Kletterei zu erreichen ist; sie klebt am Sockel des Promontoiregrats, der die Meije-Südwand mit einem mächtigen Pfeiler im Westen abschließt. Ein ausgetretenes Steiglein führt von der Châtelleret-Hütte über den Moränenfirst zum tiefsten Felssporn und an ihm hinauf zur aluminiumverkleideten Hütte. Unmittelbar vor der Hüttentür beginnt

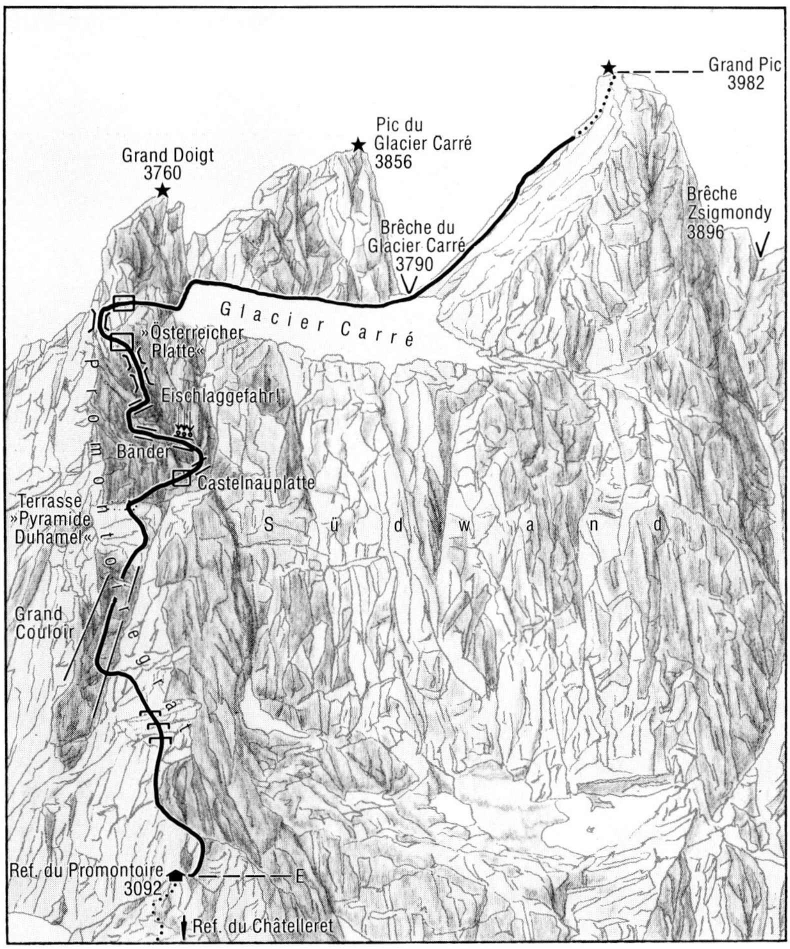

anderntags die Kletterei am steilen Grat, dessen erster Aufschwung linksseitig erstiegen wird. Darauf geht es leichter und weniger steil am Grat aufwärts, vor dem nächsten Aufbau nach links über Platten zu einem Kamin und nochmals nach links ins »Grand Couloir«. Dies ist eine felsige Steilrinne, die auf einer großen Terrasse mündet, wo man die »Pyramide Duhamel« erreicht hat, eine berühmte Stelle aus der Ersteigungsgeschichte. Über ihr erhebt sich etwas unübersichtlich die große Steilmauer der Südwand, deren Überwindung einen etwas verwickelten Routenverlauf erfordert. Man weicht zunächst nach rechts aus zur nahezu senkrechten Castelnauplatte, die ausgeprägtes Finger- und Fußspitzengefühl erfordert, steigt auf Bändern zügig weiter nach rechts, dann schräg links aufwärts fast bis zur Gratkante, bald darauf über den »Eselsrücken« (abgerundete Platten) hinauf und wieder nach rechts zu zwei offenen Kaminen, die zur »Österreicher-Platte« führen. Man erklettert sie von rechts unten nach links oben und wendet sich nach links unter senkrechten Felsen zu einem herausragenden Block an der linken Kante der großen Mauer. Mit einem ausgesetzten Spreiz-

Als riesige Mauer schließt die Meije-Südwand das Vallée d'Etançons ab. Links unter dem Hauptgipfel Grand Pic (Bildmitte) das eingelagerte Firnfeld des Glacier Carré, das auch beim Normalanstieg die Verwendung von Pickel und Steigeisen erfordert. Promontoire-Hütte und -grat, Ausgangspunkt und von der Route benutzte Felsrippe, sind im linken Bildteil deutlich zu erkennen. Im Gipfelkamm erheben sich (v. l. n. r.): Grand Doigt, Pic du Glacier Carré, Grand Pic, Pic Zsigmondy und Pic Central.

schritt nach links (»Pas du chat«) gelangt man dann zu einer Kaminreihe in der Westseite des Promontoiregrats. Schließlich führt eine steile Platte zum herrlichen Rastfleck unterm Glacier Carré.

Am linken Rand des in die Wand eingelassenen Eisfelds geht es aufwärts, dann rechts querend unter dem Grand Doigt und Pic du Glacier Carré in die enge Brêche du Glacier Carré, wo sich ganz unvermittelt ein großartiger Blick nach Norden auftut. Der Rest erfordert knapp unter der 4000-m-Grenze eine nicht mehr allzu schwierige Kletterei in der Grand-Pic-Südwand. Die sich aufkeilende Rote Platte und das (bösartige) Cheval Rouge, bei dem man sich kurz in den Reitsitz begibt und den folgenden Überhang 1 m weiter links umgeht, zerren ein letztes Mal an den Nerven, dann steht man auf dem Gipfel.

Die Besteigung der Meije über den Promontoiregrat erfährt in der Überschreitung des Gipfelgrats ihre logische Fortsetzung und eine außerordentliche Aufwertung. Zwar wurden in dieser Route 110 m fixe Seile installiert, nachdem ein Felsausbruch im Jahr 1964 die Schwierigkeiten beträchtlich erhöht hatte, dennoch stellt diese Tour ein außergewöhnliches Unternehmen auch für wählerische Alpinisten dar ...

Die Überschreitung des Gipfelkamms ▷ der Meije gehört zu den ganz großen hochalpinen Unternehmungen. Die Erstbegehung dieser Tour gelang Otto und Emil Zsigmondy am 26. Juli 1885; elf Tage später stürzte Emil in der Südwand tödlich ab. Nachdem ein Felssturz einige Passagen der Kletterei erheblich erschwert hatte, wurden dort Drahtseile angebracht, die Sicherheit schaffen, das Erlebnis aber kaum schmälern.

6 Pointe de Charbonnel

Eisdom überm Vallée d'Avérole

Frankreich
Grajische Alpen
3752 m
E/F

Talort Bessans, 1705 m, im obersten Val d'Arc, an der S-Rampe des Col de l'Iseran.

Stützpunkt Keiner!

Aufstieg Aus dem Talgrund des Vallée d'Avérole über die N-Flanke auf Steig bzw. Wegspuren und über den Glacier de Charbonnel zum Gipfel. – **Höhenunterschied** 2000 m. – **Zeit** 5–7 Std.

Abstieg Wie Aufstieg, 3 Std.

Charakter Großzügiges Unternehmen für konditionsstarke, geübte Alpinisten, obwohl keine klettertechnischen Schwierigkeiten zu meistern sind; im Firn/Eis etwa 40° steil, zu Beginn ca. 45°!

Erstersteiger Unbekannt.

Führer Leclerc: Guide de Tarentaise et Maurienne, Bd. II, Audin. – Besser: Ch. Maly: Le Massif de la Vanoise/Les 100 plus belles courses et randonnées, Denoël, Paris.

Karte IGN 237, Massif de la Vanoise – Haute Maurienne, 1:25000.

Kein zweiter Gletscherberg der französischen Alpen steht so unmittelbar über bewohntem Talgrund und so dominierend über seiner Nachbarschaft wie die Pointe de Charbonnel, mit 3752 m höchste und gewaltigste Erhebung der Grajischen Zentralkette zwischen Kleinem St. Bernhard und Mont Cenis. Man sieht sie schon von weither, als strahlenden Firndom von Norden, als düsteren Felsschild von Süden, aber man muß diese faszinierende Gipfelgestalt aus der Nähe, aus dem Vallée d'Avérole bzw. dem Val d'Arc erleben: Der Anblick des direkt und ohne Absatz aus grünen Matten aufstrebenden Eisriesen geht unter die Haut – ein kolossales Bild, das in dieser Form im ganzen Alpenraum nicht seinesgleichen hat. Fast 2000 m liegen zwischen Talsohle und Gipfel, dazwischen gibt es keine Seilbahnstation, keine Hütte, ja nicht einmal einen Heuschober. Wer hinauf will, muß direkt vom Straßenpflaster aus starten und in einem Zuge alle Vegetationsstufen durchqueren, vom schütteren Bannwald bis zum mächtigen Gletscherdach. Vielleicht liegt es daran, daß die Pointe de Charbonnel, einer der imposantesten Berge im südwestlichen Alpendrittel, von Bergsteigern so wenig beachtet wird. Die Franzosen bevorzugen in der Haute Maurienne den Albaron nebenan, und die Bergfreunde aus deutschsprachigen Landen kommen oft gar nicht erst bis hierher.

Bestes Talquartier für die Charbonnel ist der Campingplatz am Eingang des Vallée d'Avérole, dort hat man seinen Berg direkt vor sich und kann jedes Detail der Anstiegsroute einsehen. Wem das Zelten nicht liegt, muß sich in Bessans, Bonneval oder Lanslevillard ein Quartier suchen und die Tour anderntags mit dem Pkw beginnen. Ansonsten geht es vom Campingplatz auf dem Asphaltsträßchen (für Privatverkehr gesperrt) 1½ km taleinwärts bis zum Alpweiler Vincendières, dort rechts über den Torrent d'Avérole und dann in zahlreichen Kehren auf einer grünen Rampe gegen den rauhen Felssockel des langen Charbonnel-Nordgrats hinauf. Dort leitet ein mit Steinmanndln und Stanniolpapier (!) markierter Steig auf schmalen Absätzen und Bändern geschickt durch die Felsen, passiert den tobelförmig eingeschnittenen Ablauf des Charbonnelbachs und überwindet schließlich in vielen Zickzacks den großen Moränenhang zum Beginn des Charbonnelgletschers. Ein 300 m hoher, bis 45° geneigter Steilhang – einzige Bresche zwischen den mächtigen Eisbrüchen links und dem Felsriegel rechts – führt nun geradewegs empor zu der charakteristischen Firnkappe, die bei guten Verhältnissen und ebensolcher Kondition exakt 1 km lang, bei weichem Schnee und weichen Knien schier endlos ist.

Der Schrund unterm Gipfelschwung läßt sich links problemlos umgehen, und auch das letzte Steilstück wäre kaum der Rede wert, wenn uns hier

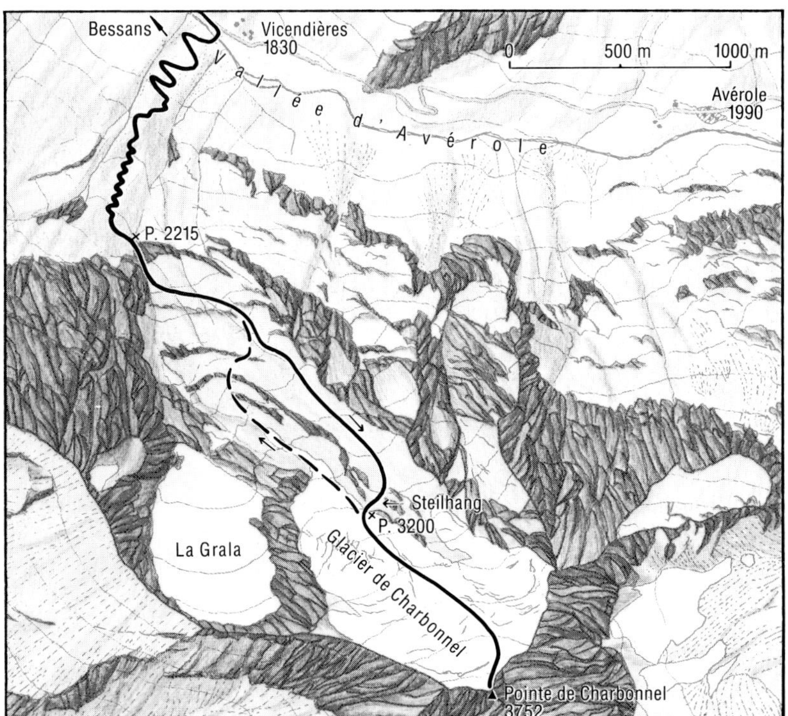

nicht schon fast 1900 Anstiegsmeter in den Beinen stecken würden!
Oben ist die Anstrengung schnell vergessen angesichts der Aussicht, die ungewöhnlich weit reicht: Vom Monviso bis hin zum Montblanc, von der Meije bis zum Monte Rosa geht der Blick, und dazwischen gibt's alles zu sehen, was in den Südwestalpen Rang und Namen hat. Der Albaron nebenan ist zu einem harmlosen Höcker geworden, und die Zelte drunten im Vallée d'Avérole wirken eine Ewigkeit entfernt.
Beim Rückweg kann man sich den erwähnten Steilhang ersparen, indem man den Charbonnelgletscher bis zum Ende verfolgt und dann über Schutt und Felsstufen zum Abfluß des Charbonnelbaches absteigt.

Die vergletscherte Gipfelregion der mächtigen Charbonnel. Lediglich 700 Höhenmeter, also nur etwas mehr als ein Drittel des gewaltigen Anstiegs, sind hier zu sehen, allerdings auch die »Schlüsselstelle«: der steile Firnhang im rechten Bildteil, über den eine einsame Aufstiegsspur von den höchsten Schuttfeldern steil zum langen Gletscherplateau hinaufzieht.

7 Grande Casse

Über den Glacier des Grands Couloirs

Frankreich
Grajische Alpen
3855 m
E

Talort Pralognan-la-Vanoise, 1418 m, Straße/Bus von Moûtiers im Isèretal.

Stützpunkt Ref. du Col de la Vanoise (Ref. Félix Faure), 2516 m, CAF, am gleichnamigen Paß, 3 Std. von Pralognan, oder 2.15 Std. von der Bergstation Mont Bochor, 2023 m (Seilbahn von Pralognan), bez.

Aufstieg Lac Long – Glacier des Grands Couloirs – W-Grat. – **Höhenunterschied** 1400 m. – **Zeit** 4–6 Std.

Abstieg Wie Aufstieg, 2–3.30 Std.

Charakter Rassige Eistour durch Eisbruch und 400 m hohen, 45° steilen Firn-/Eishang; nichts für Anfänger! Nach sommerlichen Neuschneefällen Lawinengefahr beachten!

Erstersteiger W. Mathews und M. Croz, 1860.

Führer Leclerc: Guide de Tarentaise et Maurienne, Bd. II, Audin.

Karte IGN 236, Massif de la Vanoise – Grande Casse – Dent Parrachée, 1:25000.

Bild Die wichtigsten Abschnitte des Anstiegs zur Grande Casse lassen sich vom Col de la Vanoise genau einsehen: der Übergang von der linken Moräne auf die Gletscherzunge, mehrere Spaltenzonen und der steile Riesenfirnhang zum Gipfelbereich. Der Hauptgipfel ist nicht zu erkennen.

Der mächtige, weit über seine Nachbarschaft hinausragende Klotz der Grande Casse – eine markante Kalkinsel inmitten von dunklem Urgestein – ist der zentral gelegene Hauptgipfel der Vanoise und darüber hinaus die höchste Erhebung im Herzen Savoyens. Man nennt sie auch die »Jungfrau der Tarentaise«, aber dieser Vergleich hinkt, denn es gibt in der Vanoise weit formschönere und elegantere Berge. Zweifellos hat aber die Grande Casse ihre »guten Seiten«: die eisdurchsetzte, interessant strukturierte Nordwand etwa oder die schaufelförmige Südwestflanke mit dem steilen Hängegletscher und seinen vorgeschobenen Eiswülsten.
Es führt kein leichter Weg dort hinauf zu dem bedeutendsten Gipfel zwischen Montblanc und Dauphine! Neben dem schwierigen »Italienercouloir« und dem langen Westgrat empfiehlt sich vor allem die meistbegangene Route vom Col de la Vanoise über den bereits erwähnten Glacier des Grands Couloirs. Bei guten Firnverhältnissen gewährt dieser Steilgletscher den besten Zugang – auch die Erstbesteiger, Michel Croz und sein »Herr« William Mathews, hatten sich das am 8. August 1860 zunutze gemacht. Dennoch – der komplizierte Einstieg, die Spalten und vor allem der 45° geneigte 400-m-Hang stellen hohe Ansprüche an Können und Kondition, speziell in schneearmen Sommern, wenn die Schründe weit offen sind und Blankeisstellen passiert werden müssen. Andererseits sollte man auch niemals nach Neuschneefällen einsteigen, das Riesencouloir ist dann lawinenträchtig und schon wiederholt guten Alpinisten zum Verhängnis geworden.
Nächtlicher Tourenbeginn – manchmal nur eine Schrulle des Hüttenwarts – hat an der Grande Casse seine Berechtigung! Man sollte nämlich aus dem Grand Couloir wieder zurück sein, bevor dort die Sonne das Firnterrain aufweichen kann. Von der Hütte führen Pfadspuren zum kleinen Lac Long, dann über Schutt und Moränen zum Einstieg am linken, nördlichen Rand der Eiszunge. Zwei spaltendurchsetzte, aber meist schneefreie Aufschwünge ziehen zum mittleren, flachen Teil der Glacier des Grands Couloirs, bevor es, nach Überwindung eines zuweilen heiklen Bergschrunds, ernst wird mit der »Grande Pente«, der Schlüsselpassage der gesamten Tour. Knapp 45° Neigung sind zwar eigentlich nichts Aufregendes, aber über 400 Höhenmeter hinweg, ohne Absatz zum Ausruhen, kann das doch sowohl in die Waden als auch an die Nerven gehen.
Wenn einen das erste Sonnenlicht erreicht, ist man im breiten Col des Grands Couloirs, aus dem schließlich der überwächtete, aber leichte Westgrat die letzten Meter empor zum Gipfel leitet.
Absteigend geht es wieder auf gleicher Route zurück, ständig mit den gleißenden Firnflächen des Glacier de la Vanoise vor Augen, des größten Plateaugletschers der Alpen. Dessen Traversierung, eine lange, aber landschaftlich großartige Tour, kostet vom Refuge du Col de la Vanoise bis zum Refuge de la Dent Parrachée gut 8–10 Stunden, und als Zugabe wartet dann noch der unschwierige Dent Parrachée, der schönste Felsberg der Vanoise.

8 Mont Pourri

Eislabyrinth im Vanoise-Nationalpark

Frankreich
Grajische Alpen / Vanoise
3779 m
E

Talorte Les Lanches, 1523 m, im Vallée du Ponturin, Straße/Bus von Bourg-St. Maurice. – Arc 2000, 2015 m, höchstgelegener Teil der (Sommer-)Skistation Les Arcs, Straße/Bus von Bourg–St. Maurice.

Stützpunkt Ref. du Mont Pourri, 2370 m, CAF, 3 Std. von Les Lanches über Chalets des Loyes, bez., oder 4 Std. von Arc 2000 über Col de la Chal, 2457 m, nicht bez.

Aufstieg Über Glacier du Geay und W-Grat, meist Spuren. – **Höhenunterschied** Gut 1400 m. – **Zeit** 4–5 Std.

Abstieg Wie Aufstieg, 2–3 Std.

Charakter Anspruchsvolle Gletschertour für erfahrene Hochalpinisten; der Glacier du Geay ist spaltenreich und steil, im Bereich der Bruchzonen bis 45°. – Der Mont Pourri gilt als schwierigster unter den Vanoise-Hochgipfeln!

Erstersteiger M. Croz, 1861.

Führer Leclerc: Guide de Tarentaise et Maurienne, Bd. I, Audin.

Karte IGN 235, Massif de la Vanoise – Tarentaise, 1:25000.

Von den Flußläufen der Isère und des Ponturin flankiert sowie durch den Col du Palet deutlich von der Hauptmasse der Vanoise abgetrennt, steht hoch über der Tarentaise das stattliche Bergmassiv des Mont Pourri, beherrschender Blickfang des Val d'Isere und hochalpines Schaustück vom Kleinen St. Bernhard. Die Tiefe der ihn umgebenden Täler, die Steilheit seiner Flanken, die wilden Eskapaden seiner Eismassen und seine vollkommen isolierte Position weitab von allen höheren Gipfeln verleihen dem Mont Pourri – je nach Standort und Standpunkt des Betrachters – ein abweisendes, ein erhabenes oder gar ein unwiderstehliches Aussehen. Obwohl eher ein Felsberg, prägt doch der gewaltige Kranz der zahlreichen Hängegletscher sein Bild. Über einen dieser Steilgletscher, den ins Vallée du Ponturin abfließenden Glacier du Geay, führt auch die leichteste Anstiegsroute, auf der schon der unermüdliche Michel Croz im Oktober 1861 den Gipfel im Alleingang erreicht hat.

Was dem Erstersteiger recht war, sollte seinen zahllosen Nachfolgern allerdings nicht billig sein: Wer den früher wie heute anspruchsvollsten Vanoiseberg »solo« angeht, begibt sich auf ein gefährliches (Firn-)Parkett! Ausgangspunkt für die zweithöchste und nördlichste Erhebung der Vanoise ist das neue Refuge du Mont Pourri, ein großes Holzgebäude im modernen CAF-Stil, mitten im satten Grün der Sévolière-Alpe und im Schnittpunkt bequemer Zugangswege gelegen. Ob man von Arc 2000 oberhalb Bourg St. Maurice oder aus dem Vallée du Ponturin startet, bleibt sich zeitlich ziemlich gleich, landschaftlich ist letzteres vorzuziehen. Die Hütte wird besonders von Weitwanderern stark frequentiert und ist sommers oftmals überfüllt. Mit etwas Glück bekommt man dann statt eines Notlagers die alte, kleine Pourri-Hütte, 2450 m, zugewiesen; sie ist zwar unbewirtschaftet, aber urgemütlich und zudem direkt am Moränenpfad zum Glacier du Geay gelegen.

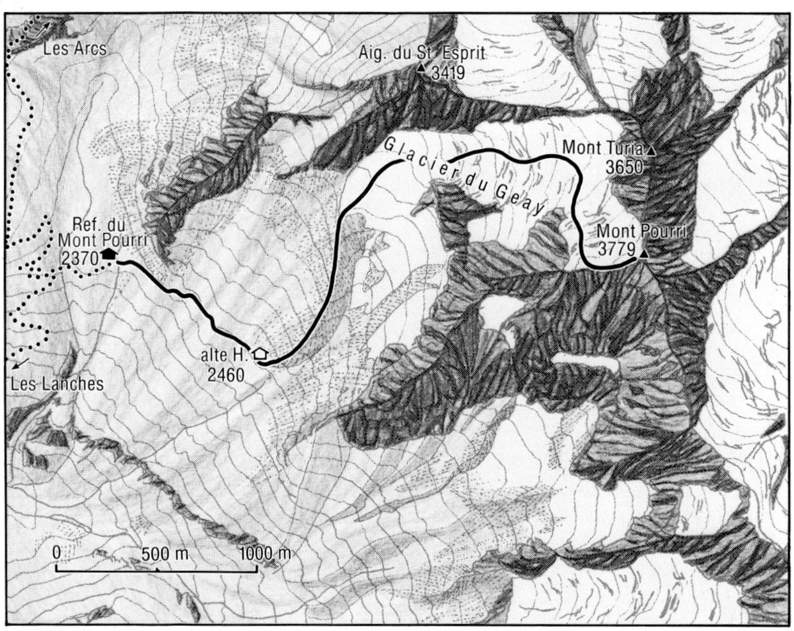

Wer zu dieser reinen Gletschertour rechtzeitig genug, das heißt 1 Stunde vorm Morgengrauen, aufbricht, kann bei zügigem Tempo den gesamten Aufstieg und einen Teil des Rückwegs im Schatten zurücklegen, was angesichts der steilen Firnpassagen und komplizierten Bruchzonen von größtem Vorteil ist.

Die ersten 400 Höhenmeter werden auf der schmalen Seitenmoräne bewältigt, alles weitere spielt sich danach auf dem Glacier du Geay ab. Der streckt einem zunächst die eisige Zunge entgegen und ist dort gut begehbar.

Doch da, wo der Firn die Oberhand

gewinnt, zwingt ein unpassierbarer Riesenschrund zu einem Ausweichmanöver nach links in einen wilden Gletscherbruch. Dieses Eislabyrinth, das dem einen ein prickelndes Vergnügen, dem anderen eine Gänsehaut liefert, ist natürlich einer ständigen Veränderung unterworfen, aber mit etwas Gespür und Routine findet man immer einen passenden Durchschlupf. Danach wird das Gelände zunächst flach, steilt sich aber oberhalb einer breiten Firnterrasse noch einmal kräftig auf zu einem 45° geneigten Hang, spaltendurchzogen, manchmal eisdurchsetzt, mit schaurig schönen Tiefblicken hinab zum abfließenden Geaygletscher. Dieser Nervenkitzel endet an der ausgeprägten Schulter bei P. 3650, von wo man über einen vergleichsweise harmlosen Firnrükken den Mont Pourri schließlich endgültig unter sich läßt.

Der Gipfel selbst ist eng, die Aussicht hingegen weit und voller Überraschungen: Die Südabstürze der Montblanc-Gruppe im Norden und die zerfurchte Nordseite der Grande Casse im Süden, das sind bei morgendlicher Seitenbeleuchtung die reinsten Augenweiden. Und wer nicht – ausgepumpt vom Aufstieg – bloß einmal flüchtig in die Runde schaut, der wird sich kaum sattsehen an den Einblicken in die Talschaften der Tarentaise und des Ponturin.

Der leichteste aller Wege zum Gipfel des Mont Pourri führt durch das Spaltengewirr und die Séraczonen des Glacier du Geay und ist tatsächlich jedoch nur bei guten Verhältnissen für den erfahrenen Alpinisten »leicht«. Weitere Steileispassagen auf dem nach rechts zum Westgrat hinaufziehenden Gletscher sind auf diesem Bild nur zu ahnen.

Absteigend kann man übrigens von der vorerwähnten Firnterrasse nordwärts via Col des Roches und Glacier du Grand Col direkt Arc 2000 ansteuern, doch ist das wegen der unausweichlichen Konfrontation mit einem vielliftigen Sommerskigebiet sicher nicht jedermanns Sache.

9 Gran Paradiso

Auf dem Normalweg aus dem Valsavaranche

Italien
Grajische Alpen
4061 m
E/F(I)

Talort Pont, 1960 m, im Talschluß des Valsavaranche, Straße/Bus von Aosta.

Stützpunkt Rif. Vitt. Emanuele II., 2732 m, CAI, westl. unter dem Gran Paradiso, 2–2.30 Std. von Pont.

Aufstieg Über die W-Flanke (Ghiacciaio di Gran Paradiso) zu den Gipfelfelsen. – **Höhenunterschied** 1329 m. – **Zeit** 4–5 Std.

Abstieg Wie Aufstieg.

Charakter Einer der leichtesten Anstiege auf einen Viertausender der Alpen! Mit Ausnahme der letzten Meter reine Firntour; sehr viel begangen.

Erstersteiger J. J. Cowell, W. Dundas, M. Payot und J. Tairraz, 1860.

Führer Gegenfurtner/Klotz/Müller: Kl. Führer Gran Paradiso, Rother, München.

Karte Istituto Geografico Centrale, Torino, Bl. 3: Il Parco Nazionale del Gran Paradiso, 1:25000.

Alternative Routen Überschreitung von O nach W mit Anstieg von Cogne/Valnontey zum Biv. Leonessa oder Biv. Pol, dann über den Ghiacciaio della Tribolazione zum Colle dell'Ape, weiter in Kletterei (II) zu den Felsen des Roc im Gipfelgrat des Gran Paradiso und zum höchsten Punkt; im Gegensatz zum Normalweg wesentlich stiller, aber auch anspruchsvoller mit langer Gletscherpassage und Kletterei in 4000 m Höhe!

Bild Die Westflanke des Gran Paradiso, durchs Teleobjektiv aus dem Bereich des Nivoletpasses gesehen. Man erkennt den Verlauf jener zwei Drittel des Gipfelanstiegs, die über Firn führen. Am Gipfelgrat rechts die Schulter der Becca di Moncorvé, daran anschließend die Türme, die zum Rocfelsen hinaufziehen; links der Piccolo Paradiso.

Der Gran Paradiso ist zweifellos ein besonderer Berg: für die italienischen Bergfreunde, weil er der einzige ganz in Italien gelegene Viertausender ist; für Bergsteiger aus nördlichen Gefilden, weil er und die Barre des Ecrins als einzige Viertausender der Alpen südlich des Montblanc stehen; schließlich für jene Gipfelsammler, die ohne übermäßige alpinistische Anforderungen eine Bergspitze jenseits eben jener magischen 4000 m-Grenze bezwingen wollen. Der Gran Paradiso wird seit jeher als einer der leichtesten Gipfel dieser Kategorie gehandelt. Wer mag daher überrascht sein, daß dort zuweilen Zustände herrschen wie auf vielen Vorgebirgsbuckeln? Zusätzliche Attraktionen – nicht nur für Bergsteiger – bietet der Nationalpark, der nach dem Gran Paradiso benannt ist, mit seinen weltberühmten Steinbockkolonien.

Bei den Häusern von Pont im Talschluß des endlos langen, vom Aostatal hereinziehenden Valsavaranche hat man den Wagen zurückzulassen und beginnt die erste Etappe zum Gran Paradiso, den Aufstieg vom Rifugio Vittorio Emanuele II. Rund 2 Stunden bummelt man den guten Weg hinauf, durch lichten Lärchenwald, in vielen Kehren über eine Steilstufe, endlich flacher zum bekannten halbtonnenförmigen Hüttenbau. Zwar ist die bereits erweiterte Hütte groß, doch an manchen Wochenenden nicht groß genug; aber sollte man etwa für wenige Tage im Jahr einen ganzen Wohnblock in die Landschaft stellen? ... Leichter lösbar scheint da schon das Abfallproblem zu sein, das in Form von häßlichen Müllbergen in unmittelbarer Umgebung der Hütte jedem Besucher sofort ins Auge fällt.

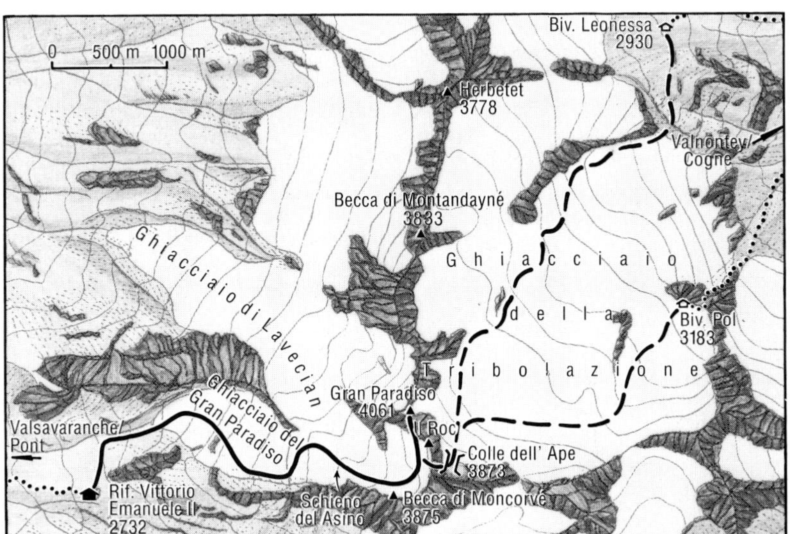

Wer in einer gut belegten Hütte nächtigt, weiß, daß der Gipfelanstieg anderntags fast unausweichlich die Form einer Prozession annimmt – und was soll's auch: Man muß sich halt nur einreden, daß man sich unter Gleichgesinnten befindet! Wer die lange Reihe anzuführen gedenkt – was frühen Aufbruch noch im Dämmerlicht bedeutet –, sollte am Vorabend die erste Wegstrecke bis zu dem vom Gran-Paradiso-Gletscher kommenden Hochtal erkunden. Hat man den fast spaltenlosen Gletscher erreicht, können nur bei schlechtem Wetter oder Nebel Orientierungsprobleme entstehen, oder ein eisiger Höhenwind verweht alle Gipfelhoffnungen. Über einen großen Steilhang des Gletschers gelangt man zu einem

Blick vom Gipfel des Gran Paradiso zum Felskopf des Roc und zu den obersten Gletscherhängen des Normalwegs mit dem Bergschrund als letzter Nervenprobe vor dem Ziel.

breiten Rücken – rundum weitet sich derweil von Schritt zu Schritt das Panorama –, dann geht es weiter auf dem Verbindungsgrat in Richtung der Becca di Moncorvé. Diesen eleganten Nebengipfel läßt man dann rechts liegen und zieht in einem weiten Bogen unter markanten Felstürmen und dem Il-Roc-Gratgipfel vorbei links hinüber zur steilen Gipfelflanke. Ein Bergschrund ist zum Schluß noch zu überwinden, dann steigt man wenige Meter hinauf zur Scharte vor dem Gipfelfelsen und klettert die letzten Meter etwas ausgesetzt zur berühmten Madonnenstatue.

Bei der Aussicht hat man sich umzustellen, steht man doch nun selbst auf jenem Gipfel, der beim Panorama von anderen Westalpenbergen stets einen der Orientierungspunkte darstellt. Die südlich vom Alpenhauptkamm abgesetzte Lage des Gran Paradiso hat zur Folge, daß man die Westalpen tatsächlich wie einen Bogen abschwenken kann und bei klarer Sicht auch noch in den Ostalpen manchen Gipfel erkennt.

Dieser Normalweg, an dem man auch wieder absteigt, ist bei normalen Verhältnissen wirklich einfach, für den in diesen Höhenlagen weniger erfahrenen Bergsteiger dennoch ein starkes Erlebnis. Wer jedoch anspruchsvollere Routen bevorzugt und beim Bergsteigen auf jenes prickelnde Gefühl nicht verzichten will, das so mancher erst bei der Wegsuche zwischen tiefen Spalten oder an ausgesetzten Kletterstellen verspürt, sollte sich die großzügige Ost-West-Überschreitung des Gran Paradiso vornehmen. Als Stützpunkte stehen dann einzig zwei Biwakschachteln zur Verfügung, die in mehrstündigem Anstieg aus dem Valnontey zu erreichen sind. Von ihnen müssen auf unterschiedlich langen Routen der Tribolazionegletscher gequert und einige seiner Bruchzonen überwunden werden, dann geht es steil hinauf zum Colle dell'Ape unmittelbar südöstlich unter dem Gipfelaufbau. Oberhalb der Randspalte klettert man in leichtem Fels in Richtung des Rocgipfels, quert bald nach links und steigt durch ein Felscouloir zum Finestre Vaccarone, dem südlichsten Einschnitt im Gipfelgrat des Roc. Auf der anderen Seite stapft man dann am Normalweg zum Gipfel.

10 Montblanc

Überschreitung Aiguille du Goûter – Col du Midi

Frankreich / Italien
Montblanc-Gruppe
4807 m
E/F(I)

Talorte Chamonix, 1040 m. – Le Fayet, 586 m, im Arvetal (Talstation der »Tramway du Montblanc«).

Stützpunkte Ref. de Tête Rousse, 3167 m, CAF, 2.30 Std. von der Endstation Nid d'Aigle der »Tramway du Montblanc« (2372 m), bez. Steig. – Ref. de l'Aiguille du Goûter, 3817 m, CAF, am N-Abbruch der Aig. du Goûter dicht unterm Gipfel, vom Ref. de Tête Rousse 2 Std., bez. – Ref. Vallot, 4362 m, CAF, verwahrloste Notunterkunft in den Felsen südöstl. des Col du Dôme, 2 Std. vom Ref. de l'Aig. du Goûter über den Dôme du Goûter, 4304 m. – Ref. des Cosmiques, 3613 m, derzeit nur Notunterkunft nördl. des Col du Midi, unter der Aig. du Midi (Seilbahn von Chamonix), von H. in 0.40 Std. Aufstieg erreichbar.

Aufstieg Vom Ref. de l'Aig. du Goûter über Dôme du Goûter und Bossesgrat (NW-Grat) zum Gipfel. – **Höhenunterschied** 1040 m. – **Zeit** 4 bis 6 Std. vom Ref. de l'Aig. du Goûter, 1.30–3.30 Std. vom Ref. Vallot.

Abstieg 4–8 Std. über Mur de la Côte – Col de la Brenva – Mont Maudit, 4465 m – Col Maudit – Mont Blanc du Tacul, 4248 m – Col du Midi, meist gespurt.

Charakter Große Tour in Firn und Eis, die zwar keine technischen, dafür aber hohe konditionelle Anforderungen stellt; am M. Maudit evtl. unschwierige Felsen. – Die Hauptgefahren dieser Längsüberschreitung sind Wettersturz und der häufige, gefürchtete Höhensturm.

Ausrüstungstip Neben kompletter Hochtourenausrüstung empfiehlt sich vor allem im Frühsommer oder nach stärkerer Ausaperung die Mitnahme von Eisschrauben zum Abseilen über einige Bergschründe; ratsam sind auch Steinschlaghelme für den Aufstieg zur Goûter-H.

Besondere Hinweise Die Hauptschwierigkeit der Tour liegt darin, die Firncouloirs (u.a. das Grand Couloir) zwischen Ref. de Tête Rousse und Ref. de l'Aig. du Goûter rasch und unversehrt hinter sich zu bringen, durch die ständig Steinschlag fegt (fast allwöchentlich Tote und Verletzte!), sowie sommers immer hoffnungslos überbelegten Ref. d l'Aig. du Goûter (die übrigen Hütten scheiden als Stützpunkte praktisch aus) Lager und Schlaf zu finden!

Erstersteiger J. Balmat und M. Paccard, 8.8.1786. – Erstbegehung des gesamten NW-Grats durch L. Stephen, F.F. Tucket, M. Anderegg, J. Bennen u. P. Perren, 1861.

Führer Königer/Schubert/Werner: Führer der Montblanc-Gruppe, Rother, München. – L. Devies/P. Henry: Guide Vallot, La chaîne du Montblanc I, Arthaud, Paris.

Karte IGN, 232, Massif du Mont Blanc, Mont Blanc – Tré la Tête, 1:25000.

Der Montblanc ist der höchste Gipfel im Alpenraum – und der gewaltigste; ein Berg, der vor allem durch seine enorme Masse imponiert. Die erste Montblanc-Besteigung – am 8. August 1786 – gilt als eine der Geburtsstunden des Alpinismus, und eine Tour zu seinem Gipfel werten die zahllosen Nachfahren von Paccard, Balmat und Saussure nach wie vor als einen Höhepunkt in ihrem Bergsteigerleben.

Ob die hier vorgeschlagene Überschreitung indes auch vom reinen Erlebnis zu einem Höhepunkt wird, hängt entscheidend davon ab, wie und mit welchen Vorstellungen und Erwartungen man die Sache angeht. Der historische Anstieg über die Grands Mulets und die Ancien Passage wird inzwischen kaum mehr ausgeführt, denn er ist objektiv zu gefährlich geworden. Die sicherste Montblancroute, die erst 1847 vom legendären »Wiesel« Marie Louttet entdeckt wurde, verläuft vom Rand der Aiguille du Goûter über den Dôme du Goûter und den obersten Bossesgrat zum Gipfel.

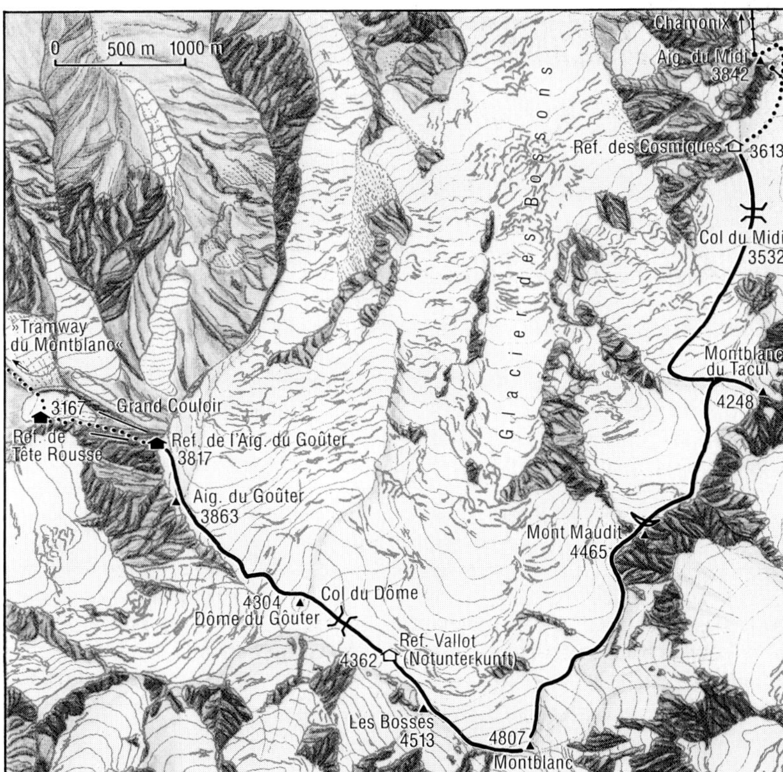

Ausgangspunkt ist die Bergstation Nid d'Aigle auf 2372 m; von dort sind es noch 2 Stunden Fußweg zum Refuge de Tête Rousse und zwei weitere durch die brüchige, steinschlaggefährdete Felsflanke der Aiguille du Goûter zur gleichnamigen CAF-Hütte. Diese Steilflanke hat in den vergangenen Jahren wiederholt Opfer gekostet, besonders bei der Querung des Grand Couloir, das wie ein Sammeltrichter für die tödlichen Steingeschosse wirkt. Hier heißt es einzeln und schnell hindurch und nicht etwa als Seilschaft in zeitraubender, unnützer Mannsicherung.

Oben in der Goûter-Hütte, in 3817 m Höhe, gibt es fast alles, was das Bergsteigerherz begehrt, nur eines nicht – ausreichend Platz! Man kann sich zwar sein Schlaflager viersprachig telefonisch vorab reservieren lassen, doch das ändert alles nichts an der oftmals katastrophalen Überfüllung, die hier zur Hauptsaison an der Tages- oder besser Nachtordnung ist. Wer allerdings am nächsten Morgen noch lebt und aus dem riesigen Berg von Rucksäcken und Schuhen glücklich das Seinige herausgefischt hat, dem steht zum höchsten Alpengipfel buchstäblich kein Stein mehr im Wege. In 3 Stunden kann man, mit einer guten Trasse unter den Füßen, am Ziel sein, falls nicht am schmalen kurzen Bossesgrat doch noch der gefürchtete Höhensturm alle Hoffnungen verweht.

Weit länger ist dagegen der Anstieg von der Aiguille du Midi über die beiden Rückfallkuppen Montblanc du Tacul und Mont Maudit hinweg zum P. 4807. Seitdem die wichtige Cosmiques-Hütte oberhalb des Col du Midi abgebrannt ist, gibt es für diese Route leider keinen vernünftigen Stützpunkt mehr. Man muß entweder noch einige Zeit (bis zur Fertigstellung des zu erwartenden Ersatzbaus) mit der provisorischen Notunterkunft vorlieb nehmen oder direkt aus der ersten Seilbahngondel vom Touristenumschlagplatz der Aiguille du Midi starten. Die Etappen der langen, aber meist gespurten Route heißen in dieser Richtung: Aufstieg durch die Tacul-Nordwestflanke, Abstieg zum Col du Mont Maudit, Überschreitung des Mont Maudit zum Col de la Brenva und Schlußanstieg über die steile Mur de la Côte zum Dach der Alpen.

Für die Gesamtüberquerung des Montblancstocks bringt der Start von der Goûter-Hütte den Vorteil des höheren Ausgangspunkts und des kürzeren Gipfelanstiegs, auch erreicht man im Falle eines plötzlichen Wetterumschlags rascher wieder die rettende Tiefe. Andererseits bleibt dem in umgekehrter Richtung Vorgehenden eventuell der nächtliche Schrekken in der Goûter-Hütte erspart, da es möglich sein sollte, am gleichen Tag noch bis zur Tête Rousse zu kommen.

Wie man sich auch entscheidet, man benötigt in jedem Fall einen kühlen Kopf, ein kräftiges Herz und eine gesunde Lunge sowie eine Portion Wetterglück. Wenn das dreimal täglich erneuerte Bulletin am Bergführerbüro in Chamonix unsicheres oder gar schlechtes Wetter ankündigt, sollte man das Unternehmen unbedingt verschieben! Bei Nebel können die weiten Firnflächen am Montblanc, speziell zwischen Dôme du Goûter und der trostlosen Vallot-Hütte, zu einer tödlichen Falle werden.

Die erwähnte alte Route über den Bossonsgletscher und die Felsinseln der Grands Mulets (dort steht eine CAF-Hütte) wird heute überwiegend von Skibergsteigern im Frühjahr benutzt. Der Abstieg auf diesem Weg ist im Sommer wegen der zahlreichen Spaltenzonen – wenn überhaupt! – nur vormittags in Erwägung zu ziehen.

Die gesamte Überschreitung des Montblanc ist auf diesem Luftbild zu sehen! Links des Montblanc heben sich gegen den Himmel ab: Mont Maudit, Montblanc du Tacul, Dent du Géant, Grandes Jorasses und Aiguille du Midi. Dem Hauptgipfel rechts vorgelagert ist die Aiguille du Bionassay; in der Bildachse stehen der Dôme du Goûter und die Aiguille du Goûter, in deren Flanke deutlich die Schrofenrinnen und -rippen zu erkennen sind, die den heikelsten Abschnitt der Tour darstellen. △

Kolonnenverkehr unterhalb der Goûter-Hütte! Diese Passage ist wegen der enormen Steinschlaggefahr berühmt-berüchtigt. ▷

11 Grandes Jorasses

Durch die Hängegletscher der italienischen Seite

Italien / Frankreich
Montblanc-Gruppe
4208 m
E/F(II)

Talort Planpincieux, 1593 m, im ital. Val Ferret, Bus von Courmayeur/Entrèves.

Stützpunkt Ref. des Grandes Jorasses, 2804 m, CAI, am O-Rand des Glacier du Planpincieux, 4 Std. von Planpincieux, schmaler Steig.

Aufstieg Über SW-Flanke (Planpincieuxgletscher), Reposoir-Felsrippe und obersten W-Grat, im Eis bis zu 45°, auf der Rippe Kletterei (II). – **Höhenunterschied** 1450 m. – **Zeit** 6–7 Std.

Abstieg Wie Aufstieg, 4–5 Std.

Charakter Außerordentlich steile und lange Firntour auf spaltenreichen Eisströmen mit kurzer Klettereinlage, streckenweise Steinschlaggefahr.

Ausrüstungstip Neben normaler Hochtourenausrüstung möglichst auch Steinschlaghelm mitnehmen!

Besondere Hinweise Wem die Reposoirfelsen nicht behagen (oder wenn sie vereist sind), sei der reine Eisweg rechts der Rippe empfohlen. – Da die beiden Firntrichter im mittleren Teil des Anstiegs von Eisabbrüchen bedroht sind, sollte man sehr früh aufbrechen, um den Rückmarsch noch vormittags beenden zu können!

Erstersteiger E. Whymper mit M. Croz, Chr. Almer und F. Biner, 1864 (nur zum W-Gipfel zur Erkundung des Aig.-Verte-Aufstiegs); Hauptgipfel (Pointe Walker) durch H. Walker mit M. Anderegg, J. Jaun und J. Grange, 1868.

Führer L. Devies: Guide Vallot, La chaîne du Montblanc II, Arthaud, Paris. – Königer/Schubert/Werner: Führer der Montblanc-Gruppe, Rother, München (neubearbeitete Ausgabe 1985 in Vorbereitung).

Karte IGN, Carte touristique 232, Massif du Mont Blanc, Argentière – Jorasses, 1:25000.

Bild Die 2600 m hohe Südflanke der Grandes Jorasses, aufgenommen von oberhalb Entrèves. Die gesamte Route läßt sich verfolgen: von der Hütte links der Bildmitte am Rognon de la Bouteille vorbei zum Rocher de Reposoir, über das Whympercouloir zum Whympergrat, über ihn zur Pointe Whymper und den Gipfelgrat entlang zur Pointe Walker. Whymper und seine drei Führer benötigten 1864 von Courmayeur zur Pointe Whymper und zurück knapp 20 Stunden!

Wenn Extremkletterer vom Eiger sprechen, meinen sie die Nordwand, und ist die Rede von den Grandes Jorasses, geht's in diesen Kreisen um die düstere Nordwand mit ihren riesigen Granitpfeilern. Wo man sich nur mit den schwierigsten Routen befaßt, nimmt man eher beiläufig zur Kenntnis, daß für den Abstieg leichtere Routen in anderen Flanken des jeweiligen Berges benutzt werden – die Normalwege. An den Grandes Jorasses, der schönsten und höchsten Granitmauer der Alpen, zieht dieser Normalweg durch die von steilen Hängegletschern und markanten Felsrippen strukturierte Südflanke. Auch dieser leichteste der Jorasses-Anstiege ist noch sehr anspruchsvoll, weist Kletterstellen im II. Schwierigkeitsgrad und bis zu 45° steile Eis- bzw. Firnpassagen auf, alles in 4000 m Höhe. Die Erstersteigung des Gipfelgrats führten Edward Whymper und seine berühmten Führer Michel Croz, Christian Almer und Franz Biner 1864 durch. Dabei war ihnen der Gipfelerfolg nicht so wichtig (sie verzichteten auf den Hauptgipfel!), vielmehr interessierten sie sich für die Südflanke der Aiguille Verte, die man von der Pointe Whymper bestens einsehen konnte. Im Jahr darauf führte die aufwendige Erkundung zum Erfolg …

Bereits 1200 m über dem Talgrund und noch immer 1400 m unter dem Gipfelgrat liegt die Jorasses-Hütte an einer steilen Felsinsel am Rand des Planpincieuxgletschers. Man steigt aus dem Picknick-, Sommerfrischler- und Talwanderertrubel des Val Ferret erst wie in einem wilden Alpenpark auf, dann leitet ein markierter Steig über eine glatte Granitrampe und viel Moränenschutt zur kleinen Hütte. Der Anstieg zum Gipfel ist etwa zur Hälfte

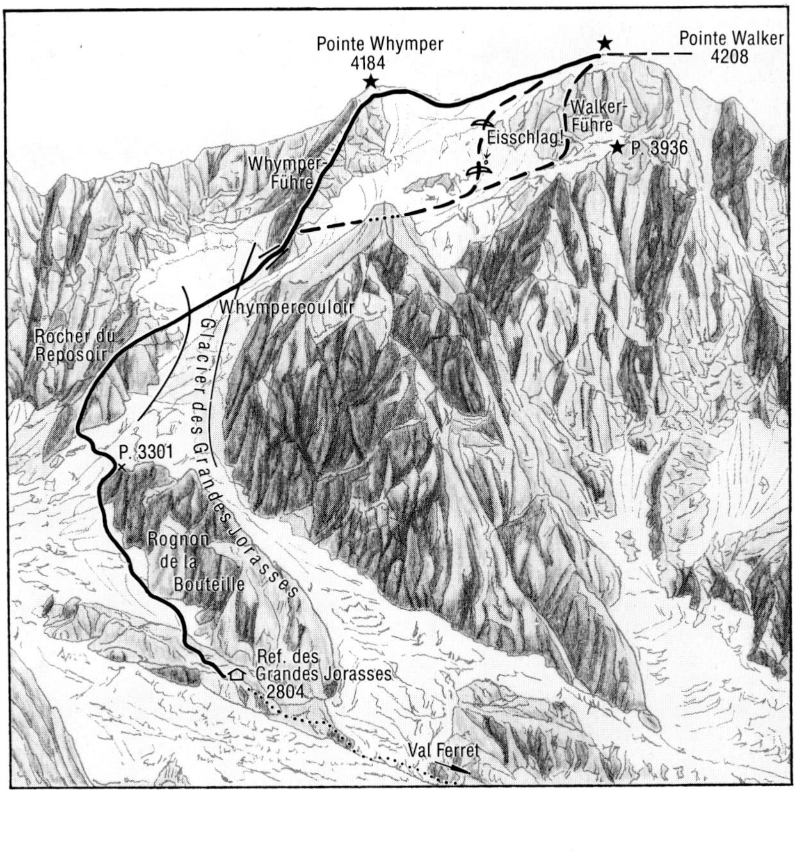

eine Eisroute, was bedeutet, daß man in der Dunkelheit aufbrechen muß, um bei leidlich guten Firnverhältnissen noch vormittags absteigen zu können. Die Leitlinien der Route geben drei bzw. vier Felsrippen an: zunächst gleich oberhalb der Hütte der Rognon de la Bouteille, an dessen Westseite man über den Planpincieuxgletscher aufsteigt; vom oberen Ende dieses weit ins Eis vorgetriebenen Felskeils sucht man etwas rechtshaltend den kürzesten Weg zum Reposoirfelskamm, wo man sich in der Ostflanke oder auf der Rippe selbst eine Route sucht und so an der Séraczone des Grandes-Jorasses-Gletschers vorbei nach oben gelangt. Zügig quert man dann den Gletscher selbst zu dem bereits vom Gipfelkamm herabziehenden Grat der Whymperfelsen. Je nach Verhältnissen folgt man diesem Sporn bis zur Pointe Whymper und traversiert am Gipfelgrat zur Pointe Walker, oder man verläßt den Fels bereits bald nach rechts in den flacheren, oberen Gletscherbereich. In diesem Fall muß man rasch in Richtung Südgrat queren, weil von oben her riesige Eiswülste drohen. Außerhalb dieser Gefahrenzone angelangt, kann man sich dann in aller Ruhe den Schlußanstieg zum Gipfel vornehmen: weiter links und vorwiegend im Eis oder eher rechts im Fels mit mehr Kletterei.

12 Aiguille Verte
Das Couloir Whymper

Frankreich
Montblanc-Gruppe
4121 m
E

Talort Chamonix, 1040 m.

Stützpunkt Ref. de Couvercle, 2687 m, CAF, westl. über dem Talèfregletscher, 4 Std. von Montenvers (Bahn von Chamonix) über Mer de Glace.

Aufstieg Über Glacier de Talèfre, Whymper-Couloir und obersten O-Grat. – **Höhenunterschied** 1450 m. – **Zeit** 5–9 Std.

Abstieg Wie Aufstieg, 3–6 Std.

Charakter Klassische, lange Idealtour im bis zu 55° steilen Eis oder Firn, die wegen der Steinschlaggefahr in der Rinne bei Auf- und Abstieg (!) bis 9 Uhr beendet sein sollte; bei starker Ausaperung Felspartien im II. Grad.

Ausrüstungstip Hochalpin, mit Steinschlaghelm!

Besonderer Hinweis Ideale Firnverhältnisse herrschen meist im Frühsommer; ansonsten besser Auf- und Abstieg über den Moine-(SW-)Grat, III, 8–10 Std. von der Couvercle-H., oder über den S-Sporn der Grande Rocheuse, 4102 m, III, 5–8 Std.

Erstersteiger E. Whymper mit Chr. Almer und F. Biner, 1865.

Führer L. Devies: Guide Vallot, La chaîne du Montblanc III, Arthaud, Paris. – Königer/Schubert/Werner: Führer der Montblanc-Gruppe, Rother, München (neubearb. Ausgabe in Vorbereitung).

Karte IGN 231, Massif du Mont Blanc, Argentière – Jorasses, 1:25000.

Bild Die Aiguille Verte und die Drus über dem Charpouakessel. Rechts ist jenseits des gezackten, auf den Betrachter zulaufenden Moinegrats das Whympercouloir zu erkennen, das – wiederum rechts – von dem Felspfeiler der Grande Rocheuse begrenzt wird. Das kleine Bild zeigt einen Rückblick vom Gipfelgrat zum Ausstieg des Whympercouloirs und zur Grande Rocheuse. Im Hintergrund der Tour Noir, am Horizont Grand Combin, Matterhorn, Dent Blanche und Weißhorn.

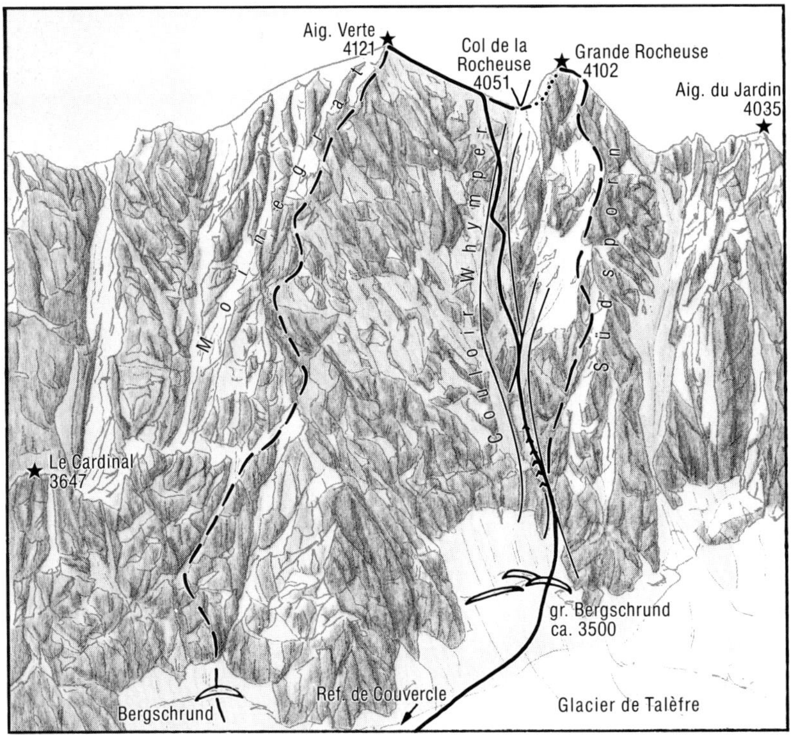

Zusammen mit dem Montblanc selbst und den Grandes Jorasses beherrscht die Aiguille Verte die Region des höchsten Alpenberges – der eine Bergstock ein mächtiger Dom, der andere eine riesige Pfeilerfestung, der dritte eine wuchtige und dennoch elegante Pyramide. Nirgendwo läßt dieser Berg eine Schwachstelle erkennen; selbst die drei leichtesten Anstiege – durch das Whympercouloir, über den Moinegrat oder über den Südpfeiler der Grande Rocheuse – stellen jeweils großzügige Unternehmungen dar, gehören zu den schwierigsten Touren dieses Buches. Der Normalweg durch das Whympercouloir ist eine anstrengende, ernste Tour im steilen Eis, die absolut sicheres Steigeisengehen voraussetzt – und günstige Verhältnisse, die hier fast nur im Frühsommer anzutreffen sind. Die Durchschnittsneigung in dem über 500 m hohen Eis- und Firnschlauch beträgt 47°, im oberen Teil steigt sie bis 55° an; Stein- und Eisschlag sowie Lawinen heißen hier die Hauptgefahren!

Sollte man während des Aufstiegs in der Rinne auf schlechte Bedingungen treffen, sind schnelle Entscheidungen gefragt. In diesem Fall quert man am besten aus dem unteren Drittel des Whympercouloirs nach rechts zum Südpfeiler der Grande Rocheuse und klettert über die Kante sowie die steile Schlußwand zum höchsten Punkt dieses Nachbargipfels, seilt westseitig zum Col de la Rocheuse ab und folgt dem Firngrat zum Gipfel der Aiguille Verte. Der Abstieg erfolgt dann am Aufstiegsweg.

Zu den als Normalanstiege zu bewertenden Routen gehört als dritte der Weg über den Moinegrat, der im Fels einige Stellen im III. Schwierigkeitsgrad aufweist. Zwar erscheint das Höherkommen über die Bänder, Rinnen, Sekundärgrate und Firnplatten in der Südostflanke des Grats und auf seiner Schneide nicht allzu schwierig, doch sollte niemand die Gesamttour unterschätzen.

13 Grivola

Steile Pyramide überm Aostatal

Italien
Paradiso-Gruppe
3969 m
F(II)/E

Talort Cogne, 1534 m, im gleichnamigen Seitental des Val d'Aosta, Staße/Bus von Aosta.

Stützunkt Rif. Vittorio Sella, 2584 m, CAI, im Lauson-Hochtal, 3 Std. von Valnontey, 1666 m (bis dort Straße vom nahen Cogne), durch das Hochtal des Torrente Gran Lauson, bez.

Aufstieg Über Ghiacciaio della Rossa – Colle della Nera, 3491 m – Ghiacciaio del Trayoz – SO-Wand – oberster ONO-Grat, ab Colle della Nera weglos. – **Höhenunterschied** 1480 m. – **Zeit** 6–7 Std.

Abstieg Wie Aufstieg, 4–4.30 Std.

Charakter Mäßig schwierige Kletterei (II) in teils brüchigem Fels, mit kurzen Gletscherüberschreitungen.

Ausrüstungstip Im Hoch- und Spätsommer Steinschlaghelm empfehlenswert!

Erstersteiger F. A. Dayne, 1859. Erstbegeher der SO-Wand: P. Schamonin mit A. Jeantet, 1861.

Führer Gegenfurtner/Klotz/Müller: Kl. Führer Gran Paradiso. – J. Führer: Führer durch das Aostatal; beide Rother, München.

Karten Carta turistica Gruppo del Gran Paradiso, Enrico Editori, 1:50000, oder WK des IGC Nr. 3, II Parco del Gran Paradiso, 1:50000.

Bild Die Südostwand der Grivola mit ihrem für den Normalanstieg wichtigen Rinnen- und Rippensystem. Wegen der Steinschlaggefahr im Grund der Couloirs führt die Route durch deren Begrenzungsflanken und über die Rippen selbst.

Im Gran-Paradiso-Nationalpark, dem größten geschlossenen Naturschutzgebiet der Alpen (wenn man den anschließenden Nationalpark Vanoise mitrechnet), ragt fast 3500 m über der alten Römerstadt Aosta eine markante Riesenpyramide in den Himmel: die dunkle Grivola. Sie stellt ein einsames, doch begehrtes Ziel mancher Kenner dar, die die vorgeschobene Stellung dieses Berges mitten im Aostatal zu schätzen wissen, dem Tal, das von den höchsten Bergen des Alpenbogens umringt ist.

Man besteigt die Grivola am besten aus dem Val di Cogne, genauer: vom Weiler Valnontey aus, wo man den berühmten Alpengarten (Naturschutzgebiet) rechts liegen läßt und dann in vielen steilen Kehren das Val Lauson hinauf ins Lauson-Hochtal wandert zum Rifugio Vittorio Sella, einem einst königlichen Jagdhaus. Von der Hütte steigt man am nächsten Morgen sehr früh zum Colle della Nera, 3491 m, auf, und zwar zunächst am Steig zum Colle Lauson bis zur Wegabzweigung bei P. 2844 m. Ab hier führt ein Weg rechts ab in vielen Kehren in die Bucht, die den kleinen Ghiacciaio della Rossa birgt; man folgt dem Steig bis auf die Moräne unter den zerborstenen Felsen des Colle della Nera. Durch eine schief nach links emporziehende, mit Schnee oder Schutt gefüllte Rinne steigt man westlich zum tiefsten Punkt des Sattels empor.

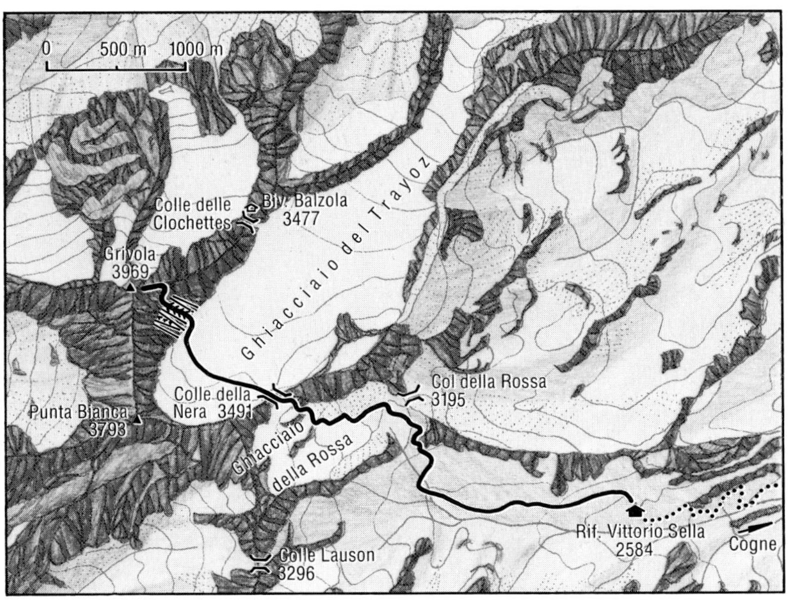

Hier steht man der gewaltigen, von riesigen diagonal aufstrebenden Rippen durchzogenen Südostwand der Grivola unmittelbar gegenüber und kann bereits die Aufstiegsroute studieren. Dann überschreitet man den Ghiacciaio del Trayoz, an dessen Rand man am Colle della Nera steht, erreicht so den Schrund an der Basis der Wand, etwa in der Gipfelfallinie, 40 Minuten vom Sattel querend.

Die Wand mit den schweren Felsfurchen sieht abweisend aus, dennoch sind die beiden zentralen, direkt vom Gipfel herabkommenden (es sind auch die breitesten) zu bezwingen. Der leichteste Anstieg führt zuerst durch die südliche der beiden zentralen Rinnen über steile, aber an guten Griffen reiche Felsen (bei Altschnee im Frühjahr halte man sich wegen des Steinschlags an den Rande der Furche). Nach etwa 1 Stunde Anstieg überquert man die rechte große Rippe in die nördliche Furche hinüber und klettert in dieser bis hinauf auf die Schulter im Nordnordostgrat. Ab hier ist dieser im unteren Teil von zahlreichen Türmen besetzte Grat bis zum Gipfel leicht begehbar.

14 Grand Combin

Über die eisige Nordwestflanke abseits des Corridor

Schweiz
Walliser Alpen
4314 m
E

Talort Fionnay, 1490 m, im hinteren Val de Bagnes, Busverbindung von Martigny über Sembrancher.

Stützpunkt Cab. de Panossière, 2671 m, SAC, am O-Rand des Glacier de Corbassière, 4 Std. auf nicht markiertem Steig durch das gleichnamige Hochtal.

Aufstieg Über den Corbassièregletscher zum »Frühstücksplatz« (Plateau du Déjeuner), durch die knapp 45°steile NW-Flanke und über den W-Grat zum Combin de Grafeneire. – **Höhenunterschied** 1750 m. – **Zeit** 6–7 Std.

Abstieg Wie Aufstieg, 4–5 Std., oder W-Grat zur Cab. de Valsorey.

Charakter Eine der längsten Gletschertouren der Alpen, die sicheres Wetter, gute Kondition und viel hochalpine Erfahrung erfordert; die Route durch die NW-Flanke weicht dem lebensgefährlichen Eisschlag im Anstieg durch den Corridor aus!

Besonderer Hinweis Nur für routinierte Alpinisten, die mit allen Formen des Eisgehens vertraut sind und die Techniken der Spaltenbergung perfekt beherrschen.

Erstersteiger E. R. Blanchet mit K. Mooser, 1933.

Führer M. Kurz: Clubführer Walliser Alpen, Band I, SAC, Bern. – Königer/Weh: Führer durch die Walliser Alpen, Rother, München.

Karten LKS 1346, Chanrion, 1:25 000. – LKS 5003, Mont Blanc – Grand Combin, 1:50 000.

Alternative Routen Meitingrat über den Combin de Valsorey, 4184 m, kombinierter Gratanstieg, II–III, vom Col du Meitin mit Zugang von N oder S, 9 Std. von der Cab. de Valsorey; SO-Grat des Combin de Grafeneire, eine etwas komplizierte Route ebenfalls durch Fels (II) und Firn, 6 Std. von der Cap. Amiante (überm Valpelline/Aostatal) über den Col du Sonadon.

Bild Der Gipfelaufbau des Grand Combin, aus dem Flugzeug von Nordwesten gesehen: Von der Bildmitte her zieht jener steile Firnhang zum großen Gletscherplateau unter dem Gipfel, über den der bevorzugte Anstiegsweg führt; links im Schatten der gefährliche Corridor. Im Vordergrund die felsigen Maisons Blanches.

Zwischen den Zermatter Hörnern und dem Montblancgebiet steht nur ein Viertausender einsam und hoch über den Gipfeln des Unterwallis: der Grand Combin – kein Berg mehr, sondern eine Bastion aus Eis. Von Norden gesehen ist er mit seinen Firnterrassen, Abbruchfronten und Schneeplateaus über dem breiten Strom des Glacier de Corbassière die Verkörperung eines Gletschermassivs schlechthin. Hier faszinieren keine schlanken Formen und scharfen Spitzen, sondern das Phänomen eines Bergstocks in der Horizontalen.

Am interessantesten ist es, dem Grand Combin von dieser Nordseite her zu Leibe zu rücken, mitten durch die polaren Gefilde des Glacier de Corbassière. Seit jene berüchtigte Schlüsselpassage, der eisschlaggefährdete sogenannte Corridor, eine bessere, weil sichere Alternative gefunden hat, ist dieser eindrucksvolle lange Gletschermarsch wieder vorbehaltlos zu empfehlen. Allerdings benötigt man selbst bei guten Verhältnissen von der herrlich gelegenen Panossière-Hütte bis zum aussichtsreichen Combin de Grafeneire mindestens 5–6 Stunden, und das, ohne auch nur ein einziges Mal festen Fels unter die Sohlen zu bekommen.

Leider gehört der Grand Combin in die Kategorie von Bergen, die man noch halb im Schlaf und in der tiefsten Nacht in Angriff nehmen muß. Je nach Zustand des Gletschers geht

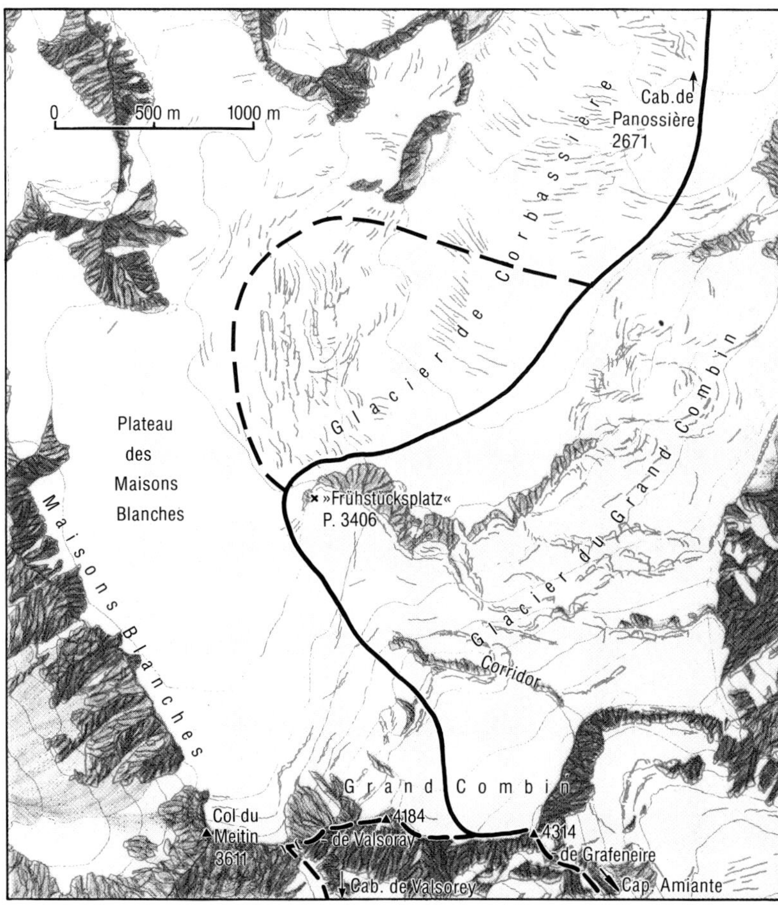

es entweder direkt über den Glacier de Corbassière zum Plateau du Dejeuner (»Frühstücksplatz«), oder man weicht rechts in die Firnbucht unter dem Combin de Corbassière aus und erreicht diese Stelle am Sockel des Grand Combin von Westen her.
Von hier ist er zu sehen, im ersten Licht des Tages, der berühmte Corridor, unter den drohenden Eislasten eines kalbenden Plateaugletschers. Früher ist man mit Gottvertrauen so schnell wie möglich hindurchgeeilt, heute läßt man diese Stelle im wahrsten Sinn des Wortes links liegen und wendet sich der Nordwestflanke zu, wo eine nach oben immer steiler werdende Firnrampe in einem Zug zum weiten Gletscherdach emporzieht. Ein harmloser Spaziergang ist diese Variante alledings auch nicht, unten macht sich oftmals ein Bergschrund breit, und am Ausstieg wartet eine kurze, aufregende Querung zum schmalen Durchschlupf zwischen mächtigen Séracs. Der Rest ist dann vergleichsweise einfach: über die weite Hochfläche südwärts in den Sattel zwischen Combin de Valsorey und Combin de Grafeneire und schließlich links am breiten Schneerücken des Grafeneire vollends hinauf zum höchsten Punkt.

15 Dent Blanche

»Weißer Zahn« aus schwerem Fels

Schweiz
Walliser Alpen
4357 m
F(III)/E

Talorte Ferpècle, 1766 m, im hinteren Val d'Hérens, Straße von Les Haudères (Bus von Sitten nur bis dort). – Zermatt, 1616 m, im Mattertal, Bahn von Visp über Täsch.

Stützpunkte Cab. de la Dent Blanche, 3507 m, SAC, auf einem Felssporn westl. unter dem S-Grat der Dent Blanche, 5–6 Std. auf bez. Weg über Bricola, dann auf Spuren über den Glacier des Manzettes. – Schönbiel-H., 2694 m, SAC, nördl. überm Zmuttgletscher, 4 Std. von Zermatt auf bez. Weg über Zmutt.

Aufstieg Über den S-Grat (= Wandfluhgrat). – **Höhenunterschied** 850 m (von der Schönbiel-H. knapp 1700 m). – **Zeit** 3–4 Std., von der Schönbiel-H. 6–7 Std.

Abstieg Wie Aufstieg, ca. 3 Std.

Charakter Anspruchsvolle kombinierte Tour, die die Gendarmen des langen Blockgrats mehrfach kompliziert umgeht (Vorsicht bei vereistem Fels!), häufiger Wechsel von Gratabschnitten und Firnrinnen; klettertechnische Schwierigkeiten im III. Grad, bei Überkletterung des Gr. Gendarmen eine Stelle IV.

Ausrüstungstip Schlingen und Karabiner für Zwischensicherungen empfehlenswert; einige Haken vorhanden.

Erstersteiger T. S. Kennedy, W. Wigram mit J. B. Croz und J. Kronig, 1862.

Führer M. Kurz: Clubführer Walliser Alpen, Band II, SAC. Bern. – Königer/Weh: Führer durch die Walliser Alpen, Rother, München.

Karten LKS 1327, Evolène, 1347, Matterhorn, und 1348, Zermatt, jeweils 1:25000.

Bild Blick von der Hörnli-Hütte am Fuß des Matterhorns zur Dent Blanche mit Wandfluhgrat (links) und Viereselsgrat (rechts). Der etwas komplizierte und lange Zustieg von der Schönbiel-Hütte zum Wandfluhgrat erreicht dessen Höhe an der vergletscherten Wandfluhlücke (am linken Bildrand).

Wenn man Berge auch unter architektonischen Gesichtspunkten betrachtet, dann stimmt an der Dent Blanche alles: vier überkreuzte Grate und vier steile Wände bilden einen der gewaltigsten und schwierigsten Gipfel der Walliser Alpen. Nur hinsichtlich des Namens liegt da etwas im argen, denn der markante, das Val d'Hérens beherrschende Felszahn, ist nirgends wirklich »blanche«, im Gegensatz zu seinem südlichen Nachbarn, der eisgepanzerten Dent d'Hérens, von der man wiederum aus dem gleichnamigen Tal nichts sieht. Der Verdacht drängt sich auf, daß es hier irgendwann zu einer Verwechslung der Namen gekommen sein muß. Der Irrtum hat sich längst eingebürgert, und heute weiß jeder interessierte Bergsteiger, was sich hinter der Bezeichnung »Weißer Zahn« verbirgt: eine kolossale Felspyramide, der die umliegenden Eisdecken nur bis zum Sockel reichen und die auf keiner Seite eine Schwachstelle zeigt.

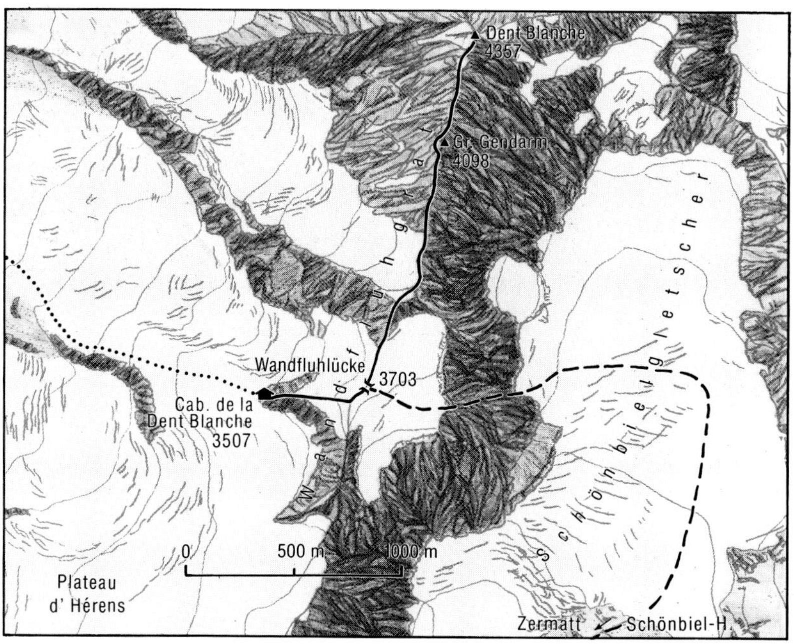

Der unter diesen Voraussetzungen leichteste Zugang zu dem begehrten Walliser Hochgipfel führt über den gendarmenbesetzten Südgrat. Bester Ausgangspunkt für diese respektable Tour ist die kleine Cabane de la Dent Blanche, die wie ein Adlerhorst am südlichen Felsausläufer des Berges klebt. Der Anmarsch aus dem Val d'Hérens ist zwar lang, der Weg zum Einstieg hingegen kurz; man kann sich also am nächsten Morgen im Vollbesitz seiner Kräfte mit den schwierigen Gendarmen beschäftigen. Ganz anders sieht der Zugang von Westen aus, der zunächst bequem zur großartig gelegenen Schönbiel-Hütte, anderntags dafür um so mühsamer und langwieriger durch die brüchigen Felsen der Wandfluh zum eigentlichen Beginn des Südgrats führt.

Wer die Sache nicht unbedingt von Zermatt aus angehen muß, der meide diese steinschlaggefährdete, unübersichtliche Wandfluh, die Ortsunkundigen in der Dunkelheit zu einem wahren Schreckenslabyrinth werden kann. Die beiden Routen treffen sich im Schneesattel der Wandfluhlücke und ziehen dann gemeinsam weiter

über die vorgelagerte Firnkuppe P.3907 zum Beginn des Südgrats und zum Fuß des Großen Gendarm.
Die Erkletterung dieses mächtigen Felszackens ist im Tourenfahrplan keineswegs obligatorisch; wem der luftige Gang im soliden Gestein und der pikante Reitsitz auf der obersten Kante nicht zusagen, der kann das Hindernis auch linksseitig durch ein Schneecouloir und über einige Stufen leicht umgehen. Dem zweiten, kleineren Gendarmen läßt sich ausweichen, doch ist diese Querung in die schuttbedeckten Bänder der Südostflanke mangels vernünftiger Sicherungsmöglichkeiten verpönt. Einzig der dritte Gendarm stellt die Kletterkunst auf die Probe; man bezwingt ihn über schwierige Platten und einen ausgesetzten Riß.
Schließlich bleibt nur ein Stückchen Firngrat übrig, das in 4300 m Höhe den Kreislauf jedoch nochmals gehörig in Schwung bringt. Der Gipfel selbst schließlich – ein schlanker Schneekegel – bietet nur wenig Platz zum Ruhen und Rasten; allerdings gehört der Dent Blanche ohnehin nicht zu den Bergen, auf denen man Muße hat, lange zu verweilen, denn beim Abstieg warten die drei Gendarmen am Ostgrat, unter Umständen die unangenehme Wandfluh und in jedem Fall ein längerer Rückweg von der Hütte bis ins Tal.

16 Matterhorn

Der Hörnligrat

Schweiz/Italien
Walliser Alpen
4478 m
F(II)/E

Talort Zermatt, 1616 m, Bahn von Visp, Kfz. bis Täsch.

Stützpunkte Hörnli-H., 3260 m, SAC, sowie das danebenstehende Hot. Belvédère, am Fuß des Hörnligrats, 2 Std. vom Schwarzsee (Seilbahn von Zermatt). – Solvay-H., 4003 m, SAC, offene Notunterkunft unter der Schulter des Hörnligrats, 3 Std. von der Hörnli-H.

Aufstieg Über den Hörnligrat (NO-Grat). – **Höhenunterschied** Knapp 1200 m. – **Zeit** 5–6 Std.

Abstieg Wie Aufstieg, 4 Std.

Charakter Klassischer Gratanstieg in zum Teil lockerem, häufig vereistem (!) Gneis; bei guten Verhältnissen an keiner Stelle schwieriger als III–; Schlüsselstellen mit Fixseilen gesichert bzw. erleichtert!

Ausrüstungstip Steinschlaghelm und Eisausrüstung (trotz der Kürze des Firngrats oberhalb der Schulter) unbedingt notwendig!

Besondere Hinweise Die Einstiegsseillängen in der O-Wand sind fast immer vereist. – Die kl. Solvay-H. darf nur in wirklichen Notfällen benutzt werden!

Erstersteiger E. Whymper, Ch. Hudson, F. Douglas, D. R. Hadow mit M. Croz und P. Taugwalder (Vater und Sohn), 14. 7. 1865.

Führer M. Kurz: Clubführer Walliser Alpen, Band II, SAC, Bern. – Königer/Weh: Führer durch die Walliser Alpen, Rother, München.

Karte LKS 1347, Matterhorn, und 1348, Zermatt, 1 : 25 000.

Alternative Route SW- oder Liongrat, der klassische italienische Gratanstieg, trotz zahlreicher Seilsicherungen II–III, 4–5 Std. vom Rif. Savoia und Carrel bzw. 12 Std. von Breuil/Cervinia im Aufstieg; im Rahmen einer Überschreitung gut im Abstieg mögl.; dann 4–5 Std.

»Berg der Berge« oder der gemeinste aller alpinen Allgemeinplätze – kein anderer Gipfel zwischen Nizza und Wien steht so im Widerspruch der Meinungen wie das Matterhorn. Mit seinen 10^{10} m^3 Felsmassen ist es der gewaltigste Obelisk der Alpen, markant in der Form und enorm in der Wirkung: die nahezu vollständige Annäherung einer vierseitigen Pyramide durch die Gebirgsnatur. Dem unvoreingenommenen Betrachter ist das Matterhorn allseits eine Faszination von Flächen und Kanten, aber erst die Abweichungen von der strengen geometrischen Norm geben ihm jene individuelle Note, die es zu einem der bekanntesten, meistfotografierten Berge der Welt macht.

Man kann als Alpinist gegen dieses Matterhorn manche Vorbehalte hegen, man kann ein lebenslang aktiver, ausgefüllter Bergsteiger sein, ohne jemals einen Fuß auf diesen Gipfel gesetzt zu haben – wer aber jede geheime Ambition darauf ableugnet, macht sich selbst etwas vor. Seit ihrer touristischen »Entdeckung« Mitte des letzten Jahrhunderts und vor allem seit jenen dramatischen Ereignissen am 14. Juli 1865 ist die »Sphinx von Zermatt« das Ziel in den Alpen schlechthin. Ob es Pflichterfüllung, Wagnis oder alpinistischer Lebenswunsch ist, die Bergführer und Hoteliers in Zermatt leben recht gut davon. Wären nicht die Anforderungen auf den klassischen Gratrouten trotz fixer Seile noch überdurchschnittlich hoch, würden die allsommerlichen Belagerungsszenen wohl jeder Beschreibung spotten. Selbst am Normalanstieg über den Hörnligrat ist das Matterhorn vom ersten bis zum letzten Höhenmeter ein reiner Kletterberg, an dem kein Wettersturz spurlos vorübergeht. Deshalb hat sich der SAC gegen manche inneren Widerstände in den zwanziger Jahren entschlossen, auf halber Strecke des Hörnligrats eine kleine Schutzhütte zu errichten, gespendet vom Brüssler Industriellen Solvay, dessen Namen die Hütte auch heute noch trägt.

Obwohl weitaus am meisten begangen, ist die Normalroute vor allem im unteren Teil nicht leicht zu finden. Es gibt zwar viele Wegspuren, aber die meisten davon verlieren sich bald irgendwo in der Ostwand. Man halte sich deshalb besser an die ausführliche Beschreibung des SAC-Führers statt an den Rucksack eines vermeintlich ortskundigen Vorläufers.

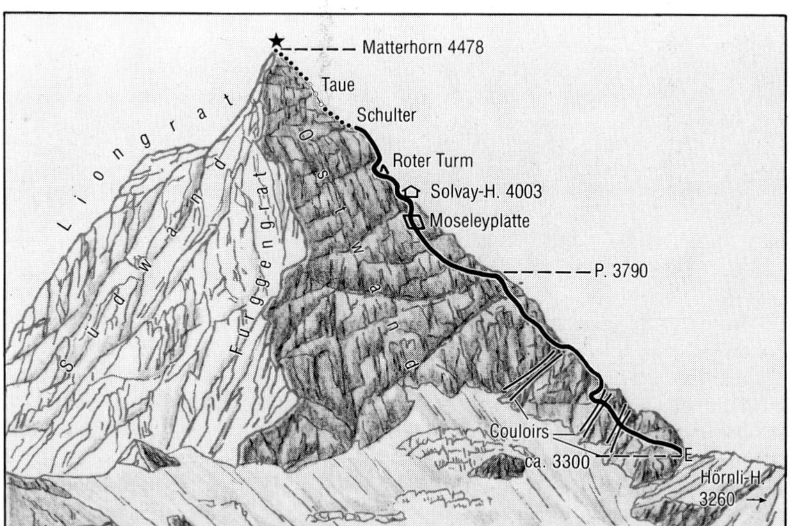

Wer sich nicht auskennt und es nicht riskieren will, im Dunkeln irgendwo von seiner unfreiwilligen »Führerpartie« abgehängt zu werden, sollte erst mit einsetzender Dämmerung starten. Das hat zudem den Vorteil, daß sich die ärgsten Staus an den Schlüsselstellen dann meist schon aufgelöst haben. Es genügt, wenn man bei sicherem Wetter mittags auf dem Gipfel steht, denn am nackten Felsleib des Matterhorns werden die Verhältnisse im Tagesverlauf ohnehin eher besser als schlechter.

Klettertechnisch schwierig ist diese Tour eigentlich nur am häufig vereisten Einstieg, an der Unteren Moseleyplatte, die im Rückweg von den Führern meistens rechts umgangen wird, und an der steilen Gipfelwand des Horns, wo die fixen Seile beginnen. Dazwischen gibt's reichlich schuttbe-

Matterhorn und Montblanc – der berühmteste und der höchste Berg der Alpen im Abenddunst (aus dem Flugzeug gesehen). Zwischen beiden Gipfeln liegen 60 km Luftlinie und ein Teil des Gipfelmeers von Walliser und nördlichen Grajischen Alpen. Als markanteste Berge lassen sich Dent d'Herens (rechts hinter dem Matterhorn) und der mächtige Koloß des Grand Combin (rechts oben) erkennen.

Auch in einer »Standard-Ansicht« verliert das Matterhorn nichts von seiner Faszination: Links die besonnte Ostwand, dann der Hörnligrat, die eisige Nordwand und rechts im Profil der Zmuttgrat. Am äußersten linken Bildrand erkennt man auf einem Gratsporn die Hörnli-Hütte. Die Perspektive verfälscht nur geringfügig die Neigung des Grats, deutet aber – um einer Verharmlosung vorzubeugen – die Größenverhältnisse nur an – der Höhenunterschied zwischen dem unteren Bildrand und dem Gipfelgrat beträgt 2000 m!

deckte Felsstufen, eine Vielzahl von teilweise brüchigen Rippen und mühsame Geröllmulden, wo sich jedes erhabene Gefühl vom Steigen am Matterhorn gründlich verflüchtigt.
Schön ist sie nicht, die klassische Hörnligratroute; bei großem Andrang, Wartezeiten und Steinschlaggefahr kann sie sogar zu einer Aneinanderreihung von Streß und Ärgernissen werden. Doch schließlich geht ja auch kaum jemand ausschließlich zu seinem Vergnügen über den Hörnligrat; oben gewesen zu sein ist alles, das Wie für die Mehrzahl der Matterhornbegeher ohne Bedeutung. Wer hingegen auch am Matterhorn alpinistisch anspruchsvoll bleiben will, sollte absteigend den Liongrat wählen, der wegen der vielen fixen Seile hinunter weit besser zu begehen ist als hinauf. Das Gros der »Cervinisten« allerdings kehrt wieder über den Hörnligrat zurück, wobei es gerade dann, bedingt durch Konditions- und Konzentrationsschwächen, zu den meisten Matterhorn-Unfällen kommt. Also vorsichtig klettern und vor allem keinen Steinschlag auslösen, jeder kleine Zwischenfall in dem exponierten Gelände kann verheerende Folgen haben! Unterhalb der kleinen Solvay-Hütte findet man übrigens feine, teilweise verblaßte Markierungszeichen, die nur von oben zu sehen sind. Die Führer halten sich zwar nicht an diese Fährte, sie haben ihre ganz speziellen Abkürzungen und Schleichwege. Wer aber den dezent aufgetragenen Punkten und Pfeilen folgt, gelangt schließlich unfehlbar hinab zum Felssporn mit der Hörnli-Hütte.

17 Monte Rosa

Am Normalweg auf die Dufourspitze

Schweiz
Walliser Alpen
4634 m
E/F(II)

Talort Zermatt, 1616 m, Bahn von Visp, Kfz. bis Täsch.

Stützpunkt Monte-Rosa-H., 2795 m, SAC, auf dem Unt. Plattje zwischen Gorner- und Grenzgletscher, 2 Std. von der Station Rotenboden der Gornergrat-Bahn über den Gornergletscher.

Aufstieg Monte-Rosa-Gletscher zum Sattel, dann W-Grat zum Gipfel. – **Höhenunterschied** 1800 m. – **Zeit** 6–7 Std.

Abstieg Wie Aufstieg, ca. 3 Std. – In Notfällen kann man direkt vom Sattel (P. 4359) im W-Grat s-seitig zum Grenzgletscher absteigen (III) oder abseilen, um von hier in kurzem Wiederaufstieg (einige Spaltenzonen) die Cap. Margherita auf der Signalkuppe zu erreichen (vom Sattel 2–3 Std.).

Charakter Lange, anstrengende, im Hochsommer immer gespurte Gletschertour mit kurzen Kletterstellen (II), die Höhenstürmen ausgesetzt sind!

Erstersteiger J. Madutz und M. Zumtaugwald, 1848 (am Gipfelfirst).

Führer M. Kurz: Clubführer Walliser Alpen, Band III, SAC, Bern. – Königer/Weh: Führer durch die Walliser Alpen, Rother, München.

Karte LKS 1348, Zermatt, 1:25000.

Alternative Route Siehe Abstieg.

Nach dem Montblanc ist der Monte Rosa der höchste und mächtigste Berg der Alpen. Seine gewaltigen Südabstürze sind bis in die Po-Ebene hinaus sichtbar. Es ist schon ein ganzes Massiv, was sich da zwischen der Schweiz und Italien ausbreitet, mit einem Dutzend Gipfeln, Spitzen und Rückfallkuppen, mit der höchsten Alpenwand im Osten und den träge abfließenden Eismassen des zweitgrößten Alpengletschers im Norden.
An Superlativen fehlt es also nicht, auch nicht an landschaftlicher und touristischer Vielfalt. Man kann den Monte Rosa auf verschiedene Weise erleben: bequem als alpiner Zaungast auf dem Gornergrat in Bewunderung der riesigen Gletscherströme, hochalpin im steilen Marinellicouloir der 2000 m hohen Ostwand oder auch als leidenschaftlicher Viertausender-Sammler auf dem Hochplateau zwischen Grenzsattel und Lysjoch, in buchhalterischer Genauigkeit jeden Höcker und jede Firnkuppe registrierend. Klassisch im Sinne dieses Buches ist jedoch allein die Besteigung der Dufourspitze, der höchsten Erhebung der Schweiz, deren Name sich nicht von den ersten Besuchern – fünf Engländer mit dem berühmten Walliser Führer Zumtaugwald 1855 –, sondern von General Dufour, dem Begründer der Eidgenössischen Landestopographie, ableitet.
Diese Tour zählt trotz ihrer Länge – 1800 Höhenmeter von der Monte-Rosa-Hütte bis zum Gipfel – zu den beliebtesten Unternehmungen in den Walliser Alpen, so daß man im Sommer fast immer eine ausgetretene Trasse vorfindet. Obwohl die technischen Anforderungen relativ gering sind, sollte dieses Vorhaben nicht unterschätzt werden. Es bleibt selbst bei besten Verhältnissen anstrengend, zumal die relativ schwierigsten Stellen, die Felshöcker am Westgrat und der kurze Kamin ganz zum Schluß, nach 5stündigem Anstieg und in 4600 m Höhe bewältigt werden müssen.
Startpunkt für die Dufourspitze ist in den meisten Fällen die Station Rotenboden der Gornergrat-Bahn, denn kaum jemand macht sich mehr die Mühe, direkt von Zermatt zur wesentlich vergrößerten und modernisierten Monte-Rosa-Hütte aufzusteigen. Wer es dennoch tut, hat sich die herrlichen Ausblicke von der Hüttenterrasse auf den arktisch anmutenden Strom des Gornergletschers, in das Bruch- und Spaltenchaos des Grenzgletschers und zu der kolossalen Eismauer des Lyskamms redlich verdient.
Wie es am nächsten Tag weitergeht, steht in jedem Führer nachzulesen und ist sogar auf der Landeskarte eingezeichnet; dennoch ist die Route anfangs in dem unübersichtlichen Unteren Plattje bei Dunkelheit nicht leicht zu finden. Also den Weg am Vorabend erkunden oder später aufbrechen! Letzteres sieht zwar der Hüttenwart nicht gerne, und außerdem verstößt es gegen alle bergsteigerische Tugend, bietet jedoch später am Gipfel den Vorteil des fotografisch besseren Sonnenstands. Aber bevor es soweit ist, muß man zunächst das Obere Plattje erreichen, von dort der meist guten Spur über den hier und

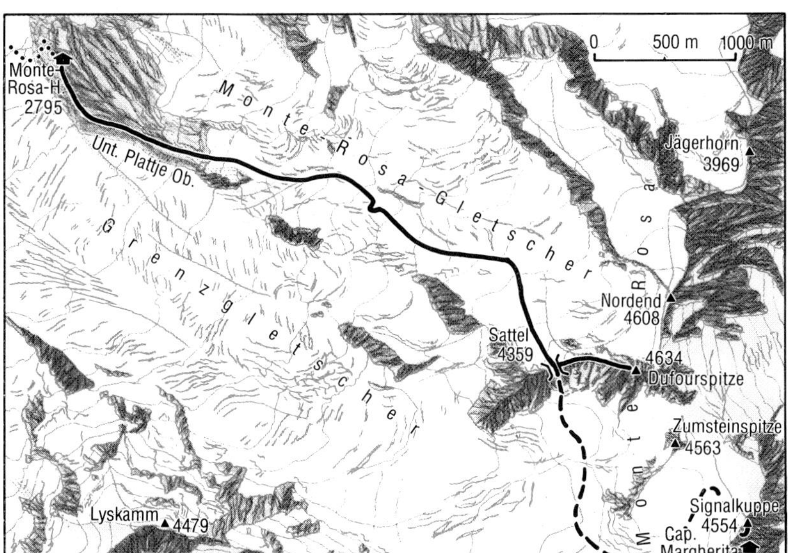

◁ Das Bild von der eisüberwallten Nordwestflanke des Monte-Rosa-Massivs zeigt den Verlauf des Normalwegs in ganzer Länge: Von der (hier nicht auszumachenden) Monte-Rosa-Hütte führt die Route durch das felsige Gelände der Plattjen zum Monte-Rosa-Gletscher; auf ihm ist teilweise deutlich die Trasse zu erkennen, die zum Sattel im Westgrat der Dufourspitze zieht, dessen Firn- und Felsgrat schließlich zum höchsten Punkt leitet. Von den Viertausendergipfeln des Monte Rosa sieht man »nur« drei (v. l. n. r.): Nordend, Dufourspitze und Zumsteinspitze. Die lange graue Gletscherzunge im Vordergrund, die die Tiefe der Teleaufnahme verdeutlicht, gehört zum Gornergletscher.

Von den Felsen oberhalb des Sattels blicken die meisten Monte-Rosa-Ersteiger erwartungsvoll zum Gipfelaufschwung der Dufourspitze – aber doch nicht zum Gipfel! Wo manch einer den höchsten Punkt vermutet, endet der lange Weg noch nicht, denn nach zwei Steilaufschwüngen im Firn folgt noch der vom Sattel aus nicht sichtbare Felsgrat zum P. 4634.

dort spaltendurchsetzten Monte-Rosa-Gletscher folgen, dann oben im Sattel (P. 4359) den Bergschrund bezwingen und schließlich am Westgrat über zwei Steilaufschwünge hinweg die Gipfelfelsen ansteuern. Die Erkletterung dieser Felsen ist bei normalen Verhältnissen nur mäßig schwierig, einzig der kurze Schlußkamin kann bei Vereisung unangenehm werden.

Der Gipfel selbst ist eng, das Gipfelkreuz winzig, dafür wirkt an klaren Tagen die Rundsicht fast grenzenlos. Direkt gegenüber im Süden thront auf der Signalkuppe die neue Capanna Margherita, die höchste Unterkunft der Alpen; dahinter steht in der Ferne einsam der Riesenkegel des Monviso hoch über dem auslaufenden Alpenkamm. Im Westen zeigt sich alles dicht gedrängt, von den phantastischen Eisbalkonen des Lyskamm nebenan bis zur dominierenden Gletscherkappe des Montblanc. Im Norden dagegen stehen in schöner Ordnung die Hörner der Berner Alpen aufgereiht, während sich ostwärts der Blick erst hinter dem Fernschimmer um Ortler und Weißkugel verliert.

Zum Schluß einige Mahnungen: Am Monte Rosa mußte schon mancher gut trainierte Alpinist umkehren – nicht etwa wegen mangelnder Kondition, sondern wegen des häufig aufkommenden eisigen Höhensturms! Man benötigt unbedingt leichten, aber guten, dichten, ausreichend langen, Kopf und Hals vollständig bedeckenden Windschutz; diese orkanartigen Stürme treten auch bei bestem Wetter auf! Außerdem beachte man, daß sich die Auf- und Abstiegszeiten bei Vereisung der Gipfelfelsen enorm verlängern können. Obwohl man im Gletscherbereich meist einer Spur bzw. Trasse folgt, ist auch hier hohe Aufmerksamkeit geboten. Bei drohendem Wettersturz sofort umkehren!

18 Weißhorn

Am Normalweg über den Ostgrat

Schweiz
Walliser Alpen
4506 m
F(II)/E

Talort Randa, 1408 m, im Mattertal, Bahn/Straße von Visp.

Stützpunkt Weißhorn-H., 2932 m, SAC, in der S-Flanke des Wisse Schijen, 5 Std. von Randa auf bez. Weg über die Alp Jatz.

Aufstieg Über den Schaligletscher und dem O-Grat. – **Höhenunterschied** 1600 m. – **Zeit** 6 Std. (davon 3 Std. am Grat).

Abstieg Wie Aufstieg, ca. 4 Std.

Charakter Großzügige kombinierte Tour mit Gneiskletterei im II. Schwierigkeitsgrad sowie ab etwa 4030 m steiler Firnkamm.

Besonderer Hinweis Lange, anstrengende Grattour, die bei Wettersturz sehr gefährlich werden kann; Kletterei bei trockenem Fels im II. Schwierigkeitsgrad, Ausgesetztheit und mögliche Vereisung erfordern allerdings klettertechnische Reserven.

Erstersteiger J. Tyndall mit J. Bennen und U. Wenger, 1861.

Führer Am besten M. Kurz: Clubführer Walliser Alpen, Band II, SAC, Bern. – Königer/Weh: Führer durch die Walliser Alpen, Rother, München.

Karte LKS 1328, Randa, 1:25000.

Bild Das elegante Walliser Weißhorn mit seiner imponierenden Nordostflanke über dem Becken des Bisgletschers. Rechts der Nordgrat, links der Ostgrat, über dessen obere zwei Drittel der Normalweg verläuft. Links im Hintergrund staffeln sich Zinalrothorn, Obergabelhorn und Dent d'Hérens.

Kein Zweifel, von Norden oder Osten gesehen trägt das Weißhorn das Prädikat »schönster Berg der Alpen« zu Recht: Drei gleichmäßig geformte Grate verbinden sich zu einer makellos weißen, vollkommen freistehenden Riesenpyramide, die wie kein zweiter Gipfel auf eindrucksvolle Weise Masse und Eleganz vereinigt.
Nach Süden und Westen zeigt das sonst strahlend schöne Weißhorn düstere, zerfurchte Felswände, jedoch bleibt der Pyramidencharakter gewahrt, einzig über den Almen von Zinal besitzt das Horn eine »ästhetisch schwache Stelle«.

Nur der großen Höhendifferenz – 3000 m ab Randa – und dem bergsteigerisch anspruchsvollen Normalanstieg ist es zuzuschreiben, daß sich die kleine Weißhorn-Hütte des SAC sommers nicht ständig im Beherbergungsnotstand befindet. Wer auf dem Hüttenweg keinen Schweiß vergießen will, sollte Randa erst nachmittags verlassen und vor allem keine schweren Proviantlasten heraufschleppen, denn hier oben gibt es mittlerweile sogar schon Vollpension. Allenfalls mit dem Schlafplatz kann es etwas hapern, doch je länger der Gipfelanstieg, desto kürzer die Nacht …

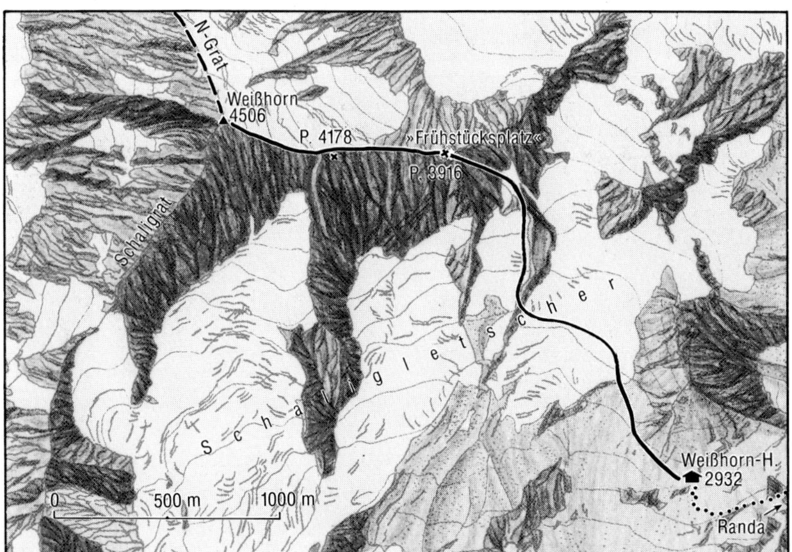

Selbst unter günstigsten Bedingungen sind für die gewöhnliche Route über den Ostgrat etwa 6 Stunden zu veranschlagen, wobei es zuerst reichlich monoton, dann mühsam, später schwierig und zum Schluß anstrengend wird. Sicher ist diese Tour, zumindest am Ostgrat selbst, ein landschaftlicher Hochgenuß, aber dieses Empfinden bleibt vielen Weißhorn-Begehern angesichts technischer und konditioneller Anforderungen leider versagt. Monoton ist – in der Dunkelheit – die Überquerung der beiden Arme des Schaligletschers, mühsam dann die Bewältigung der brüchigen, steinschlaggefährdeten Ostflanke, während die handfeste, mäßig schwierige Kletterei erst ab P. 3916, dem sogenannten »Frühstücksplatz«, beginnt. Ein halbes Dutzend Grattürme stellen sich dem Akteur hier in den Weg, von denen der erste und letzte Turm am besten rechts, nordseitig, umgangen und die anderen mehr oder weniger direkt überstiegen werden.
Dann verbleiben noch die 500 Höhenmeter Schneegrat zum Gipfel, die schönste, aber auch anstrengendste Etappe der Tour. Zunächst ist die Neigung des Firns gering, aber weiter oben, hinter dem aufregend nahen Eisbruch, nehmen Steilheit und Ausgesetztheit zu. In trockenen Sommern kann es vorkommen, daß man sich am Schluß stufenschlagend zum Gipfelkreuz emporarbeiten muß.

Wer das begehrte Ziel erreicht hat, genießt doppelt, den Erfolg und die Aussicht, die beweist, daß die Gebirgswelt auch aus großer Höhe betrachtet nichts von ihrer Faszination verliert. Überraschend ist der Einblick in die Tiefe des Rhônetals, imposant der Anblick von Matterhorn und Dent Blanche nebenan. Die Berner Alpen vis-à-vis liegen wie ein aufgeschlagenes Bilderbuch da, und bei klarem Wetter reicht die Sicht vom Firndom der Weißkugel bis zum Eisschild der Barre des Ecrins!

Ist das Wetter unsicher, sollte man rechtzeitig an den Abstieg denken, denn selbst am verhältnismäßig leichten Ostgrat kann ein Gewitter oder ein plötzlich losbrechender Schneesturm verheerende Folgen haben. Immerhin steigt man 3½ Stunden vom exponierten Weißhorngipfel bis zum schützenden Dach der Weißhorn-Hütte hinunter.

19 Dom

Über Festijoch und Nordflanke

Schweiz
Walliser Alpen
4545 m
E/F(I)

Talort Randa, 1408 m, im Mattertal, Bahn/Straße von Visp.

Stützpunkt Dom-H., 2940 m, SAC, an der rechten Seitenmoräne des Festigletschers, 4.30 Std. auf bez. Steig.

Aufstieg Über Festigletscher, Festijoch und N-Flanke. – **Höhenunterschied** Rund 1600 m. – **Zeit** 6 Std.

Abstieg Wie Aufstieg, 3–4 Std.

Charakter Lange, nahezu reine Gletschertour, die objetiv nicht ungefährlich ist (Eisschlag!); im Hochsommer meist gespurt!

Besonderer Hinweis Am Hüttenweg streng der roten Markierung folgen (sonst Steinschlaggefahr)!

Erstersteiger J. L. Davies, J. Zumtaugwald, J. Kronig, H. Brantschen, 1858 (über den Festigrat).

Führer Am besten M. Kurz: Clubführer Walliser Alpen, Band IV, SAC, Bern. – Königer/Weh: Führer durch die Walliser Alpen, Rother, München.

Karte LKS 1328, Randa, 1:25000.

Bild Die eisige Nordflanke des Dom mit der Spur des Normalanstiegs und der Felsabbruch des Berges zur Saaser Seite hin, fotografiert vom Gipfel der Lenzspitze. Im Hintergrund das Täschhorn.

Von Norden, etwa der Belalp oder der Lötschberggegend, zeigt die Mischabel-Gruppe eine faszinierende Vielfalt an verfirnten Spitzen, schwungvollen Verbindungsgraten und steil abfließenden Gletschern. Aus dem Süden betrachtet ändert sich das Bild vollkommen, dort dominieren dunkle Felszinnen und Wände, und zur Sasser Seite schließlich wirkt die Mischabelkette wie eine gewaltige, mannigfaltig zerschartete Mauerflucht. Kulminationspunkt dieser Gruppe ist der eng mit dem Täschhorn verbundene Dom: keine atemberaubende Schönheit wie das Weißhorn oder Matterhorn, aber trotzdem eine imponierende Erscheinung durch den wuchtigen Aufbau und die herausragende Höhe. Für die sturen Gipfelsammler ist der Dom in erster Linie der höchste Berg, der ganz auf Schweizer Boden ruht, und für Augenmenschen schlicht der beste Aussichtspunkt im Wallis.

Wer sich auf den Weg zum Dom macht, der hat zwar nicht mit technischen Schwierigkeiten, wohl aber mit großer Steigung zu rechnen, denn von Randa bis zur Spitze sind es rund 3150 Höhenmeter bei nur 5,7 km Entfernung: Dies macht sich vor allem beim berüchtigten Anstieg zur Dom-Hütte bemerkbar. Allein das immer schöner über dem Eisgletscher herauswachsende Weißhorn rettet diesen schattenlosen Schinder.

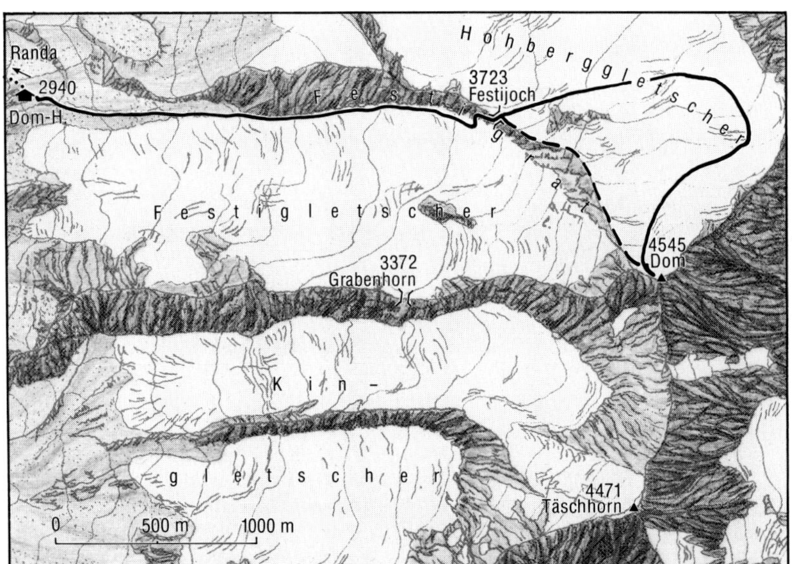

Da sich die Normalroute zum Dom fast ausschließlich im Firnbereich bewegt und außerdem ein respektabler Eisbruch am Weg liegt, verlassen die meisten Bergsteiger die Hütte noch bei Dunkelheit und folgen den Lichtkegeln der Stirnlampen über die schwarze Seitenmoräne des Festigletschers. Wenn man den richtigen Übergang zum Gletscher findet und später die Steigspuren im auslaufenden Nordwestgrat des Dom nicht verfehlt, kann man schon zum Sonnenaufgang im Festijoch sein, wo die einzige, kurze Kletterstelle der ganzen Tour zu bewältigen ist! Jener kleine Felsturm ist kaum der Rede wert, wohl aber der Eisbruch des Hohberggletschers auf der anderen Seite, der so zügig wie möglich passiert werden sollte. Vor wenigen Jahren, 1977, ist an dieser Stelle eine ganze Sektionsgruppe unter herabstürzenden Eistrümmern begraben worden; also im Eiltempo hindurch oder vom Joch direkt den Nordwestgrat benutzen. Allerdings ist auch dieser sogenannte Festigrat nicht ungefährlich, wie die Tragödie aus dem Jahre 1982 zeigt, als dort zwei Seilschaften des Schweizer Militärs mit einer abbrechenden Wächte in die Tiefe stürzten und den Tod fanden.

Beide Routen treffen oberhalb von 4400 m in der sogenannten Gabel, einem ausgeprägten Schneesattel, zusammen, aus dem man in wenigen Minuten den Gipfel erreicht.

20 Bietschhorn

Überschreitung Nordgrat – Westgrat

Schweiz
Berner Alpen
3934 m
E/F(III)

Talorte Wiler, 1419 m, und Blatten, 1540 m, im Lötschental, Straße/Bus von Rhônetal/Goppenstein (Lötschberg-Bahnverladung).

Stützpunkt Bietschhorn-H., 2565 m, AACB, nordöstl. unter dem Bietschjoch, 3 Std. aus dem Lötschental, bez.

Aufstieg Bietschjoch-N-Grat. – **Höhenunterschied** Knapp 1400 m. – **Zeit** 6–8 Std.

Abstieg WSW-Grat, 4–6 Std. zur Hütte.

Charakter Anspruchsvolle Hochtour für erfahrene und konditionsstarke Alpinisten, die mit wechselnden Firn-/Eisverhältnissen ebensogut zurechtkommen wie mit brüchigen Felspassagen; am N-Grat Kletterei im Schwierigkeitsbereich II–III sowie steile Firn-/Eisflanken und Strecken auf dem schmalen (Firn-)Gratfirst, am WSW-Grat fast ausschließlich Kletterei (II–III) in weniger gutem Granit.

Erstersteiger L. Stephen mit J. und A. Siegen sowie J. Ebner, 1859.

Führer Blum/Hausmann: Clubführer Berner Alpen, Band III, Bietschhorn u.a., SAC, Bern. – Munter: Gr. Führer Berner Alpen, Rother, München.

Karte LKS 1268, Lötschental, 1:25000.

Bild Als mächtiger Granitklotz steht das Bietschhorn zwischen Rhône- und Lötschental. Wie wichtig bei einer Besteigung oder Überschreitung dieses Berges Erfahrung auf Gletschern, im steilen Firn und auf ausgesetzten, kombinierten Graten ist, beweist dieses Bild. Links, über dem vorgelagerten Kleinen Nesthorn, zieht der Nordgrat zum Gipfel; nach rechts senkt sich der lange Westsüdwestgrat in Richtung Bietschjoch (verdeckt) ab.

Ein Berg mit vielen Gesichtern – und doch von allen Seiten leicht zu erkennen: das Bietschhorn, das als südliches Vorwerk der Berner Alpen 3400 m hoch über dem Rhônetalboden und noch 2500 m über dem Lötschental steht. Von zwei Seiten reichen Gletscher mit steilen Armen bis zu den Graten, doch der wuchtige Gipfelaufbau ist aus Fels, ist Kulimnationspunkt zerrissener Kämme.

Im Norden über dem Lötschental durchreißen wilde, steile Gräben die Flanken des Berges, rauschen Bäche zu Tal, die von zerborstenen Gletscherzungen gespeist werden. Zwischen diesen Furchen ziehen ausgeprägte Rippen in die Höhe; auf einem dieser Rücken steht die kleine Bietschhorn-Hütte des Akademischen Alpenclubs Bern. Sie ist Ausgangspunkt für die »Normalanstiege« – eine Bezeichnung, die angesichts der hohen Anforderungen an Kondition, Fels- und Eistechnik auch auf diesen Wegen fast fahrlässig verharmlosend anmutet. Auf etwa gleich schwierigen Routen können von dieser Seite der Nordgrat und der Westsüdwestgrat begangen werden; die Verbindung der beiden Wege ergibt eine großartige Überschreitung.

Rund 7 Stunden sind allein für den Aufstieg anzusetzen, bei ungünstigen Verhältnissen werden es natürlich bedeutend mehr. Immerhin bieten die ersten 700 Höhenmeter hinauf zum Bietschjoch am Schafberg keinerlei Probleme; meist findet man Steigspuren in der mürben Flanke. Am unscheinbaren Joch wechselt man von Fels auf Firn und läuft ostwärts durch die Mulde des Nestgletschers unter dem Westsüdwestgrat hindurch auf den Nordwestsporn des Bietschhorn-Nordgrats zu. Je nach Verhältnissen überschreitet man den Bergschrund mehr in der Nähe des Kleinen Nesthorns oder im Bereich des Gratsporns, um dann in dessen südseitigen Felsen steil zur großen Schulter (P. 3703) im Nordgrat hinaufzuklettern. Hier beginnt die eigentliche Grat-»Wanderung«: Über den scharfen und teilweise überwächteten Schneefirst und streckenweise auf einem parallel verlaufenden Felsband in der Westflanke erreicht man den Nordgipfel und überschreitet ohne großen Höhengewinn die letzten Zacken zum Gipfel.

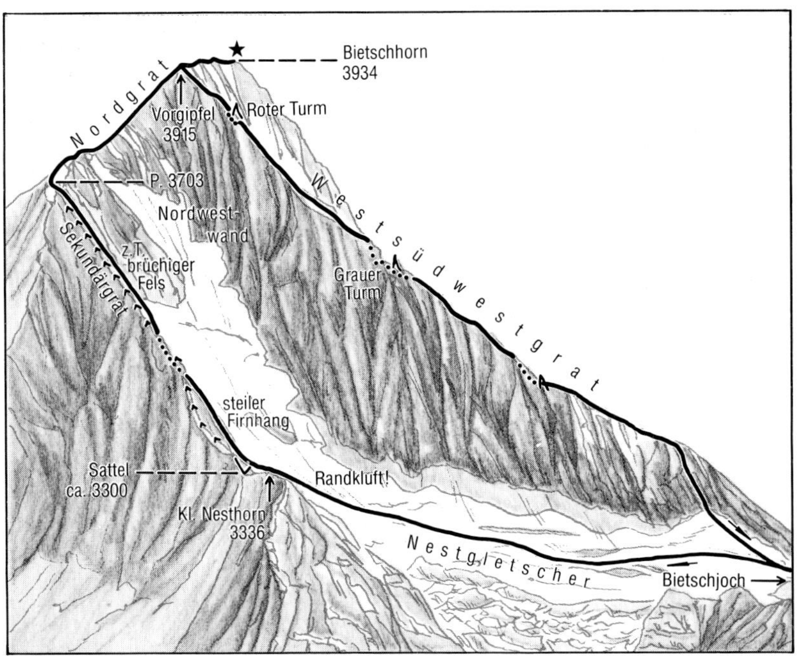

Beim Abstieg geht es zurück zum Nordgipfel, dann verfolgt man die schmale Schneide des Westsüdwestgrats. Dabei wird bald recht ausgesetzt der Rote Turm überklettert. Danach wechseln Firn- und Felspassagen am Grat mit Ausweichstrecken in der Südflanke ab bis zum Grauen Turm, der wieder direkt überklettert wird. Das letzte Gratstück bietet außer eventuell konditionellen keine Probleme: Über den flachen obersten Bietschgletscher geht es wieder zum Bietschjoch hinüber und – nach mindestens 10 Stunden Plage – auf tauben Füßen zur Hütte und vielleicht gar noch hinab zu den Gasthäusern im Lötschental.

21 Aletschhorn
Südwestgrat vom Oberaletschgletscher

Schweiz
Berner Alpen
4195 m
E/F(II)

Talort Blatten, 1327 m, oberhalb von Brig/Naters im Oberwallis, Straße/Bus von dort.

Stützpunkt Oberaletsch-H., 2640 m, SAC, am Fuß des Gr. Fußhorns, 5–6 Std. von Blatten im Oberwallis oder 3–4 Std. von der Bel-A., 2094 m (Bergbahn von Blatten) über den Oberaletschgletscher, bez.

Aufstieg Oberaletschgletscher und SW-Grat. – **Höhenunterschied** 1680 m. – **Zeit** 6–8 Std.

Abstieg Wie Aufstieg, 4–5 Std.

Charakter Ungewöhnlich lange Bergtour, deren Dauer und Schwierigkeit stark von den Firnverhältnissen im Bereich des Oberaletschfirns abhängig sind. Kletterstrecken unter normalen Bedingungen nicht schwieriger als II.

Besonderer Hinweis Nur bei sicherem Wetter starten; als Notabstieg vom Gipfel bzw. vom NO-Grat kommt ein Abstieg vom Aletschjoch, 3629 m, über den Mittelaletschgletscher in Frage, wo südwestl. unterm Kl. Dreieckhorn das Mittelaletsch-Biwak steht.

Erstersteiger F. Tuckett mit J. Bennen und V. Tarraiz, 1859. – Erstbegehung des SW-Grats: T. Middlemore, L. Liechti, A. Kummer und ein Träger, 1879.

Führer Dr. Bodmer u. a.: Clubführer Berner Alpen, Band III, SAC, Bern. – W. Munter: Gr. Führer Berner Alpen, Rother, München.

Karten LKS 1249, Finsteraarhorn und 1269, Aletschgletscher, 1: 25 000.

Bild Der Südwestgrat des Aletschhorns als Ganzes und im Detail: Deutlich ist auf dem großen Bild der lange Grat zu erkennen, der an einer Stelle ins Gletschereis taucht. Welche Probleme sich dem Bergsteiger in eben diesem Abschnitt in den Weg stellen, zeigt das kleine Bild: breite Spalten!

Das auf breiter Basis aus drei Eisbekken aufsteigende, über vier Gletscherströmen dominierende Aletschhorn ist – obwohl ganz im Kanton Wallis gelegen – der zweithöchste Berg der Berner Alpen. Berühmt ist die mächtige 1200 m hohe Nordfront über dem Großen Aletschfirn, eine phantastische Kulisse für die zahlreichen Skifahrer auf der klassischen »Lötschentour« vom Jungfraujoch ins Lötschental. Gewaltige Eisbalkone scheinen hier jeden Zugang zum Gipfel zu versperren; dennoch gibt es eine halbwegs sichere Route dort hinauf, die allerdings nur der Kenner sieht: die schmale, steile Haslerrippe, die vom Ufer des Aletschfirns bis zum P. 3718 als feine, oft vom Firn überwallte Felskante emporzieht. Die Route über die Haslerrippe ist ein langer, exponierter Weg, aber erfahrenen und ausdauernden Hochtouristen durchaus zu empfehlen.

Leichter, allerdings mindestens genauso lang, ist der Anstieg von Südwesten, wo der Oberaletschgletscher vielarmig ins Aletschhornmassiv hineingreift. Dort zieht der wenig ausgeprägte Südwestgrat, nur an einer Stelle vom Firn unterbrochen, direkt vom schmutziggrauen Eisstrom bis zum Gipfel. Einziger Stützpunkt im weiten Umkreis ist, abgesehen vom winzigen Mittelaletschbiwak, die kürzlich erneuerte Oberaletsch-Hütte.

Ein 1stündiger Fußmarsch auf geröllbedeckter Eiszunge führt zum Sockel des Aletschhorns, wo der richtige Einstieg, das schräg aufwärtsziehende schmale Band, mit einem schon von weitem auffallenden roten Kreis markiert ist. Anschließend geht es links des Südostgrats, später direkt auf dessen breitem Rücken nordostwärts empor, bis dieser in den spaltenreichen Oberaletschfirn eintaucht. Die Traversierung des Gletschers ist tückisch, aber kurz; am anderen Ende gewinnt man über einen manchmal heiklen Schrund wiederum den Südostgrat. Der führt nun in zunehmender Neigung direkt zum Gipfel, zuerst im losen Gestein, dann im ausgesetzten Fels und zum Schluß im steilen Firn.

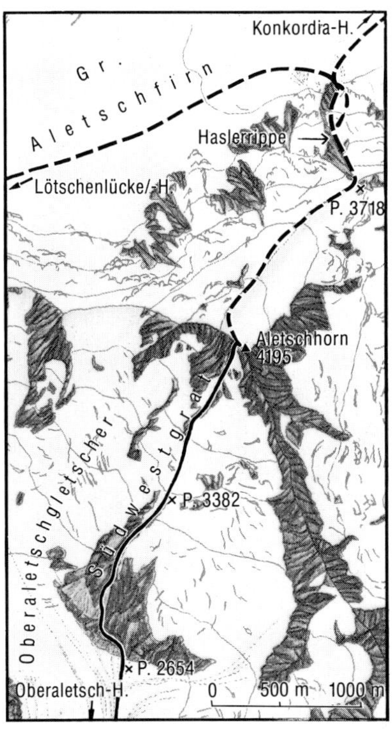

Wer glücklich das kleine Gipfelkreuz erreicht hat, gleichgültig von welcher Seite, der ist seit Verlassen seiner Hütte mindestens 6–7 Stunden älter geworden; darunter ist der Berg selbst bei günstigen Verhältnissen und solider Kondition nicht zu haben.

Doch die Anstrengung lohnt sich, denn es gibt viel zu sehen vom Aletschhorn – Verwirrendes, Belangloses, Bezauberndes. Verwirrend ist die Gipfelvielfalt der Zentralschweizer und Rhätischen Alpen im Osten, eher langweilig die Rückansicht der von Norden so imposanten Jungfraukette und faszinierend der Blick über die tief unten abfließenden Eisströme auf die in schöner Ordnung aneinandergereihten Bergstöcke der Walliser Alpen jenseits des Rhônetals.

Wie zum Trost erkennt man in dieser eisigen Hochgebirgsszenerie aber auch die Dächer der Konkordia- und Oberaletsch-Hütten, die einzigen Fleckchen Geborgenheit weit und breit.

22 Blüemlisalp

Überschreitung Morgenhorn – Weiße Frau – Blüemlisalphorn

Schweiz
Berner Alpen
3663 m
E/F(I)

Talort Kandersteg, 1176 m, im Kandertal.

Stützpunkt Blüemlisalp-H., 2834 m, SAC, nordwestl. der Wilden Frau, 4–5 Std. von Kandersteg oder 3–4 Std. vom Oeschinensee (Sesselbahn von Kandersteg) über Oberbergli, bez.

Aufstieg Über Blüemlisalpgletscher – Blüemlisalpsattel – Morgenhorn, 3627 m – Weiße Frau, 3650 m zum Blüemlisalphorn, meist gespurt. – **Höhenunterschied** 1050 m. – **Zeit** 8–10 Std.

Abstieg Über NW-Grat, Rothornsattel und Blüemlisalpgletscher, gespurt, am NW-Grat Sicherungen, im Fels I, 2–3 Std.

Charakter Nahezu reine Eistour, die klassische Eisüberschreitung in den Berner Alpen, vergleichbar mit der Traversierung des Piz Palü, jedoch im Firnbereich anspruchsvoller; Notabstieg vom Mittelgipfel (Weiße Frau) möglich! – Lange, s-wärts verwächtete Gratstrecken, die im vereisten Zustand sehr zeitraubend sind. 10–12 Std. von Hütte zu Hütte sind als Mindestzeit zu verstehen!

Erstersteiger L. Stephen, R. Liveling, J. R. Stone mit M. Anderegg, P. Simond und F. Ogi, 1866. – Erstbegeher des Verbindungsgrats zur Weißen Frau (NO-Grat): H. Seymour Hoare, J. v. Bergen, 1879.

Führer J. Müller: Clubführer Berner Alpen, Band II, SAC, Bern. – W. Munter: Gr. Führer Berner Alpen, Rother, München.

Karten LKS 1247, Adelboden, und 1248, Mürren, 1:25000.

Bild Die Überschreitung der Blüemlisalp erreicht den Gipfelgrat links am Morgenhorn und führt über Weiße Frau, Blüemlisalphorn und Rothornsattel wieder zur Blüemlisalp-Hütte (links der Bildmitte) zurück.

Was der Piz Palü für die Ostalpen, das ist die Blüemlisalp in den Westalpen: eine Faszination in Weiß mit der Harmonie dreier Firngipfel und dem Chaos wild zerklüfteter Hängegletscher. Hinter dieser blendenden Vorderseite verbergen sich zwar im Süden düstere, nackte Granitmauern, aber alle Welt kennt diese Blüemlisalp ja nur von Norden, als formschöne Spitze über dem landschaftlichen Kleinod des Oeschinensees oder als üppigen, bis weit ins Flachland hinaus sichtbaren Eismantel. Ein klassischer Gipfel ist die Blüemlisalp vor allem wegen ihres phantastischen, alles überspannenden Firngrats, dessen Traversierung zu den beliebtesten, allerdings auch anspruchsvollsten Hochtouren im Berner Oberland zählt. Die Überschreitung stellt ein großes Unternehmen dar, für das selbst bei guten Verhältnissen 10–12 Stunden zu veranschlagen sind. Die erste Etappe führt – noch in der Dunkelheit – von der Blüemlisalp-Hütte über den Ostarm des Blüemlisalpgletschers zwischen Stock und Wilder Frau zum steilen Nordwestgrat des Morgenhorns, das man – eventuell zuletzt stufenschlagend – möglichst mit der Morgensonne erreichen sollte.

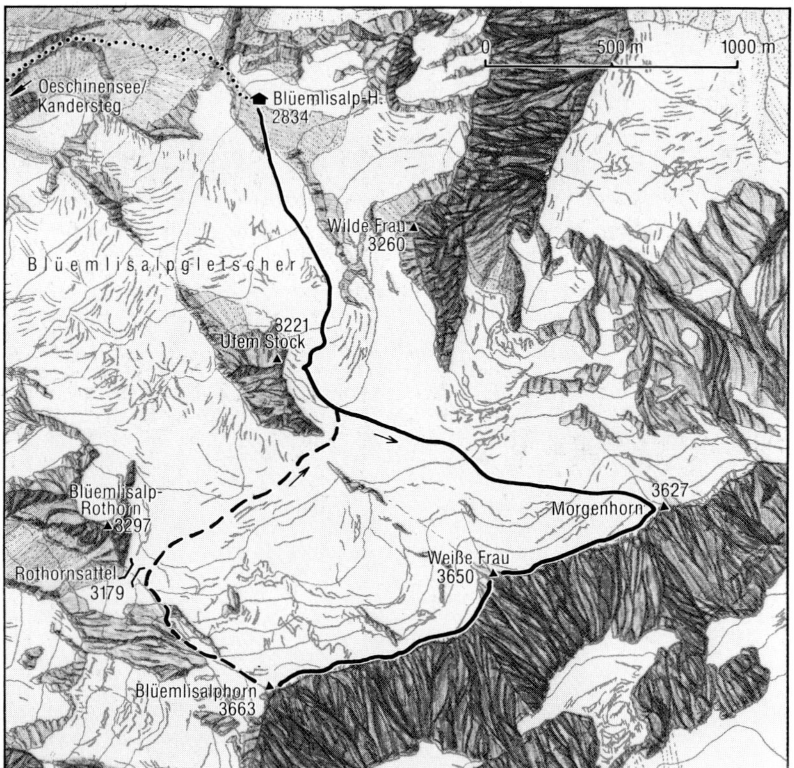

Hier beginnt der hohe, luftige Gang auf dem schmalen First, der – meist waagerecht verlaufend – in knapp 2 Stunden hinüber zur Wilden Frau leitet. Wer seine Kräfte, das Wetter oder den Zustand des Firns falsch eingeschätzt hat, kann notfalls über den Nordwestgrat des Mittelgipfels direkt wieder zum Ausgangspunkt absteigen. Ansonsten zieht man am bogenreich geschwungenen Verbindungskamm weiter hinüber in Richtung Blüemlisalphorn, wobei eine Reihe phantastisch geformter, weit überhängender Wächtengebilde einen ausreichenden Sicherheitsabstand erfordern. Später kann ein kleiner, aus dem Firn herausgeaperter Felskopf einige Umstände bereiten. Den höch-

sten Punkt selbst ersteigt man schließlich über einige kräftige Aufschwünge und einen nicht immer leichten Bergschrund (2–3 Stunden von der Weißen Frau).
Vom Blüemlisalphorn geht es später direkt an dessen Nordwestgrat hinab, zunächst im steilen Firn, dann über plattigen Fels, der besonders bei Vereisung sehr heikel ist. Wiederholte Unfälle an dieser Stelle haben die Verantwortlichen der SAC-Sektion Blüemlisalp dazu bewogen, Eisenstangen anzubringen, die diesen Berg weder verunstalten noch alpinistisch entwerten.
Im Rothornsattel ist die eigentliche Überschreitung zwar zu Ende, doch auch das zur Mittagszeit gehörig aufgeheizte Gletscherbecken zwischen Rothorn und Stock hat noch seine Tücken (Lawinen- bzw. Schneebrettgefahr!). Erst unterhalb der Wilden Frau schließt sich der Kreis, und nach einem ausgefüllten 10-Stunden-Tag erreicht man wieder die Blüemlisalp-Hütte.

23 Jungfrau

Über Rottalsattel und Südgrat

Schweiz
Berner Alpen
4158 m
E/F(I)

Talort Grindelwald, 1050 m, im Lütschental.

Stützpunkt Mönchsjoch-H., 3660 m, Bergführer-Verein Grindelwald, 1 Std. vom Jungfraujoch, 3475 m (bis hierher Jungfrau-Bahn von Grindelwald) über den Jungfraufirn, Spalten!

Aufstieg Über Kranzbergegg, Rottalsattel und SO-Grat. – **Höhenunterschied** 750 m. – **Zeit** 4 Std. ab Mönchsjoch-H. (oder 3.15 Std. ab Jungfraujoch).

Abstieg Wie Aufstieg, 2.30–3 Std.

Charakter Trotz einiger Sicherungen am SO-Grat unschwierige bis mäßig schwierige Gletschertour, viel begangen; für Leichtsinnige ein gefährlicher Berg, wie zahlreiche Unfälle oberhalb des Rottalsattels zeigen. Für die Querung des steilen Firntrichters sind 2 Eisschrauben zur Sicherung empfehlenswert. – Im Firn bis 45°, im trockenen Fels nur I. Schwierigkeitsgrad.

Erstersteiger J. R. Meyer und H. Meyer mit A. Volker und J. Bortis, 1811.

Führer K. Hausmann: Clubführer Berner Alpen, Band IV, SAC, Bern. – W. Munter: Gr. Führer Berner Alpen, Rother, München.

Karte LKS 1249, Finsteraarhorn, 1:25000.

Bild Das gewaltige Massiv der Jungfrau, aus dem Flugzeug von Nordwesten fotografiert. Dem Gipfelstock vorgelagert sind links und rechts – hier nur als unscheinbar wirkende Firnschultern zu erkennen – Schneehorn und Silberhorn. Zwischen beiden fließt mit mächtigen Bruchzonen der Giessengletscher ins Tal. Links hebt sich gegen den Himmel der gezackte Nordostgrat ab, der im Jungfraujoch (nicht sichtbar) endet; rechts bricht der Nordwestgrat mit einer senkrechten gelben Wand zum Lauterbrunnental hin ab.

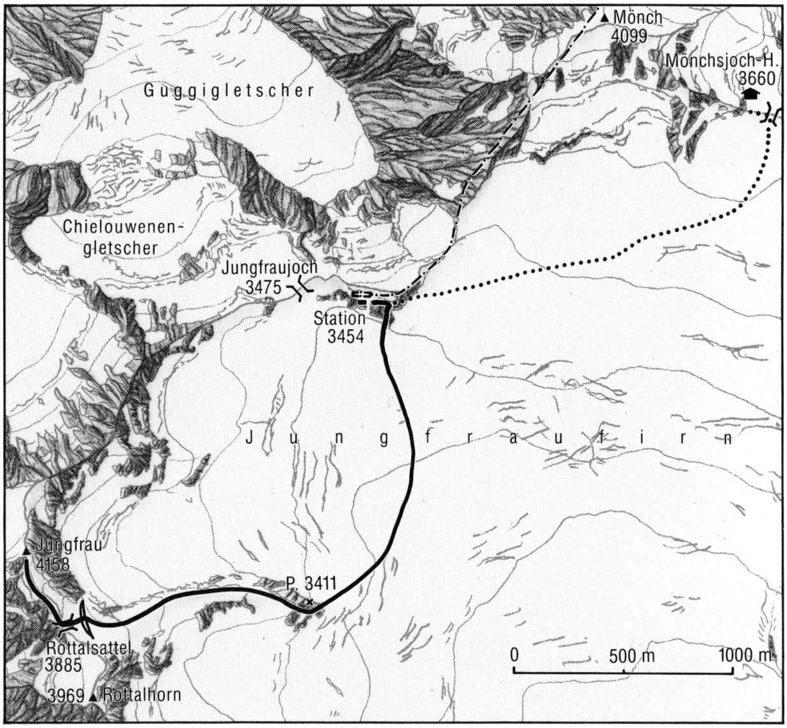

Von den üppigen Hotelterrassen Interlakens her wirkt die weißverhangene Jungfrau über dem Einschnitt des grünen Lütschentals wie ein Phantom. Erst auf der Kleinen Scheidegg wird daraus greifbare Realität, und für einen ambitionierten Bergsteiger gibt es nichts Wichtigeres zu tun, als diesem höchsten Gipfel des weltberühmten Dreigestirns Eiger, Mönch und Jungfrau zu Leibe zu rücken. Wenn man dann mit der teuren Bahn (die ursprünglich einmal bis zum Gipfel reichen sollte!) zum Jungfraujoch hinaufgefahren ist und glücklich den richtigen Stollenausgang zum Aletschfirn gefunden hat, muß man allerdings feststellen, daß die noble Dame recht in die Breite gegangen ist. Dies sollte der alpinen Liebe jedoch keinen Abbruch tun, zumal sich die von Norden so unnahbare Schönheit jetzt wesentlich zugänglicher zeigt. Dennoch ist die Eroberung der Jungfrau trotz des relativ geringen Höhenunterschieds nicht ganz leicht; besonders am Rottalsattel kommt es immer wieder zu Unfällen, die diesem Berg in der betreffenden Statistik der Berner Alpen einen der traurigen vordersten Ränge einbringen.

Mußte man noch vor kurzem auf der Touristendrehscheibe der Kleinen Scheidegg nächtigen und sich von dem Extrazug am frühen Morgen aufs Jungfraujoch bringen lassen, so geht man das begehrte, mit viel Renommee befrachtete Gipfelziel inzwischen meist von der neuen Mönchsjoch-Hütte aus an. Sie gehört dem Bergführerverein Grindelwald, Mitgliedern alpiner Clubs werden hier keine Vergünstigungen eingeräumt!

Orientierungssorgen bereitet diese Tour kaum, die Route ist fast immer gespurt. Vom Mönchsjoch bzw. vom Jungfraujoch geht es über den Jungfraufirn hinab bis zum Fuß des Kranzbergeggs. Durch eine felsige Rinne erreicht man dessen erste Stufe bei P.3411, der zweite Aufschwung wird links umgangen, dann auf einem breiten Schneeband nach Südwesten

Die beiden Bergsteiger befinden sich im Abstieg auf dem Normalweg der Jungfrau; noch wenige Meter, dann haben sie am Rottalsattel eine der Schlüsselstellen dieser Route erreicht: Dort müssen sie nach links hinunter die Wächte und Randkluft überschreiten, um dann über den Jungfraufirn zum gleichnamigen berühmten Joch zu gelangen.

hinausgequert, bis sich über einen steilen Hang der Rücken des Kranzbergeggs einfach ersteigen läßt. Nach rechts traversierend erreicht man dann direkt den Rottalsattel. Diese Route gilt heute als Normalweg, da der große Schrund unterm Rottalsattel den direkten Anstieg vom Jungfraufirn meist nicht mehr gestattet.

Oberhalb des Sattels hält man sich links hinüber zu den Felsen, die den Firnrücken des Jungfrau-Südostgrats auf der Rottalseite begrenzen. Das liest sich leicht, doch auf diesem kurzen Stück passieren die meisten Unfälle! Man muß dazu nämlich ein Eisfeld queren, das sich wie ein Trichter nach unten buchstäblich ins Leere öffnet – 1100 m tiefer liegt die kleine Rottal-Hütte. Bei Firn gestaltet sich die Traversierung dieses Trichters einfach, bei Blankeis hingegen muß der Vorangehende eventuell zwei Schrauben setzen, bis die kleine rettende Rippe auf der anderen Seite erreicht ist. Danach steht man wieder mit beiden Beinen im Leben und steigt über den steilen, mit soliden Eisenstangen besetzten Südostgrat vollends hinauf zum Jungfraugipfel. Der hat seine Jungfräulichkeit natürlich längst eingebüßt, schon im Jahre 1811, durch vier entschlossene Aargauer, die damals aus dem Lötschental im Wallis anrückten und auf ihrer langen Gletscherreise für ihr Vorhaben sehr günstige Verhältnisse antrafen.

Wer seine jüngste alpine Eroberung bei klarem Wetter macht, der schaut wie die Erstbesteiger in eine zweigeteilte Welt, in eine grüne im Norden und eine arktisch weiße im Süden: auf der einen Seite das tief eingeschnittene Lütschental und der blaue Schimmer des Thuner Sees, auf der anderen der breite Eisstrom des abfließenden Aletschgletschers mit bedeutenden Gipfeln der Berner Alpen drum herum – ein Panorama, das man lange in Erinnerung behält!

24 Finsteraarhorn

Normalweg auf den höchsten Berner Gipfel

Schweiz
Berner Alpen
4274 m
E/F(I)

Talorte Fieschertal, 1108 m, im Goms (Oberwallis), Straße/Bus von Fiesch. – Grindelwald, 1050 m, im Lütschental.

Stützpunkt Finsteraarhorn-H., 3048 m, SAC, 7–8 Std. vom Fieschertal über den Fieschergletscher, vor Gletscherbeginn spärlich markiert, sonst Spuren; oder 5–6 Std. vom Jungfraujoch, 3454 m (Jungfrau-Bahn von Interlaken bzw. Grindelwald über Kl. Scheidegg) über Jungfraufirn – Konkordiaplatz – Grüneggfirn – Grünhornlücke – Fieschergletscher, meist gespurte Gletschertour; oder 8–10 Std. vom Grimselpaß (Straße/Bus von Meiringen oder Brig) über Oberaarsee – Oberaargletscher – Oberaarjoch(-H.) – Studergletscher – Gemslücke – Fieschergletscher, meist gespurter Firnanstieg.

Aufstieg Über SW-Flanke, Hugisattel und NW-Grat. – **Höhenunterschied** 1250 m. – **Zeit** 4–5 Std.

Abstieg Wie Aufstieg, 2–2.30 Std.

Charakter Bei guten Verhältnissen unschwierige Firn- und Felstour mit leichter Kletterei (I); ist der Gipfelgrat vereist, kann die Kletterei (dann nur mit Steigeisen) schwierig sein.

Besonderer Hinweis Das Hauptproblem der Tour besteht in den langen Zugängen und in der Gefahr, auf der entlegenen Finsteraarhorn-H. bei Schlechtwettereinbruch u. U. tagelang von der Außenwelt abgeschnitten zu sein.

Erstersteiger A. Abbühl, J. Bortis und A. Volker, 1812 (umstritten) oder J. Leuthold und J. Währen, 1829; Erstbegehung der heutigen Normalroute durch R. Lindt, G. Studer, J. J. Weilenmann, E. v. Fellenberg mit A. Tännler, K. u. J. Blatter, 1863.

Führer K. Hausmann: Clubführer Berner Alpen, Band IV, SAC, Bern. – W. Munter: Gr. Führer Berner Alpen, Rother, München.

Karten LKS 1249, Finsteraarhorn, 1:25000; für den Hüttenanstieg vom Grimsel auch Blatt 1250, Ulrichen; für den Anstieg von Fieschertal 1269, Aletschgletscher, ebenfalls 1:25000.

Alternative Route SW-Grat, II, direkter Zugang zum Gipfel über die teilweise verfirnte Kante, 5 Std. ab Finsteraarhorn-H.

Das Finsteraarhorn – höchste und formschönste Erhebung der Berner Alpen – ist ein Berg mit vielen Gesichtern. Die Schmalseiten zeigen das Profil eines eleganten, über alles hinausragenden schwarzen Obelisken. In der anderen Achse bietet das Horn hingegen das Bild einer breitgelagerten, festgefügten Pyramide mit einer düsteren, im Finsteraargletscher fußenden Steilwand (im Nordosten) und einem sanft zum Fieschergletscher herabwallenden Eismantel (im Südwesten). Die Konsequenz dieser Janusgestalt für Bergsteiger: lange exponierte Gratanstiege, eine äußerst schwierige, vom Steinschlag bedrohte Route durch die Nordwand und ein verhältnismäßig leichter Zugang von Süden, wo die träge abfließende Eismasse des Walliser Fiescherfirns geradezu einladend wirkt.

Jeder erfahrene Alpinist erkennt, in der Grünhornlücke stehend, den einfachsten Weg zum Gipfel. Für die mutmaßlichen Erstersteiger, den Naturforscher Hugi mit zwei Führern, war es 1829 noch eine Expedition ins Ungewisse. Hugi selbst blieb damals am seither nach ihm benannten Hugisattel zurück, nur seine Begleiter kamen bis zur Spitze. Ob sie wirklich die Ersten waren, darüber gingen allerdings die Meinungen auseinander; denn schon 1812 hatten die Führer des Aargauers Gottlieb Meyer den Anspruch darauf erhoben. Ihre Glaubwürdigkeit geriet allerdings in Zweifel, weil sie ausgerechnet eine der schwierigsten Routen, den Südostgrat, angegeben hatten, und wegen Unstimmigkeiten in ihrem »Tourenprotokoll«. Vor der Weltgeschichte wirkt diese Auseinandersetzung natürlich wie der Streit um des Kaisers Bart, doch sie zeigt, mit wieviel Neid, Mißtrauen, Stolz und Eitelkeit der Alpinismus seit jeher behaftet war.

Die eigentliche Besteigung bereitet keine Schwierigkeiten, wohl aber der Zugang: Die Finsteraarhorn-Hütte ist einer der entlegensten Stützpunkte

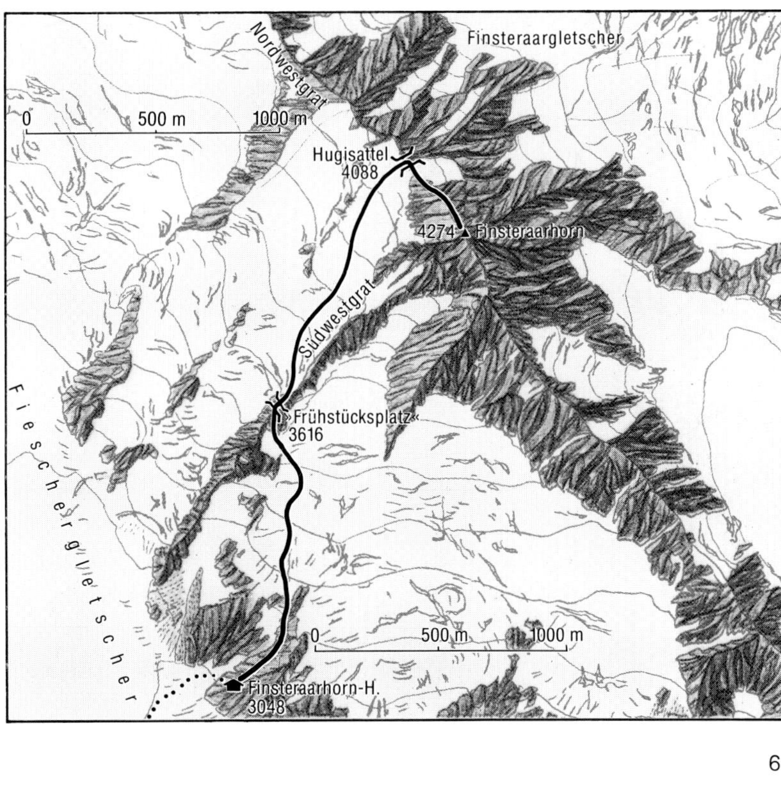

Von Süden betrachtet wirkt das Finsteraarhorn wie ein elegantes Felsriff in einem Meer aus Eis. Über der Zunge des Fieschergletschers steht am Fuß eines kleinen Felssporns (links außen) die Finsteraarhorn-Hütte. Ebenfalls vom linken Bildrand aus zieht der Südwestgrat direkt zum Gipfel, mit dem Absatz des »Frühstücksplatzes« etwa auf halber Höhe.

der Schweiz, der sich einzig über lange, spaltenreiche Gletscher erreichen läßt. Vom Jungfraujoch benötigt man via Grünhornlücke 4–5 Stunden, der direkte Anmarsch von Fiesch im Rhônetal kostet 6–8 Stunden, und wer am Grimselpaß startet, der ist sogar 10 Stunden unterwegs!

Dafür entschädigt dann am nächsten Morgen der verhältnismäßig kurze Gipfelanstieg, etwa 1200 Höhenmeter, derentwegen gute Geher nicht schon zu nachtschlafender Zeit aufbrechen müßten. Doch die einschlägigen alpinen Gebote sitzen so tief, daß sich auch hier die meisten bereits im Schein der Stirnlampe ihren Weg suchen. Zu verfehlen ist er kaum: Er verläuft zunächst am Schuttrücken von P.3231, später im Zickzack die Firnhänge östlich des Südwestgrats hinauf zum »Frühstücksplatz«, wechselt dort hinüber zum Hangfirn westlich des Gratrückens und erreicht schließlich nach einigen Ausweichmanövern zwischen vereinzelten Spalten den charakteristischen Absatz des Hugisattels (4088 m).

Dort beginnt die kurze Kletterei am obersten Nordwestgrat, die im trokkenen Fels aufregend schön, bei Vereisung wegen des glatten Gneisgesteins aber schwierig und heikel ist. Ganz oben dann, am P.4274, steht man 100 m über dem Gipfelmeer der Berner Alpen, schaut hinab in die atemberaubende Tiefe der gewaltigen Eisströme ringsum und überblickt an klaren Tagen eine Hochgebirgslandschaft, die vom Firnklotz des Ortler bis zur Firnkappe des Montblanc reicht.

25 Schreckhorn

Südwestgrat auf den schwierigsten Berner Viertausender

Schweiz
Berner Alpen
4078 m
F(III)/E

Talort Grindelwald, 1050 m, im Lütschental.

Stützpunkt Schreckhorn-H., 2520 m, SAC, am Fuß des Schwarzeggs östl. über dem Ob. Eismeer, 5–6 Std. von Grindelwald oder 4–5 Std. von der Pfingstegg (Seilbahn von Grindelwald), gesicherter Klettersteig.

Aufstieg Über Schreckfirn – S-Wandcouloir – SW-Grat. – **Höhenunterschied** 1580 m. – **Zeit** 6–7 Std.

Abstieg Wie Aufstieg, 4–6 Std.

Charakter Der SW-Grat, eine harte Gneisrippe mit Verfirnung im obersten Teil, gilt als einer der klettertechnisch beliebtesten, aber auch anspruchsvollsten Normalanstiege der Berner Alpen; die Schwierigkeiten reichen bis zum III. Grad.

Erstersteiger L. Stephen mit Chr. und P. Michel und U. Kaufmann, 1861; Erstbegehung des SW-Grats durch J. H. Wicks, E. H. F. Bradby und C. Wilson, 1907.

Führer R. Wyss: Clubführer Berner Alpen, Band V, Grindelwald – Meiringen – Grimsel – Fiesch, SAC, Bern. – W. Munter: Gr. Führer Berner Alpen, Rother, München.

Karte LKS 1229, Grindelwald, 1:25000.

Bild Das Schreckhorn mit seiner Südwand. Beim Vergleich von Skizze und Bild läßt sich der Anstieg über den Südwestgrat exakt verfolgen. Rechts, unter dem Schrecksattel, das berüchtigte Schreckcouloir.

Keine Erhebung in den Berner Alpen wirkt im Aufbau so geschlossen und im Aussehen so abschreckend wie das Gipfelpaar Lauteraarhorn–Schreckhorn, jene mächtige, 1500 m hohe Gneismauer zwischen dem Lauteraargletscher und dem Oberen Eismeer. Ringsum von steilen Wänden und scharfen Graten getragen, zeigt sich nirgends eine schwache Stelle, nirgends ein leichter Zugang. Es gibt in den Berner Alpen zwar höhere und auch schönere Berge, aber – abgesehen vielleicht vom Bietschhorn – keinen so wuchtigen, markant geformten Klotz wie das Schreckhorn, an dessen Besteigung sich nur wirklich erfahrene Bergsteiger wagen dürfen!
Die Erstersteiger, der Engländer Leslie Stephen und drei Grindelwalder Führer, kamen damals, 1861, durchs Schreckcouloir und über den Südostgrat ans renommierte Ziel. Heute wird diese Route wegen ihrer objektiven Gefahren (besonders im Schreckcouloir) selten begangen, zumal der immer mehr in Mode gekommene Südwestgrat kaum schwieriger und vor allem nach Schneefällen schneller wieder frei ist.
Wer angesichts der steil auffahrenden Felskante weiche Knie bekommt, sollte bedenken, daß die »Froschperspektive« täuscht: Der Südwestgrat ist leichter als er ausschaut! Mit soliden Kletterkünsten ausgestattet und einer Portion Wetterglück im Gepäck verliert das Schreckhorn schnell seinen Schrecken. Daß vor dem Erfolg der Schweiß fließt, gilt hier ganz besonders, denn selbst von der Berg-

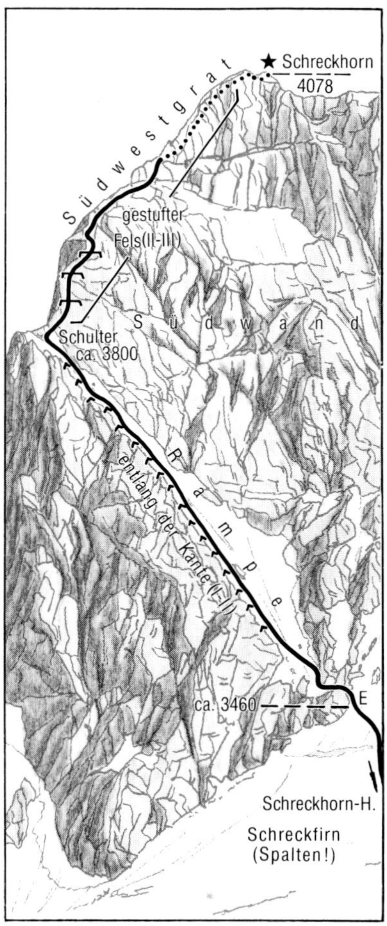

bahnstation Pfingstegg oberhalb von Grindelwald droht der Wegweiser noch mit 4–5 Stunden zur neu errichteten Schreckhorn-Hütte. Der schattenlose Pfad, dem einzig ein Hauch vom Oberen Grindelwaldgletscher tief unten etwas Kühlung bringt, führt um fünf harmlose »Eggen« und den glatten, eisenbeschlagenen Felssokkel des berüchtigten Roten Gufer herum, an dem schon manche Hüttenbummler ihrem Tagesziel untreu geworden sind.
Die Tour zum Gipfel beginnt am nächsten Morgen mit dem speziell in den Westalpen oft praktizierten »Kunstlichtbergsteigen«. Wohl dem, der einen lichtstarken Vordermann hat: Im Finstern passiert man die Ausbuchtung des Oberen Eismeers und die Seitenmoräne, im Dunkeln die leichten Felsen des »Gagg« und in der Dämmerung die abschüssigen Schneehänge ins obere Becken des Schreckfirns. Nach dem großen Bergschrund geht's dann – endlich bei Tageslicht – im Fels zur Sache, zuerst auf der prächtig gestuften, schräg aufwärtsziehenden Rampe und ab der Schulter (3800 m) am Südwestgrat. Dessen scharfe, in zwei Steilstufen zum Gipfel führende Kante bietet die heutzutage beliebteste Kletterei am Schreckhorn: Rauhe Gneisplatten, solide Griffe und vor allem die herrlich exponierte Lage garantieren eine aufregend schöne Kletterstunde. Nur einmal wird man von schwerem

Fels links in die Nordwand abgedrängt, ansonsten benutzt man mehr oder weniger direkt die Gratschneide. Wenn der erste Firn auftaucht, folgt noch ein kurzer Wächtenkamm, dann liegt einem das Schreckhorn endgültig zu Füßen. Natürlich besucht niemand diesen Berg allein der Aussicht wegen, dennoch bilden der Einblick in die drei gewaltigen Eisbecken und der Anblick des schwarzen Riesen – des Finsteraarhorns – die nachhaltigsten Eindrücke dieser Tour! Wer den Gipfel unbedingt überschreiten und wie früher üblich am leichteren Südostgrat absteigen will, muß günstige Firnverhältnisse antreffen und auf jeden Fall rechtzeitig aufbrechen, denn vor allem zur Mittagszeit kann das steile Schreckcouloir seinem Namen alle Ehre machen!

26 Galenstock

Erstklassiger Aussichtsberg im Herzen der Schweiz

Schweiz
Urner Alpen
3583 m
E/F(I)

Talort Gletsch, 1759 m, an der Verzweigung der Rhônetalstraße zu Grimsel- und Furkapaß, Busverbindungen in alle Richtungen.

Stützpunkt Keiner. Am besten Auffahrt über die Furkastraße bis Belvédère, 2274 m (Bushaltestelle).

Aufstieg Vom alten Hotel Belvédère quert man oberhalb der Eisgrotte zum Rhônegletscher, über Galengletscher und Galengrat (S-Grat) zum Gipfel, meistens gespurt. – **Höhenunterschied** 1330 m. – **Zeit** 5 Std.

Abstieg Wie Aufstieg, 3 Std.

Charakter Diese Normalroute auf den markantesten Gipfel der Urner Alpen erfordert hochalpine Erfahrung; fast reine Gletschertour mit manchmal heiklem Steilhang am Schluß.

Erstersteiger E. Desor, D. Dollfuß-Ausset, D. Dollfuß mit H. Währen, M. Bannholzer, D. Brigger und H. Jaun, 1845.

Führer AAC Zürich: Clubführer Urner Alpen West, SAC, Bern.

Karte LKS 1231, Urseren, 1:25000.

Alternative Route N-Grat (II), Normalroute von der A.-Heim-H., 2542 m, 5–6 Std.

Bild Eine mächtige Firnhaube läßt den Galenstock als einen der elegantesten Gipfel der Urner Alpen erscheinen. Das Bild zeigt die Ostflanke des Berges, über die der Anstieg von der Albert-Heim-Hütte aus führt. Die leichtere Normalroute leitet von der Rückseite her zum Gipfel.

Zwar ist der Dammastock der höchste Punkt der Urner Alpen, aber der aufregendste, formschönste Gipfel zwischen Aare und Reuß heißt Galenstock. Seine charakteristische Firnhaube macht ihn zum alles beherrschenden Blickfang aus dem Goms. Wer einmal durchs obere Rhônetal zum Grimsel- oder Furkapaß hinaufgefahren ist, kennt diese herrlich aufgewölbte weiße Glocke über der Eiszunge des Rhônegletschers. Kaum weniger elegant wirkt der Galenstock von Osten: Das markante Profil des Felsstocks mit dem mächtigen Wächtendach prägt sich tief ein in das Landschaftsbild des Urserentals (siehe Bild).

Man kommt via Furkapaßstraße schnell hin, zum Galenstock – und auch leicht hinauf, entweder vom Belvédère auf der Walliser Seite der Paßhöhe oder von der Urner Sommersiedlung Tiefenbach bzw. von der Albert-Heim-Hütte. Die Route ab Belvédère, für Frühaufsteher einschließlich An- und Abreise bequem an einem Tag zu bewältigen, ist eine reine Gletschertour – wer mag, kann schon am Parkplatz vor dem Kiosk »Eisgrotte« die Steigeisen anlegen. Normalerweise jedoch wird die Eiszunge des Rhônegletschers erst 100 m weiter oben, bei etwa 2350 m, betreten und so lange nordwärts, das heißt gegen den Strom verfolgt, bis von rechts das Hochbecken des stark geschwundenen Galengletschers einmündet. In ihm geht es über Geröll und Firn immer steiler nach Nordosten zum Galengrat empor. Dort wähnt sich manch einer vielleicht schon kurz vorm Ziel, um dann hinter dem Absatz bei 3400 m plötzlich die steile Gipfelhaube zu entdecken, die da wie ein selbständiger Berg dem übrigen Galenstock aufgesetzt ist. Je nach Verhältnissen können diese letzten 200 Höhenmeter ein prickelndes Vergnügen im festen Firn, ein mühsames Stufenhacken in hartem Eis oder ein haltloses Strampeln im rutschigen Neuschnee bedeuten.

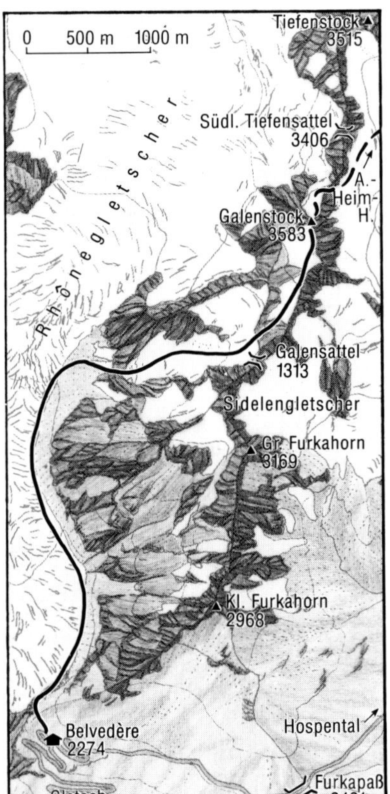

Einen ganz anderen Galenstock erlebt man auf der Normalroute von Osten, für die allerdings zwei Tage zu veranschlagen sind. Der Zugang von Tiefenbach zur Albert-Heim-Hütte ist kurz, der Weg zum Gipfel hingegen lang. Wer Wert auf festen Firn und solide Schneebrücken legt, sollte anderntags zeitig starten.

Neben der alten Wasserleitung steigt man zuerst zum Tiefengletscher und dann auf dessen nördlichem Gletscherarm in weitem Rechtsbogen zum Felsensockel des Galenstocks empor. Über einen komplizierten Bergschrund und ein steinschlagträchtiges Schuttband gelangt man nun in eine Lücke vor dem Beginn des prachtvollen Nordgrats, der einem zwar erst einige – westseitig leicht zu umgehende – Zacken und Nadeln in den Weg stellt, dann aber als luftige Firnkante direkt zu den gut gestuften Gipfelfelsen zieht.

Beide Anstiegsrouten vereinigt oben eine bemerkenswert schöne Aussicht, besonders auf die interessant aufgegliederten Berner Alpen und die markanten Hörner der Walliser Alpen hinter der grünen Zivilisationsader des Rhônetals. Auch vom 4 km entfernten, 50 m höheren Dammastock sind die Ausblicke nicht schöner!

27 Basòdino

Eisberg im Tessin

Schweiz/Italien
Tessiner Alpen
3272 m
E/F(II)

Talorte San Carlo, 938 m, im Val Bavona (Verlängerung des Maggiatals im Tessin), Straße/Bus von Locarno. – Zumsteg (Ponte), 1286 m, Hauptort im Pomat (Valle Formazza), dem obersten Teil des Valle Antigorio, Straße/Bus von Domodossola.

Stützpunkte Cap. Basòdino, SAC, 1856 m, südl. des Lago di Robièi, 3 Std. von San Carlo durch das Val Bavona, bez., oder wenige Min. von der Seilbahnstation auf Robièi (ab San Carlo). – Rif. Val Toggia oder Maria Luisa, 2155 m, CAI, am Fischsee und an der schlechten Fahrstraße vom Pomat zum Passo di San Giacomo, 2320 m, zu Fuß von Zumsteg/Ponte 4 Std. über den Fahrweg.

Aufstieg Durch das Val Fiorina, über Basòdinogletscher und NNW-Grat, zeitweise gespurt. – **Höhenunterschied** 1430 m. – **Zeit** 5 Std.

Abstieg Über W-Flanke und Alp Gigel zum Rif. Val Toggia 2.15 Std., nur im unteren Teil unmarkierte Wege.

Charakter Schöne, aber lange Gletscherwanderung mit kurzer Klettereinlage (I–II) dicht unterm Gipfel; Abstieg nach W zunächst steil, aber flacher Auslauf des unbenannten Gletschers.

Ausrüstungstip Neben Seil und Pikkel evtl. Steigeisen; auch im obersten Eis der W-Flanke angeseilt gehen, da Bergschrund (ansonsten spaltenlos).

Besonderer Hinweis Benützung der kleinen Basòdino-H. sinnvoll, da die erste Bahn nach Robièi erst um 8 Uhr fährt.

Erstersteiger P. Jossi, Zanini, Gaudenzio, G. Padiovani, P. Scuella, 1863.

Führer Dr. E. Borioli: Clubführer Tessiner und Misoxer Alpen, SAC, Bern.

Karte LKS 1271, Basòdino, 1:25000.

Bild Blick vom Gipfel des Cristallina zum Basòdino und seinem weiten, nordöstlich vorgelagerten Gletscherfeld. Die glatte Oberfläche weiter Teile des Gletschers läßt Sicherheit vermuten, wo keine ist: Auch auf diesem Gletscher hat man am Seil zu gehen!

Unsere Vorstellung vom sonnigen, drückendheißen Tessin wird urplötzlich zurechtgerückt, wenn wir von den überfüllten Seeufern einmal in die kargen, immer noch stillen Hochtäler von Maggia und Verzasca hineinfahren oder -gehen und uns an einen der fast nie besuchten, schroffen Felsgipfel wagen, die oft 2000 m hoch über den scharf eingeschnittenen Tälern aufragen. Sogar einen großen Gletscher hat das Tessin zu bieten, der freilich nur von höherer Warte zu sehen ist: den Ghiacciaio del Basòdino unter dem Felsgrat des berühmten Kristallbergs Basòdino, dem höchsten Gipfel der Tessiner Alpen. Ein exzellenter Aussichtsberg, der nahezu alle Walliser Viertausender zeigt (nur das Matterhorn versteckt sich hinter dem Lagginhorn), Montblanc, Berner und Urner Eisriesen, Tödi, Bergeller und Bernina-Berge, vor allem aber die imponierende Monte-Rosa-Ostwand.

Unsere Überschreitung hat den Vorteil, daß man den längeren, für Spätaufsteher ermüdenden Gang über den großen Basòdinogletscher noch am Vormittag zurücklegt und der kurze, problemlose Abstieg nach Westen keine Kopf- (oder Fuß-)schmerzen bereitet. Man beginnt die Tour im stausee- und seilbahngezierten (besser: verschandelten) Kessel von Robièi, durchsteigt das blumenreiche Val Fiorina und biegt zum von zahlreichen Spaltenzonen markierten Basòdinogletscher um, den man in 2800 m Höhe betritt und auf einem Rücken bis zum Fuß des Pizzo Cavergno verfolgt. Beliebig durch die Felsen des Verbindungsgrats zum Basòdino kletternd erreicht man den turmartigen Gipfel, schaut sich satt am Panorama über die ganze Schweiz, zu Eisriesen und Almwiesen. Wer Zeit und Interesse hat, kann auf dem Berg schöne Mineralien finden, gilt doch die Gegend zwischen Nufenenpaß, Binntal und Basòdino als kristallträchtigste der Schweiz!

Im Abstieg sind die ersten Minuten durch Schutt und Blockwerk steil, der Übertritt zum Eisfeld der Westflanke und die obersten Meter etwas unangenehm. Doch dann geht's sitzend oder (besser) stehend in rasanter Fahrt oder ermüdendem Hatscher ins grüne Tal hinab.

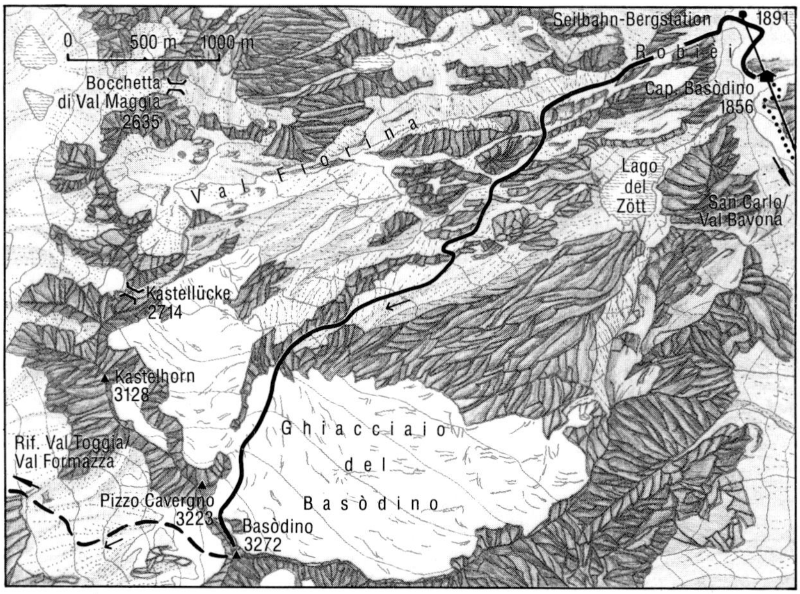

28 Monte Leone

Breite Mauer überm Simplon

Schweiz/Italien
Walliser Alpen
3553 m
E/F(I)

Talorte Brig, 680 m, im Oberwallis. – Gabi (Gstein), 1228 m, oberhalb der Gondoschlucht an der Simplon-S-Abfahrt, Bus von Brig oder Domodossola.

Stützpunkte Simplon-Hospiz, 1997 m, priv. oder weitere Ghs. an der Simplonpaßhöhe, Straße und Bus von Brig und Gondo bzw. Domodossola. – Alpje (Egga), 1580 m, zerstreute Sommersiedlung nördl. über der Gondoschlucht mit einfachen Übernachtungsmöglichkeiten, 2.30 Std. von Gabi oder 0.30 Std. von Sistulmatta (bis hierher offene Fahrstraße) auf breitem Weg, bez.

Aufstieg Über Homattugletscher – Breithornpaß, 3360 m – Alpjergletscher – oberster S-Grat (I), im Firn oft gespurt. – **Höhenunterschied** 1700 m. – **Zeit** 6 Std.

Abstieg Über Alpjergletscher, Ze Seewe, Schwarzi Balma nach Alpjen, weglos, 2–3 Std.

Charakter Lange Hochtour, die Ausdauer, sicheres Wetter und vor allem im S-Abstieg Orientierungssinn erfordert; nur wenige kurze, leichte Felspassagen.

Besonderer Hinweis Bei einfallendem Nebel auf dem Hochplateau des Alpjergletschers empfiehlt sich auf jeden Fall der S-Abstieg nach Alpje.

Erstersteiger Schweizer Offiziere, Juli 1859; Erstbegehung des S-Grats durch J. J. Weilenmann, einen Monat später.

Führer M. Brandt: Clubführer Walliser Alpen, Band V, Vom Simplon zur Furka, SAC, Bern.

Karten LKS 1289, Brig, und 1309, Wanderkarte Simplon, 1:25000.

Alternative Routen N-Wand, steile Eisflanke, vom Chaltwasserpaß, 2788 m, 3 Std., II–III und bis 55° (Ausgangspunkt das ital. Biv. Benjamin Farello an Chaltwasserpaß, 3 Std. vom Simplon).

Bild Den geschichtsträchtigen Einschnitt des Simplonpasses dominieren im Westen die Gipfel von Monte Leone (links), Breithorn und Hübschhorn (ganz rechts). Bis zum flachen Breithornpaß lassen sich der Normalweg und seine relative Harmlosigkeit gut erkennen.

Von Norden eine breite Firnmauer, von Westen eine Felsbastion mit vorgelagerten Türmen und Schuttkegeln, von Süden und Osten gesehen dagegen eine steile, scheinbar freistehende Steinpyramide: das ist der Monte Leone, mit 3553 m höchste Erhebung im Alpenhauptkamm zwischen Simplon und Graubünden – und dennoch von den nahen Eisgipfeln der Berner Viertausender, von Fletschhorn, Lagginhorn und Weißmies um mindestens 500 m überragt. Gerade darin liegt sein Reiz: in dem großartigen Ausblick auf die umstehenden Eiswände einerseits, den Tiefblicken nach Osten hin andererseits! Selbst vom Luganer See fällt der Monte Leone mit seiner trichterförmigen Riesenwand auf!

Die meisten Alpinisten brausen auf der ausgebauten Simplonstraße achtlos vorbei, so daß weder der SAC noch der CAI es für erforderlich halten, in den Leoneflanken einen Stützpunkt zu errichten. Da stehen zwar an seinem Nordfuß, in der Gegend des – nomen est omen! – wetterdurchzogenen Chaltwasserpasses eine geschlossene Schweizer Hütte (Mäder-Hütte) und eine italienische Biwakschachtel, doch bleiben die fast immer leer: Sie könnten bestenfalls Nordwandbegehern als Unterkunft dienen. So muß man wie weiland Napoleon im alten Simplon-Hospiz – bei den Patres herrscht eine faszinierende Atmosphäre! – oder in der Nähe übernachten; am folgenden Tag hat man dann 1700 Aufstiegs- und dazwischen 150 lästige Abstiegshöhenmeter zu bewältigen, bis man auf dem nicht selten von Föhnwalzen eingehüllten Felshorn sitzt.

Der Anstieg ist nicht schwer zu finden; eine genaue Betrachtung des nebenstehenden Bildes erleichtert die Aufgabe erheblich. Auf Pfadspuren durch die Hänge östlich des Rotelsees ansteigend, gelangt man zum Sockel des Hübschhorn-Nordwestgrats; hier hält man sich links und steigt über Schuttfelder zum harmlosen Homattugletscher und über ihn weiter zum Breithornpaß. Jetzt sieht man den Südgrat des Monte Leone

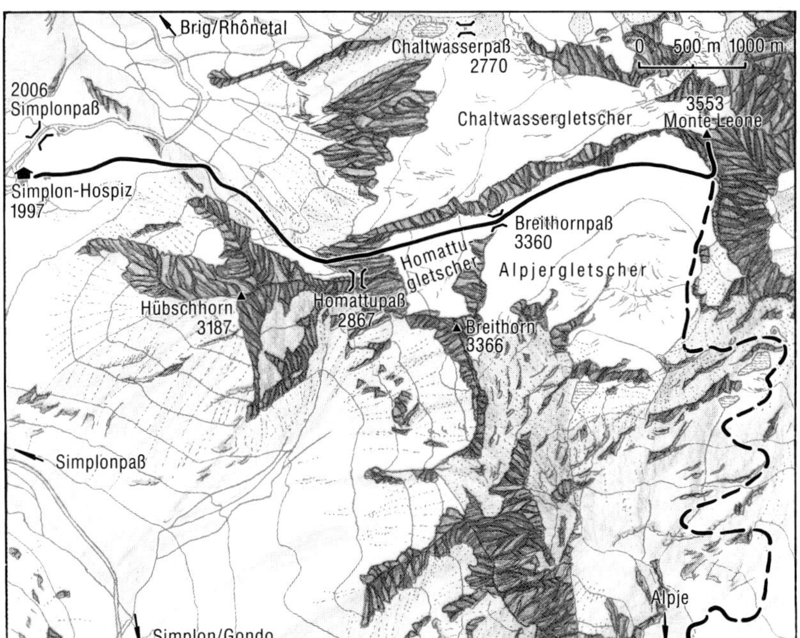

im Profil, erkennt die deutlich etwas niedriger als der Paß gelegene Scharte bei P.3320 und gleichzeitig die erfreuliche Tatsache, daß die folgende Stapferei über den Gletscher von einer netten Kletterei am Grat abgelöst wird. Zwar dauert dieses Vergnügen nur rund 40 Minuten, eine nette Abwechslung ist's allemal.

Wer für Umwege etwas übrig hat, folgt im Abstieg dem östlichen Rand des Alpjergletschers und erreicht über P. 2878 den Kessel von Alpje, der nur nach Süden hin zur Gondoschlucht offen ist. Für Nimmermüde gibt es hier zwei Möglichkeiten: entweder direkt hinunter zur »Alten Kaserne« an der Simplonstraße und mit dem Bus zum Ausgangspunkt; oder man sucht sich in Alpje ein einfaches Lager und bummelt am nächsten Morgen auf einem einsamen Höhenweg durch die Südwestflanken von Wammischhorn und Hüschhorn (mit direkten Einblicken in die Ostseiten der Weißmieskette) zurück zum Simplonpaß.

29 Rheinwaldhorn

Höchster Berg zwischen Wallis und Bergell

Schweiz
Adula-Gruppe
3402 m
E

Talorte Dangio, 801 m, Aquila, 773 m, und Olivone, 890 m, im Tessiner Valle di Blenio an der Auffahrt zum Lukmanierpaß.

Stützpunkte Adula-H., 2012 m, SAC, am Passo di Piotta, 3 Std. von Dangio durch das Val Soi, oder vom Straßenende im Val di Carassino, etwa 1700 m (hierher auf Bergstraße von Olivone über die Staumauer des Lago di Luzzone und durch einen langen, unbeleucheten Tunnel) 1.30 Std., bez. Weg. – Adula-H., 2393 m, »Konkurrenzbau« des Tessiner UTOE, 1 Std. von der unteren Adula-H., bez.

Aufstieg Über die Moränen des Vadrecc di Bresciana und über diesen, zuletzt westl. entlang des NNW-Grats. – **Höhenunterschied** Von der oberen Adula-H., 1010 m. – **Zeit** 3 Std.

Abstieg Wie Aufstieg, 1.45 Std.

Charakter Unschwierige, reine Gletschertour; bei günstigen Verhältnissen auch Schlußanstieg über den felsigen NNW-Grat möglich.

Erstersteiger Pater Placidus a Spescha, 1789. – Erstbegeher dieses Normalwegs: A. Hoffmann-Burckhardt mit Chr. Jann, 1872.

Führer B. Condrau: Clubführer Bündner Alpen, Band II, Bündner Oberland und Rheinwaldgebiet, SAC, Bern.

Karten LKS 1253, Olivone, und 1254, Hinterrhein (nur für die N- und O-Anstiege), 1:25000.

Alternative Routen Länger, über spaltenreichere Gletscher (doch einfach) von der Länta-H. oder der Zapport-H. über die Läntalücke, 2979 m, zum Gipfel.

Bild Das Rheinwaldhorn (rechts) und sein »Zwilling«, das Güferhorn, von Norden gesehen.

Der Rhein hat viele Quellen, aber nur einen Ursprung, nämlich die Gletscher des Rheinwaldhorns, der höchsten und schönsten Erhebung im großen Dreieck von Vorderrhein, Hinterrhein und Leventina. Dieser herrliche Firnberg, der wie das zwillingsgleiche Güferhorn nebenan nordseitig eine makellos weiße Pyramide bildet, südseitig hingegen in steilen Wandfluchten abbricht, ist von Ansicht und Aussicht viel interessanter als so mancher Schweizer »Modeviertausender«. An diesem höchsten Adulagipfel hat man die Wahl zwischen drei verschiedenen Ausgangstälern, vier günstig gelegenen Hütten und drei unschwierigen Anstiegsrouten.

Der schönste Zugang ist der aus dem Läntatal von der gleichnamigen SAC-Hütte, wo die eisige Nordseite des Rheinwaldhorns und der prächtige Firnmantel des vorgeschobenen Grauhorns einen grandiosen Talschuß bilden. Leider ist der Läntagletscher, den man in seiner ganzen Länge bis zum Gipfel traversieren muß, arg zerschrundet, so daß ein Durchkommen im Spätsommer oft problematisch oder gar unmöglich ist.

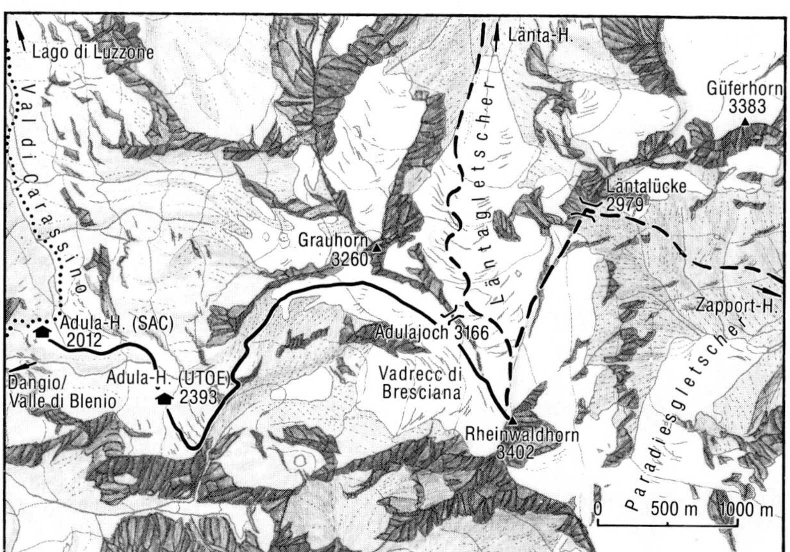

Frei von Spaltensorgen dagegen ist die Route aus dem Hinterrheintal via Zapport-Hütte, doch können hier Komplikationen ganz anderer Art auftreten. Der Weg zur Zapport-Hütte führt nämlich mitten durch einen eidgenössischen Panzerschießplatz, der im Übungsfall (nicht an Wochenenden, selten im Juli oder August) für Zivilisten gesperrt ist. Ausnahmegenehmigungen werden auch nicht an todesmutige Bergsteiger erteilt!

Wer eine derartige Aussperrung vom Rheinwaldhorn vermeiden möchte, informiere sich vorher bei der militärischen Koordinationsstelle in Zürich oder anhand der ausgehängten Schießanzeigen in Hinterrhein. Ist man jedoch erst einmal bis zur Zapport-Hütte vorgelassen worden, kann eigentlich nichts mehr passieren, der Pfad zum »Ursprung«, die flache Eiszunge des Paradiesgletschers, der Schutt- und Schneehang zur Läntalücke und der herrliche Schlußanstieg am Firnrücken des Nordgrats sind ohne Hindernisse und Tücken.

All jene, die beim Rheinwaldhorn ganz auf Nummer Sicher gehen wollen, sollten indes von der Tessiner Seite aus starten, wo gleich zwei Adula-Hütten zur Verfügung stehen; eine vom SAC in 2012 m Höhe und eine 400 m höher gelegene von der UTOE. Beide erreicht man entweder steil direkt aus dem Bleniotal oder bequem vom Luzzone-Stausee.

Für den Gipfelanstieg selbst sind von der oberen Hütte 2–3 Stunden zu veranschlagen. Ein deutlicher Pfad führt bis zum nördlichen Arm des sanften Brescianagletschers, der dann, fast ohne Spaltenberührung, unter dem Grauhorn vorbei, gegen das Adulajoch überquert wird. Nun weiter erst auf der Westseite, später auf der Ostseite des schwach ausgeprägten Gratrückens zum höchsten Punkt.
Die Aussicht von diesem inselartig isolierten Gipfelstock südlich des Alpenhauptkamms ist phänomenal. Sie zeigt im weiten Halbkreis ein gewaltiges Stück Alpenbogen vom Gran Paradiso bis zur Wildspitze; fast alles, was an Schweizer Bergen von Bedeutung ist, ist hier vertreten. Ein Rheinwaldhornpanorama bei hochsommerlichem Dunst hingegen ist wie eine beschlagene Brille; man sollte erst dann aufs Rheinwaldhorn gehen, wenn alles dafür spricht, daß man dort oben auch klar sehen kann.
Gipfelsammler dürfen nicht versäumen, ab Läntalücke noch das benachbarte, nur wenig niedrigere Güferhorn mitzunehmen, am schmalen aber nicht schwierigen Südwestgrat. Wer ins Läntatal zurück muß, kann vom Güferhorn direkt an der schönen Firnkante des Nordgrats und am westlichen Rand des flachen Gufergletschers zur Länta-Hütte absteigen. Im übrigen wäre dieses vom Zervreilasee so verlockend aussehende Güferhorn für sich allein schon ein lohnendes Tourenziel, besonders dann, wenn man das Bergsteigen ohne vorgespurte Routen noch nicht verlernt hat.

30 Tödi

Von der Planura-Hütte durch die Südwestwand

Schweiz
Glarner Alpen
3614 m
F(II)/E

Talorte Linthal, 662 m, im hinteren Glarner Tal an der Klausenpaßstraße, Bus von Glarus. – Compadials, 962 m, im Vorderrheintal, Straße/Bahn von Chur.

Stützpunkt Planura-H., 2947 m, SAC, südl. des Claridenpasses, 8 Std. von Linthal oder 6.30 Std. vom Tierfed (Straße von Linthal) durch den Talkessel von Sand (Pfad), zuletzt über den Sandfirn (hier spaltenlos); kürzer, 4.30 Std. von der Klausenpaßhöhe, 1948 m, durch die N-Flanke der Claridenkette (Rau Stöckli – Iswändli – Chammlijoch, 3031 m) und über den obersten Hüfifirn, 5 Std., meist gespurt. – Aus dem Vorderrheintal bei Compadials 7–8 Std. durch das Val Russein und das Val Gronda da Russein (bis hierher Steig), dann zum Sandpaß, 2781 m, und über den Sandfirn (Spalten) zur Hütte, oft gespurt.

Aufstieg Nach kurzem Zwischenabstieg zum Sandpaß, 2781 m, durch die SW-Wand und über den W-Grat zum Piz Russein. – **Höhenunterschied** 950 m. – **Zeit** 5–6 Std.

Abstieg Wie Aufstieg, 4–5 Std.

Charakter Wie alle Routen auf den Tödi ein anspruchsvoller Weg mit langem Zustieg und mäßig schwieriger Kletterei in meist wenig festem Fels (II), wegen der seltenen Begehungen nicht übermäßig steinschlaggefährdet.

Erstersteiger P. Curschellas und A. Bisquolm, 1824.

Führer E. Naef-Blumer: Clubführer Glarner Alpen, SAC, Bern.

Karten LKS 1193, Tödi, für den S-Anstieg auch 1213, Trun, 1:25000.

Alternative Routen Von O, durch den zerrissenen Bifertenfirn, im Eis oft heikler Normalweg von der Fridolins-H., im Fels II, 5–6 Std. – Vor allem als Abstiegsweg nach der SW-Wand empfiehlt sich statt des langen Wiederaufstiegs zur Planura-H. ein direkter, zunächst wegloser Abstieg ins Val Gronda da Russein und ab hier auf Saumweg ins Vorderrheintal; ab Gipfel bis Compadials 5–7 Std.

Bild Die abschreckende Nordostansicht des Tödi. Im Hintergrund links, über dem eingeschlossenen Bifertenfirn, der Piz Urlaun.

Aufgrund eines erosionsbeständigen Malmdeckels und eines schützenden Eisdachs ist der Tödi in seiner längst dahinverwitterten Umgebung als alles überragender Felsklotz übriggeblieben. Er dominiert nicht nur sämtliche Bergketten zwischen Rhein und Reuß, er bildet den auffälligsten und bedeutendsten Gipfel im weiten Revier von der Aare bis zum Inn.
Wer die Schweizer Alpen kennenlernen möchte und auf die Dauer mehr sehen will als nur Matterhorn, Jungfrau oder Bernina, der kommt am Tödi nicht vorbei. Die Auswahl an Routen ist groß, von jeder Seite eine: aus dem Linthal, vom Klausenpaß und auch aus dem Vorderrheintal läßt sich die Sache angehen – Tödi total.
Trotzdem – alle Wege sind lang, und auch die beiden gebräuchlichsten Routen haben ihre Schwierigkeiten und Tücken. Da wäre zunächst der klassische Anstieg von der Fridolins-Hütte bzw. von der Grünhorn-Hütte über den stark zerschrundeten und spaltenreichen Bifertenfirn: eine ideale Skitour im Frühjahr, eine manchmal »haarige« Gletschertraversierung hingegen im Hochsommer, wenn unpassierbar gewordene Eisbrüche zum Ausweichmanöver in die »Schneerus« und in die gelbe Wand zwingen. Später im Jahr kann es oft günstiger sein, von der Planura-Hütte aus zu starten, die allein schon aufgrund ihrer herrlichen Lage in ihrem mächtigen Windkessel am Rande des Hüfifirns einen Besuch wert ist. Kürzester und interessantester Hüttenzugang ist jener von Klausenpaß via Iswändli und Chammlijoch mit einem lohnenden Abstecher zum Clariden.
Der eigentliche Gipfelanstieg durch die Südwestwand ist dann, nachdem man anderntags den Sandpaß überquert und den Chli Tödi südseitig passiert hat, nicht unbedingt eine klettertechnisch elegante, sondern eher eine mühsame, zuweilen heikle Angelegenheit mit brüchigen Felspartien, steilen Schutt- und Firnhalden und manchmal wenig soliden Griffen und Tritten.
Wer oben nach langem Anstieg endlich das berühmte, vielbeschriebene Tödipanorama zu Gesicht bekommt, findet auf den ersten Blick vielleicht mehr Fragen als Antworten. Für denjenigen jedoch, der sich auskennt, bietet der Tödi die beste Übersicht über das Gipfelmeer zwischen Ötztaler Alpen und Montblanc und weit ins Mittelland hinaus.

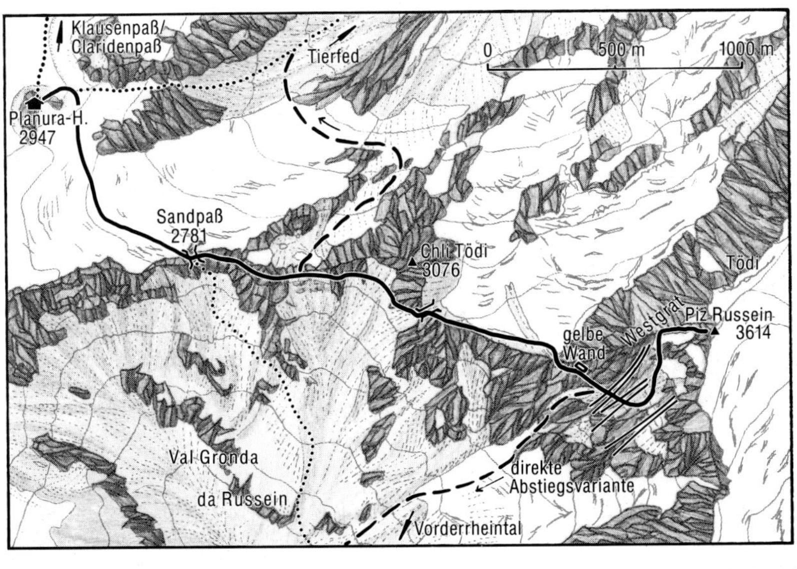

31 Piz Platta

Stiller Aussichtsgipfel zwischen Ost- und Westalpen

Schweiz
Bündner Alpen
3392 m
F(II)/E

Talorte Mulegns, 1486 m, im Oberhalbstein an der N-Auffahrt des Julierpasses. – Cresta, 1959 m, Hauptort im Avers, Straße/Bus von Thusis.

Stützpunkt Bei Aufstieg von Mulegns evtl. priv. Unterkunft auf der Alp Tga, 1927 m, 1.15 Std. von Mulegns, – In Cresta nur Nächtigung im Kur- und Sporthotel (Touristenlager) möglich.

Aufstieg Von Mulegns bzw. Tga: Val Bercla – Plattagletscher – W-Flanke des Gipfelaufbaus. – Von Cresta: Täli – W-Flanke des Tälihorns – Plattagletscher – W-Flanke des Gipfelaufbaus. – **Höhenunterschied** von Mulegns 1906 m, von Tga 1465 m, von Cresta 1433 m. – **Zeiten** Jeweils 4 Std. von Tga oder Cresta.

Abstieg Wie Aufstieg, 2–3 Std. (auch Überschreitung mögl.).

Charakter Stille Hochtour auf einen der markantesten Felsgipfel Graubündens; nur im unteren Bereich Wege bzw. Pfadspuren, in der Gletscher- bzw. Gipfelzone selten gespurt, aber mit Landkarte (und Führerbeschreibung) leicht zu finden. – Felspartien nirgends schwieriger als II.

Ausrüstungstip Für den Plattagletscher bzw. das Firncouloir auf der Aversseite sind Pickel und Steigeisen empfehlenswert.

Erstersteiger Unbekannt.

Führer Clubführer Bündner Alpen, Band III, Avers – Misox – Calanca, SAC, Bern (erscheint nicht mehr! Weg ist allerdings auch ohne Führertext mit der Karte leicht zu finden).

Karte LKS 1256, Bivio, 1:25 000 (obwohl Cresta knapp außerhalb des Kartenausschnitts liegt, sind beide Anstiege fast vollständig zu verfolgen).

Bild Als kühnes Horn überragt der Piz Platta alle umstehenden Berge zwischen Julier- und San-Bernardino-Paß. Links im Bild der für den größtenteils weglosen Normalanstieg wichtige Plattagletscher.

Bewundert wird er häufig, besucht indes nur selten, der Piz Platta – ein vollkommen isoliert aufragender, pyramidenähnlicher Grünschieferklotz, der die mit Abstand höchste und schönste Erhebung des Aversgebirges bildet. Diese wenig bekannte Berggruppe liegt nicht etwa irgendwo im alpin-geographischen Abseits, sondern ganz zentral an der Nahtstelle von Ost- und Westalpen. Wegen der geringen Vergletscherung, dem Fehlen von Hütten und nicht zuletzt der großen Konkurrenz durch Bernina

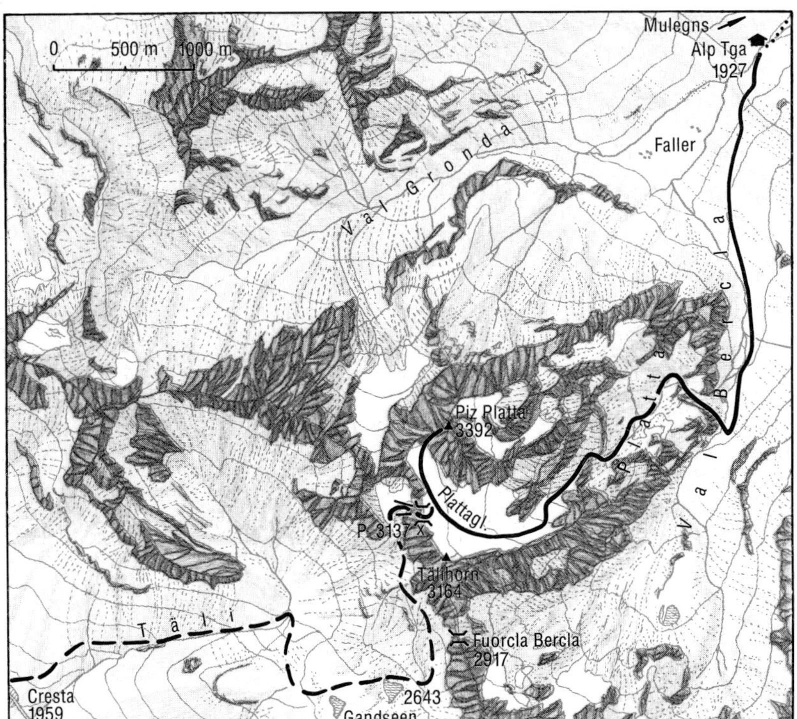

und Bergell ist das Aversgebirge touristisch gesehen eines der Stiefkinder der Schweizer Alpen.

Zwischen Mulegns im Oberhalbstein und dem geräumigen Gipfeldach gibt es keine Schutzhütte, weshalb man am besten in der kleinen Alpsiedlung Tga (1927 m) nächtigt, am Sockel des auf dieser Nordostseite besonders bezaubernden Piz Platta. Anderntags geht es zunächst streng südwärts ins Val Bercla, dann in knapp 2300 m Höhe, rechts über eine steile Grasflanke (Weg) auf die Hangterrasse der Plattalp.

Diese Terrasse führt direkt zur Zunge des Plattagletschers, der bei gutem Firn in seiner ganzen Länge bis zum Südwestfuß der Gipfelmauer traversiert wird. Eine kurze Schneerampe leitet zum Einstieg, und alles weitere entwickelt sich dann fast wie von selbst: Solides Gestein, gut gestufter Fels und an den wichtigsten Stellen kleine Steinmanndln – nach knapp einer halben Stunde leichter, anregender Kletterei ist man auf dem Gipfelplateau, das bei klarem Weter eine verblüffend weite Aussicht bietet.

Kaum schwieriger, aber kürzer und steiler ist der Anstieg von der Averser Seite, der allerdings den Nachteil hat, daß man den Berg erst zum Schluß zu Gesicht bekommt. Günstigster Ausgangspunkt für die Averser Seite ist

Cresta, von wo man durchs Täli streng nach Osten bis zum Sockel des Tälihorns steigt und von dort nordwärts über eine Schutthalde zu einem Firnfeld am Fuß der breiten Felsmauer, die den oberen Plattagletscher im Süden stützt. Diese etwa 100 m hohe Felsbarriere wird an einer Stelle von einem Firncouloir unterbrochen, steil zwar, jedoch kein ernstes Hindernis für den, der nicht aus Gewichtsersparnis Pickel und Steigeisen zurückgelassen hat. Oben erblickt man dann erstmals das eigentliche Ziel, den felsigen, im Firn des Plattagletschers eingebetteten Gipfelkopf, der schließlich, wie erwähnt, von Südwesten her erklettert wird.

32 Piz Bernina

Überschreitung Biancograt – Spallagrat – Fortezzagrat

Schweiz
Bernina-Gruppe
4049 m
F(II)/E

Talort Pontresina, 1805 m, im Berninatal.

Stützpunkte Tschierva-H., 2573 m, SAC, südl. des Piz Tschierva, 3–4 Std. von Pontresina durchs Rosegtal. – Rif. Marco-e-Rosa, 3597 m, CAI, an der Fuorcla Crast' Agüzza. – Boval-H., 2495 m, SAC, westl. über der flachen Zunge des Morteratschgletschers, 4 Std. im Abstieg vom Rif. Marco-e-Rosa, weitere 1.15 Std. zur Bahnstation Morteratsch.

Aufstieg Zur Fuorcla Prievlusa, über den Biancograt auf den Piz Bianco, weiter durch die Berninascharte zum Piz Bernina. – **Höhenunterschied** Knapp 1500 m (mit Zwischenabstieg). – **Zeit** 6–8 Std. (bei schlechten Verhältnissen wesentlich länger!).

Abstieg Über den Spallagrat (S-Grat) zur Fuorcla Crast' Agüzza bzw. Rif. Marco-e-Rosa, 1 Std.

Charakter Anspruchsvolle, kombinierte Überschreitung des einzigen Viertausenders der Ostalpen mit einem der elegantesten Gratanstiege der Alpen; trotz Massenandrang nur für erfahrene, konditionsstarke Bergsteiger! Technische Schwierigkeiten im Fels II–III, Neigung im Firn bzw. Eis bis zu 40°.

Ausrüstungstip Neben Seil, Steigeisen und Pickel unbedingt Eisschrauben, da bei schlechten Eisverhältnissen am Biancograt evtl. kurze Passagen gesichert werden müssen.

Besonderer Hinweis Bei Nässe, Neuschnee oder Vereisung der Felspartien äußerst heikle Kletterei! Bei drohendem Wettersturz evtl. auf Übergang zum Piz Bernina verzichten und zur Tschierva-H. zurück absteigen.

Erstersteiger J. Coaz mit J. und L. Tscharner, 1850. – Erstbegeher des Biancograts mit Übergang zum Piz Bernina: P. Güssfeldt, H. Grass, J. Groß, 1878.

Führer O. Kaiser: Clubführer Bündner Alpen, Band V, Bernina-Gruppe, SAC, Bern. – Flaig: Bernina-Auswahlführer, Rother, München.

Karte LKS 1277, Piz Bernina, 1:25000.

Bild Als »Himmelleiter« bezeichnete Walther Flaig den Biancograt am Piz Bernina. Das große Bild zeigt den gesamten Anstieg von der Fuorcla Prievlusa bis zum Gipfel des Piz Bianco: zunächst den Felsgrat, dann die traumhafte Firnschneide. In dieser Draufsicht (vom Piz Morteratsch) erscheint der Grat flacher, als er tatsächlich ist. Das kleine Bild veranschaulicht den letzten Teil des Übergangs vom Piz Bianco zum Piz Bernina, mit dem markanten Gendarm in der Scharte und den Gipfelfelsen.

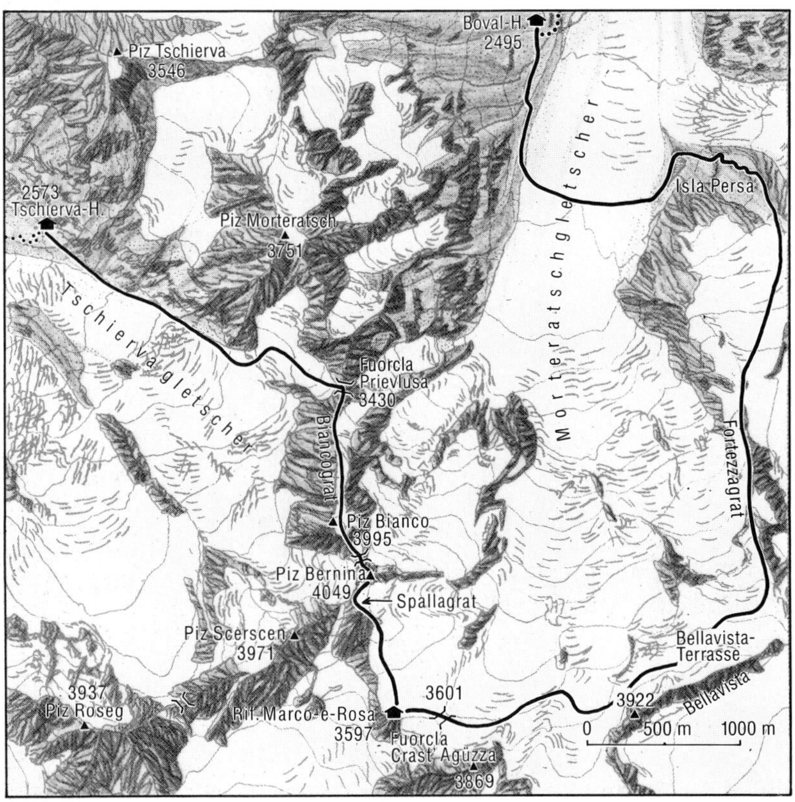

Modetour oder nicht – Piz Bernina und Biancograt können als Symbole stehen für »klassische« Alpengipfel und Anstiege wie nur ganz wenige andere Berge und Routen. Für Gipfelsammler ist der Piz Bernina eine »Pflicht«, weil er der einzige Viertausender der Ostalpen ist. Dieses Spiel mit nackten Zahlen verliert jedoch jegliche Bedeutung und wirkt geradezu lächerlich auf jeden Bergsteiger, der einen Sinn für Bergformen und logische Anstiegslinien entwickelt hat. In der Tat gleicht kein anderer Firngrat der Alpen – auch nicht der Rochefortgrat – dieser elegant geschwungenen, den schwarzen Urgesteinsgrund mit einer reinen, üppigen Firnkante krönenden Linie.

Das Prädikat »klassisch« kann man Biancograt und Piz Bernina auch noch unter alpin-historischen Gesichtspunkten verleihen: Die beiden ersten Seilschaften am Biancograt waren am Piz Bianco (Piz Alv) jeweils mit der Erkenntnis umgekehrt, daß der Übergang zum Gipfel des Piz Bernina »völlig unmöglich« sei; das Gegenteil bewies dann 1878 Paul Güßfeldt mit

Diese kleine Firnnase bildet wohl die meistfotografierte Stelle des Biancograts. Nicht immer kann man sich so dicht an den Wächtenrand wagen wie die abgebildete Seilschaft!

den beiden Führern Hans Grass und Johann Groß aus Pontresina. Güßfeldts Energie, Wagemut und Können führten jedoch nicht nur hier zum Erfolg; der Professor aus Berlin (!) war der bedeutendste deutsche Alpinist zu seiner Zeit, mit einer frühen Begehung des Matterhorns, der Erstbesteigung des schwierigen Piz Scerscen, der ersten Winterbesteigung der Grandes Jorasses und vor allem der Erstbegehung des langen Peutereygrats zum Montblanc.

Der Zugang von der Tschierva-Hütte über die Fuorcla Prievlusa – zu deutsch die »gefährliche Scharte« – ist lang, das erste Wegstück beim notwendigen nächtlichen Aufbruch oft schwierig zu finden. Das Erkunden dieser Strecke und eine funktionierende Stirnlampe sind unerläßlich. Zunächst geht es den Moränenkamm hinter der Hütte hinauf, nach einer Bachquerung auf deutlichen Steigspuren links in die Hänge und über Bänder und Stufen in die oberste, nördliche Firnbucht des Tschiervagletschers. Zwei Steilhänge werden linkshaltend direkt erstiegen, wobei der obere Hang mit einem Bergschrund ansetzt und unmittelbar in der Scharte endet.

Scharte und Firnschneide trennt – einziger Makel der Tour? – ein felsiger Vorbau, dessen Überschreitung die Reihenfolge der vielen Seilschaften fürs erste ordnet. Die Kletterei ist bei guten Verhältnissen nicht schwierig, um so unangenehmer aber bei Vereisung! Von der Höhe des Felsgrats und beim Steigeisenanlegen an seinem Ende hat man den Prachtblick auf die »Himmelsleiter«, wie Walther Flaig den Biancograt einmal beschrieben hat. Der ist im ersten Teil flach, steigt aber schon bald steil und immer schärfer ausgeprägt an. Meist unmittelbar rechts der Schneide zieht die Spur über die erstarrten Firnwellen hinauf zum Piz Bianco. Gegenüber steht der Piz Bernina, scheinbar zum Greifen nahe. Doch die Scharte zwischen den beiden Gipfeln, das Gruselstück der alpinen Pioniere, muß vorher überwunden werden. Der Übergang beginnt mit einigen leichten Felsen, dann steigt man am luftigen Zackengrat bzw. knapp links unter seiner Gratkante ab, bis der Steilabbruch zur Berninascharte erreicht ist. Über diese Stufe kann man abseilen oder bei guten Verhältnissen auch ohne Schwierigkeiten abklettern in die Schartenkehle. Der folgende große Gendarm (siehe kleines Farbbild) wird in der Regel überschritten, dann geht es rascher und einfacher zum Berninagipfel hinauf.

Im Überschwang der Gefühle sollte man am Piz Bernina rechtzeitig an den Abstieg denken, der bei einer solch großzügigen Überschreitung fast wie eine eigene Bergtour zu werten ist. Meist findet man am Spallagrat allerdings eine gute Trasse, so daß man den Fels- und Firngrat schnell hinter sich bringt und schon bald über den breiten Firnhang zur Marco-e-Rosa-Hütte oder direkt zur breiten Einsattelung der Fuorcla Crast' Agüzza absteigt oder noch besser abfährt. Der sicherste Weg ins Tal führt nun keineswegs direkt den Morteratschgletscher hinunter, wo gefährliche Sérac- und Spaltenzonen drohen. Vielmehr muß man nach einer absteigenden Querung noch einmal gut 100 Höhenmeter zur Bellavista-Terrasse aufsteigen, um so zum Fortezzagrat zu gelangen, über ihn zur Isla Persa hinunter und mit unendlich müden Gliedern hinaus zu Station und Hotel Morteratsch.

33 Piz Palü

Überschreitung Ostgrat – Fortezzagrat

Schweiz
Bernina-Gruppe
3905 m
E/F(II)

Talort Pontresina, 1805 m, bzw. Bernina/Diavolezza, 2093 m, (= Talstation der Diavolezza-Seilbahn) am Berninapaß.

Stützpunkte Diavolezza-Hs., 2973 m, priv., neben der Bergstation der Diavolezza-Seilbahn. – Boval-H., 2495 m, SAC, am W-Ufer des Morteratschgletschers, 2 Std. von der Station Morteratsch, im Abstieg 1.15 Std., bez.

Aufstieg Von Osten über Persgletscher und O-Grat zum O-Gipfel, 3882 m, dann Gratüberschreitung Hauptgipfel, 3905 m – W-Gipfel, 3823 m. – **Höhenunterschied** Knapp 1000 m (kurze Zwischenabstiege) – **Zeit** 4–5 Std.

Abstieg Über W-Gipfel zur Fuorcla Bellavista, 3688 m, weiter über Fortezzagrat und Morteratschgletscher zur Boval-H., 3–4 Std.

Charakter Großzügige Überschreitung mit einigen heiklen Passagen in den Bruch- und Spaltenzonen des Persgletschers; kurze Kletterstellen oberhalb der Fuorcla Bellavista und am Fortezzagrat nicht schwieriger als II.

Besonderer Hinweis Der große Andrang (s. kl. Bild) darf nicht dazu verleiten, die Route zu unterschätzen; die Begehung des Gletschers erfordert große Vorsicht und sollte nur von erfahrenen Bergsteigern oder am Seil eines Bergführers unternommen werden!

Erstersteiger K. E. Digby, P. Jenny und ein Träger, 1866. – Erste Gesamtüberschreitung: A. Wachtler, Wallner sowie G., H. und Chr. Grass, 1868.

Führer O. Kaiser: Clubführer Bündner Alpen, Band V, Bernina-Gruppe, SAC, Bern. – Flaig: Bernina-Auswahlführer, Rother, München.

Karte LKS 1277, Piz Bernina, 1:25000.

Es gibt eine Handvoll Berge, die scheinen von der Natur nach strengen architektonischen Grundprinzipien gebaut zu sein – der Piz Palü, das Schaustück der Diavolezza, gehört unbestritten zu diesen Gipfeln. Was aber ist das absolut Faszinierende des Piz Palü? Der Klang des Namens, der nichts anderes als »bleicher Berg« bedeutet? Oder ist's die »magische Dreizahl«: drei schwere Granitpfeiler, darüber ein schwebend leichter Firngrat mit drei Gipfelpunkten, in der Nordflanke außerdem drei furchterregende Hängegletscher mit Wülsten, Balkonen und Rampen? Der Versuch, dem Geheimnis des Piz Palü mit verstandesgemäßen Mitteln beizukommen, bleibt wohl immer ein aussichtsloses Unterfangen – und das ist gut so!

Um so handfester läßt sich der Piz Palü in seinen »technischen Daten« erfassen: Seine abschreckende Wirkung scheint lange Zeit die anziehende überlagert zu haben, denn erst 1863 wurde die erste – gesicherte – Besteigung des Ostgipfels, drei Jahre später des Hauptgipfels verzeichnet – englische Bergsteiger bewiesen hier einmal mehr ihren besonderen Wagemut und ihr technisches Können.

Beide Bergsteiger-Tugenden und dazu ein hohes Verantwortungsbewußtsein für seine Begleiter zeigte 1887 der junge Student Hans Bumiller aus der Pfalz, der sich ausgerechnet die Erstbegehung des zentralen Pfeilers in den Kopf gesetzt hatte: Er konnte seine Führer Martin Schocher, Johann Groß und Christian Schnitzler erst zur Teilnahme an seinem gefahrvollen Vorhaben bewegen, nachdem er im Fall des tödlichen Ausgangs deren Familien großzügig in seinem Testament berücksichtigt hatte. Die Route gelang auf Anhieb, gilt noch heute als schwierigster Pfeileran-

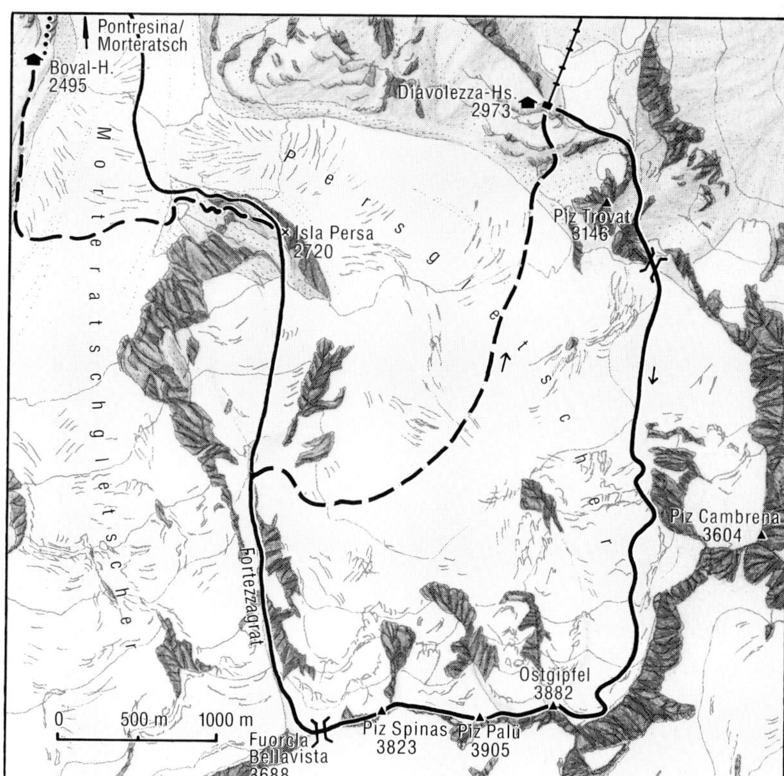

stieg, aber auch als gefährlichster. Einer breiten und alpenfernen Öffentlichkeit drang der Piz Palü in den 30er Jahren als »Filmstar« ins Bewußtsein, was ihm angesichts fataler Superlative zumindest bei diesem Publikum einen zweifelhaften Ruhm einbrachte – aber das gehört in diesem Metier ja fast zum guten Ton! Endlich, in der Zeit, da Wachstum keine Grenzen kannte, glaubten dann jene alpinen »Erschließer« am Piz Palü fündig zu werden, deren Leistung sich in der rücksichtslosen Verkabelung und Betonierung der Natur einzig zum Zweck der persönlichen Bereicherung erschöpft. Pläne, von der italienischen Seite eine Seilbahn zum Gipfel zu bauen, waren bereits weit vorangetrieben worden – Gott sei Dank wurden sie nie verwirklicht!

Aus der schlaglichtartig beleuchteten Geschichte dieses Berges soll seine Funktion als Spielplatz nervenstarker Steilwand-Skiartisten nicht unerwähnt bleiben. Heini Holzer, der bei der Ausübung dieses gefährlichen Sports nebenan in der Piz Roseg-Ostwand ums Leben kam, hatte es als erster geschafft, durch die über 50° steilen Eisflanken zwischen Haupt- und Westgipfel (Piz Spinas) zu Tal zu »schwingen«.

Um keinen falschen Eindruck aufkommen zu lassen: Der Piz Palü ist keineswegs exklusives Ziel der an Extremen orientierten Minderheit unter den Bergsteigern; untenstehendes Bild verdeutlicht, daß längst schon das »gemeine« Alpinistenvolk zu seinen Gipfeln pilgert. Tatsächlich bietet der Normalweg von der Diavolezza her bei guten Verhältnissen keine außergewöhnlichen Schwierigkeiten; es gibt »nur« die auf Gletschern üblichen Gefahren zu beachten: viele und breite, manchmal tückisch verdeckte Spalten und in der steilen Bruchzone unter dem Piz Cambrena unberechenbaren Eisschlag. Ersteres bedeutet, daß man – auch bei breiter Trasse! – stets am Seil zu gehen hat, letzteres, daß die betreffende Zone möglichst rasch passiert wird. Wegen des höheren Ausgangspunkts startet man zur Überschreitung vorteilhafter an der Diavolezza, traversiert den Gipfelkamm von Ost nach West, um über den Fortezzagrat zurück auf den Persgletscher abzusteigen.

Wer den Weg zum Persgletscher am Vorabend erkundet hat, wird auch am frühen Morgen in diesem Abschnitt keine Orientierungsprobleme haben. Östlich um den Piz Trovat herum gelangt man auf den Gletscher und quert flach zur steilen Bruchzone am Sockel des Piz Cambrena. Von diesem hat man respektvollen Abstand zu halten, was jedoch die Spalten nicht immer zulassen; dann darf man sich in diesem Bereich nur so kurz wie möglich aufhalten! Die Trasse führt danach in und durch die riesige Gletschermulde (z. T. große Spalten!) zu einer Schulter am Ostfuß des Gipfelgrats und über seine Schneide – zuweilen im Blankeis – zum meist überwächteten Ostgipfel.

Vom Ostgipfel geht es durch einen flachen Firnsattel zum Hauptgipfel, dann führt dieser einzigartige Höhenbummel weiter zum Piz Spinas, wo man aus dem Eis wieder in den vertrauteren Granit des Westgrats wechselt. In dessen leichtem Fels klettert man zur Fuorcla Bellavista an und steigt aus diesem Firnsattel streng nordwärts zum Ansatz der Fortezzafelsen – stets am Seil und mit größter Aufmerksamkeit, denn hier ist sogar schon ein Bergführer wortlos in der eisigen Versenkung verschwunden.

An den unteren Felsen des Fortezzagrats angelangt, schwindet nun alle Spannung, hochgestimmt stapft man hinunter zur Isla Persa, quert zur Boval-Hütte hinüber oder trabt auf einer Art Mittelmoräne den Morteratschgletscher hinaus – nicht ohne wiederholt im Triumphgefühl einen Blick zurückzuwerfen.

Drei Gipfel über drei Pfeilern und drei Hängegletschern – die einzigartige Nordansicht des Piz Palü. Der Normalanstieg erreicht den Gipfelgrat durch die riesige Gletschermulde am linken Bildrand; zum rechten Bildrand zieht der Fortezzagrat hinunter. △

Kolonnenverkehr ist am Palü-Normalweg in der Hauptsaison die Regel, wenngleich nicht immer so dicht wie auf diesem Bild. ▷

34 Monte Disgrazia

Auf den höchsten Gipfel überm Val Màsino

Italien
Bernina-Alpen
3678 m
E/F(II)

Talort Cataèggio, 791 m, im Val Màsino, Bus von Ardenno/Sondrio im Veltlin.

Stützpunkt Rif. Cesare Ponti, 2559 m, CAI, über dem Valle Preda Rossa, 5 Std. von Cataèggio oder 2 Std. vom Straßenende Preda Rossa, bez.

Aufstieg Über den Ghiacciaio di Preda Rossa und den NW-Grat. – **Höhenunterschied** 1130 m. – **Zeit** 4 Std.

Abstieg Wie Aufstieg, 2–3 Std.

Charakter Gr. Firn- und Grattour, zuweilen sehr ausgesetzt. – Schwierigkeiten im Fels im II. Grad.

Besondere Hinweise Einige Gratabschnitte sind im Frühsommer oder nach Schneefall günstiger begehbar. – Der ganze Berg ist den typischen Wärmegewittern ausgesetzt; daher früher Aufbruch äußerst ratsam! – 25 m unterm Gipfel (auf dem SO-Grat) Notbiwak mit 6 Plätzen.

Erstersteiger L. Stephen und T. S. Kennedy mit M. Anderegg, 1862.

Führer P. Nigg: Gebietsführer Bergell, Rother, München. – Rütter/Grimm/Zisler: Clubführer Bündner Alpen, Band IV, Südl. Bergeller Berge und M. Disgrazia, SAC, Bern.

Karte LKS 278, M. Disgrazia, 1:50000.

Alternative Route SSW-Grat über die Cima di Corna Rossa, 3180 m, II–III, 3–4 Std. vom Rif. Desio, 2836 m (1 Weg-Std. westl. über dem Rif. Ponti).

Bild Der Monte Disgrazia aus der Vogelperspektive des Flugfotografen, von Nordwesten aus gesehen. Im flachen Sattel der Sella di Pioda (rechts) erreicht der Normalweg von Süden den Nordwestgrat, dem er bis zum Gipfel folgt.

Die Alpengruppe, die der Monte Disgrazia – etwas nach Südosten abgesetzt – eindrucksvoll dominiert, wird im deutschsprachigen Raum als Bergeller Berge bezeichnet (nach neuester »offizieller« Erkenntnis jedoch wieder den Bernina-Alpen zugerechnet), während die Italiener von der Val-Màsino-Gruppe sprechen. Auch für den Monte Disgrazia selbst sind diesseits und jenseits der Alpen unterschiedliche Namen gebräuchlich. Die italienischen Bergsteiger nennen diesen zu deutsch »häßlichen Berg« meist Pizzo Bello, also »schönen Berg«. Angesichts dieses Durcheinanders empfiehlt es sich, die Sache genauer zu begutachten – und wer sich die Karte und in natura einmal den Berg betrachtet hat, wird wohl in beiden Fragen den Italienern zustimmen.

Der Monte Disgrazia ist ein von fünf Eisfeldern umlagerter und von ebenso vielen kühn geschwungenen Graten getragener Gipfel, dem die Jahrmillionen an Erosion eine Form von ebenmäßiger Schönheit eingetragen haben. Man muß diesen Berg als Alpinist ernst nehmen: Seine Besteigung ist ein anspruchsvolles Unternehmen, verlangt große Ausdauer und Erfahrung. Die »Schwachstelle« dieses mächtigen Massivs hatten 1862 mit sicherem Instinkt die beiden Engländer Leslie Stephen und Thomas Kennedy zusammen mit ihrem Führer Melchior Anderegg bei der Erstersteigung entdeckt. Dies beweist die Tatsache, daß ihre Route heute als Normalweg gilt und bei guten Schneeverhältnissen zweifellos den leichtesten Anstieg ermöglicht.

Der häufig begangene Normalweg vom Rifugio Ponti weist mehrere markante Orientierungspunkte auf und ist kaum zu verfehlen: Über Blockhänge geht es zum Preda-Rossa-Gletscher und an dessen Westrand hinauf zur Sella di Pioda, wo man bereits den Beginn des Nordwestgrats erreicht hat. Dieser meist scharf ausgebildete Firn- und Felsgrat wird direkt bis zum Vorgipfel erklettert, wobei ein Steilaufschwung, einige luftige Firnbalkone, mehrere Rinnen und ein kleines Wandl zu überwinden sind. Zwischen Vor- und Hauptgipfel kommt man zum »Cavallo di Bronzo«, einem kurzen Reitgrat, der bei Firn-

auflage geringere Schwierigkeiten bereitet, als in aperem Zustand. Über einige ausgesetzt stehende Blöcke gelangt man kurz darauf zum Gipfel.

Bei weniger guten Verhältnissen am Normalweg – zuviel Neuschnee oder Blankeis – stellt der Corna-Rossa-Grat eine lohnende Alternative dar. Er weist über weite Strecken Felspassagen auf, die selbst bei Schneeauflage einigermaßen gute Sicherungsmöglichkeiten bieten. Die Route beginnt unmittelbar bei der unbewirtschafteten Desio-Hütte, führt zur Cima Corna Rossa, über den Südsüdwestgrat weiter zum Mittelgipfel des Disgraziamassivs und über die trennende Scharte zum Hauptgipfel.

35 Piz Kesch

Auf den höchsten Berg der Bündner Alpen

Schweiz
Albula-Alpen
3418 m
F(I)/E

Talorte Bergün, 1367 m, nördl. des Albulapasses, und Madulain, 1684 m, im Engadin, beide Orte Station der Rhätischen Bahn.

Stützpunkte Chamanna digl Kesch, 2632 m, SAC, an der Fuorcla da Funtana, 3–4 Std. von Bergün durch das Val Tuors, oder 1.45 Std. von Chants, 1822 m (Auffahrt nur mit Sondererlaubnis), bez. – Chamanna d'Es-cha, 2562 m, SAC, auf der SO-Seite des Piz Kesch, 2.30 Std. von Madulain durch das Val d'Es-cha, oder 1.30 Std. von der Albulastraße.

Aufstieg Von der Kesch-H. über Porchabellagletscher und O-Flanke, meist gespurt. – **Höhenunterschied** 800 m. – **Zeit** 3 Std.

Abstieg 1.30 – 2 Std. über Porta d'Es-cha zur Es-cha-H. (bis Porta d'Escha wie Aufstieg).

Charakter Leichte Firntour mit steiler, komplizierter Routenführung am Gipfelaufbau; unschwierige Blockkletterei (I).

Ausrüstungstip Trotz weniger Spalten auf beiden Routen Seilsicherung und Pickel nötig, wegen möglicher Vereisung des Gipfelaufbaus auch Steigeisen empfehlenswert.

Besonderer Hinweis Da der Porchabellagletscher in ausgeapertem Zustand problemlos zu überschreiten und die Gipfelfelsen leichter zu ersteigen sind, bildet die Besteigung des Piz Kesch eine ideale Frühherbsttour!

Erstersteiger J. Coaz, J. Rascher mit Chr. Casper und J. R. Tscharner, 1846.

Führer E. Wenzel: Clubführer Bündner Alpen, Band VI, Albula, SAC, Bern.

Karte LKS 1237, Albulapaß, 1:25000.

Alternative Route Cotschengrat (= S-Grat), 3.30 Std. von der Chamanna d'Es-cha, Kletterei im II. Schwierigkeitsgrad.

Bild Mit einem schmalen Arm greift der Porchabellagletscher von Osten in den Gipfelstock des Piz Kesch. Die klobige Keschnadel (links) dominiert zwar das Bild, höher ist in jedem Fall der Hauptgipfel rechts oben. Die Kletterei an seinem felsigen Ostgrat ist nicht besonders schwierig.

Die Gebirgslandschaft Mittelbündens zwischen Vorderrhein und Engadin zeigt eine geradezu verwirrende Vielfalt an Haupt-, Neben- und Hochtälern, aber nur eine vergleichsweise kleine Kollektion an Gipfeln, die sich durch weite Paßeinschnitte voneinander getrennt ganz vereinzelt über ein 2000 qkm großes Gebiet verteilen. Höchster und mächtigster dieser isoliert aufragenden Bergstöcke ist der Piz Kesch: von Norden eine schwere Felsburg über dem sanften Porchabellagletscher, von Süden eine glatte Gneismauer und von ferne eine breite Gipfelkrone. Massig, aber nicht plump, geschlossen im Aufbau und doch leicht zugänglich, zentral gelegen und dennoch nur gelegentlich überlaufen, so ließe sich dieser Berg knapp skizzieren.

Die schönsten Piz-Kesch-Bilder vermittelt die Nord-Süd-Überschreitung von der Kesch-Hütte zur Chamanna d'Es-cha, mit einem langen Zugang aus dem Albulatal und einem kurzen Abstieg ins Unterengadin. 4 Stunden muß man für die erste Etappe Bergün – Kesch-Hütte schon veranschlagen, doch der Weg ist abwechslungsreich, und oben bei der Hütte zeigt sich der Piz Kesch von seiner besten Seite.

Anderntags geht es über den sanft geneigten Vadret da Porchabella erst südwärts gegen die Porta d'Es-cha, dann im Bogen westlich hinauf in das obere Gletscherbecken unter der Kesch-Ostwand, wo sich häufig ein unangenehmer Bergschrund breitmacht. Ist diese Randkluft nirgends solide überbrückt oder der anschließende steile Firnhang zu Eis erstarrt,

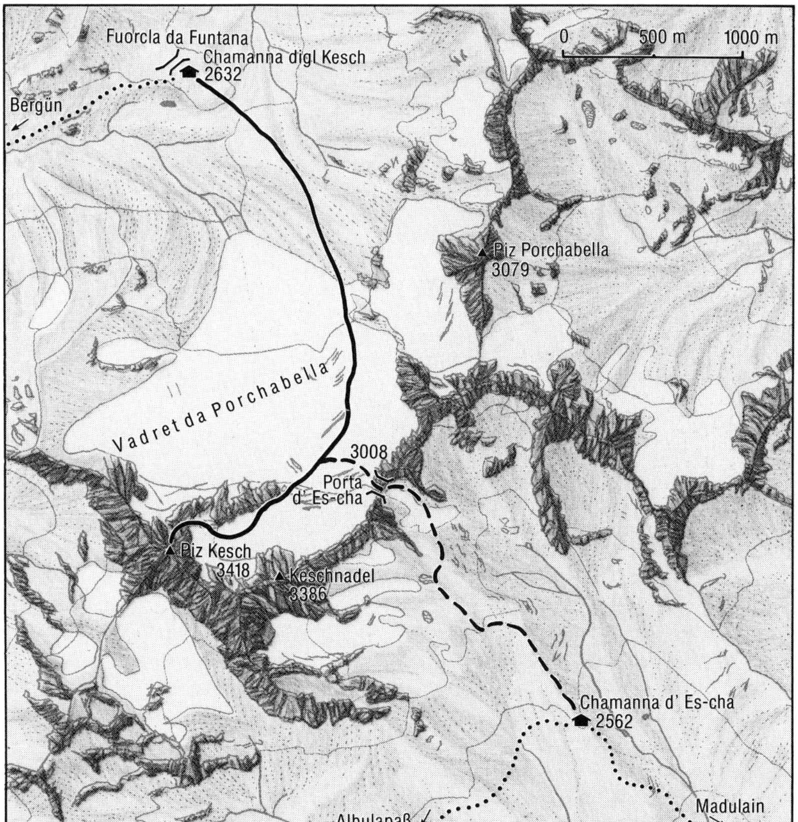

weicht man rechts in die leichten Felsen des Nordostgrats aus und erreicht so ohne Schwierigkeiten das breite Band, auf dem man links in die Ostflanke hineinquert. Dort führen dann eine Schuttrinne und einige geröllbedeckte Stufen geradewegs empor zum geräumigen Gipfeldach. Hier läßt sich's bequem rasten, meist mit dem Blick nach Süden gewandt, die weiße Bernina vor Augen und die kahle Funtauna-Hochfläche sowie die felsnackte Silvretta im Rücken.
Absteigend folgt man derselben Route wieder zurück zum Porchabellagletscher, steigt aber durch den markanten Einschnitt der Porta d'Es-cha südwärts hinab zu den traurigen Resten des Vadret d'Es-cha, wobei im steilen Teil dicht unter der Es-cha-Pforte ein langes Drahtseil für das nötige Sicherheitsgefühl sorgt. Hinter Moränenwällen taucht dann bald die Hütte auf – eine verlockende Alternative zu den noch $1^{1}/_{2}$ Wegstunden entfernten Gasthöfen im Unterengadin.

36 Piz Sesvenna

Leichter Gipfel über neuer Hütte

Schweiz / Italien
Sesvenna-Gruppe
3205 m
F(I)/E

Talort Schlinig, 1639 m, im gleichnamigen Tal westl. über Mals i. Vintschgau.

Stützpunkt Sesvenna-H., 2256 m, AVS, auf der Schlinger A., 1.45 Std. von Schlinig, bez.

Aufstieg Über Fuorcla Sesvenna, 2819 m – Vadret (Gletscher) da Sesvenna – O-Grat über die Foratrida, 3136 m. – **Höhenunterschied** 1050 m. – **Zeit** 4 Std.

Abstieg Wie Aufstieg, 2–3 Std.

Charakter Bergwanderung über Geröll, Firn und Blockwerk (I); auf dem Vadret da Sesvenna schmale Spalten.

Ausrüstungstip Wegen des kl. Gletschers Seil und Pickel; leichte Steigeisen im Hochsommer nicht erforderlich.

Besondere Hinweise Neben diesem Normalweg mit Gletscherüberschreitung empfiehlt sich, da spaltenlos, der ebenfalls nicht allzu steile Firnhang genau nördl. des Gipfels; vor allem für Alleingeher und für den Abstieg (Abfahrt!) interessant. – Wer aus dem Engadin aufsteigt, sollte sich das wildromantische Val d'Uina nicht entgehen lassen.

Führer Clubführer Bündner Alpen, Band IX, Unterengadin, SAC, Bern.

Karten LKS 1219, S-charl, 1:25000. – FB-WK S2, Vintschgau – Südliche Ötztaler Alpen, 1:50000.

Bild Die Nordflanke des Piz Sesvenna, zwischen Münstertal und Unterengadin. Der unschwierige Normalanstieg führt – auf dem Bild nicht sichtbar – von links her zum Gipfel. Im Abstieg kann man bei guten Verhältnissen die knapp 600 Höhenmeter bis zum kleinen Seeauge auf den Schuhsohlen direkt über die Firnhänge dieser Nordflanke abfahren!

Wo liegen die Attraktionen der Sesvenna-Gruppe, wenn man's in der Silvretta, der Bernina oder der Ortler-Gruppe nebenan viel größer, gewaltiger haben kann? Wer sich zu alpin Höherem berufen fühlt, hat jetzt in der Tat die falsche Seite aufgeschlagen. Die hier vorgestellte Tour ist mehr etwas für den, der ohne chronisch überfüllte Hütten und den Anstiegsstreß anspruchsvoller Routen einen besonderen Berg erleben möchte. Das ist der Piz Sesvenna zweifellos, denn er überragt einerseits alle Gipfel der sogenannten »Unterengadiner Dolomiten« zwischen Ofenpaß und Reschenpaß und bietet andererseits infolge seiner zentralen Lage eine großartige Aussicht auf den mächtigen Kranz der Rhätischen Alpen ringsum.

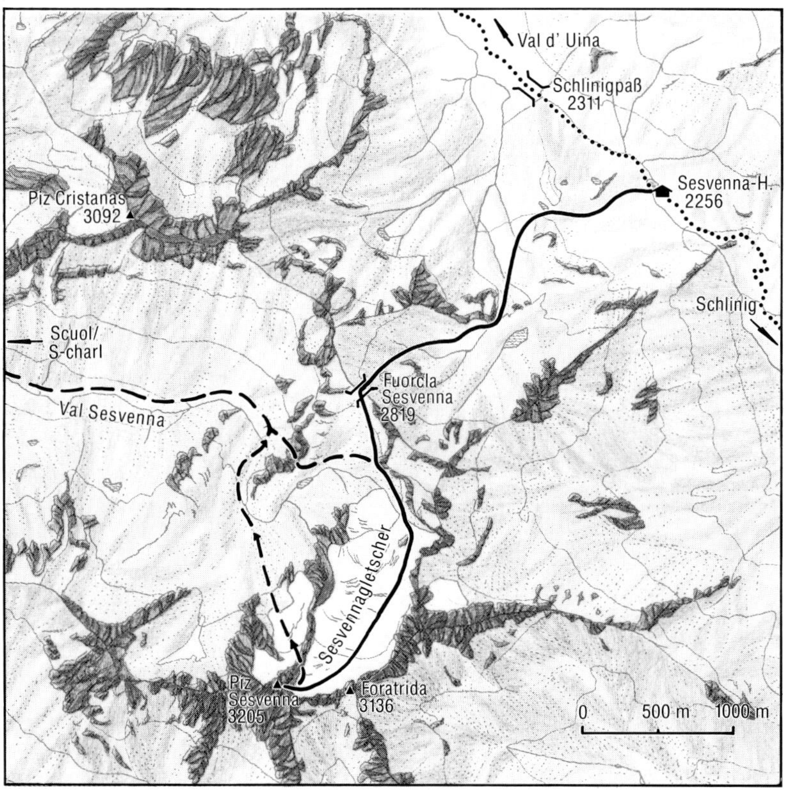

Wenn man einmal Weißkugel und Piz Kesch, Piz Linard und Cima de'Piazzi oder Ortler und Bernina aus angenehmer Distanz und von der jeweils schönsten Seite sehen möchte, ist der Gipfel des Sesvenna der ideale Logenplatz. Im Gegensatz zu seiner meist felsig-bizarren Nachbarschaft ist der Piz Sesvenna nordseitig nahezu vollständig vergletschert, was den Reiz der Besteigung beträchtlich erhöht, die bergsteigerischen Anforderungen gleichzeitig auf ein Minimum reduziert.

Bis vor kurzem kamen die Besucher fast ausschließlich aus dem Unterengadin, erst mit der Fertigstellung der neuen Sesvenna-Hütte am Schlinigpaß ist auch der Vintschgau an den Piz Sesvenna »angeschlossen«. Man hat also die Qual der Wahl, entweder vom kleinen Alpweiler S-charl durchs Val Sesvenna oder von der neuen AVS-Hütte zum wichtigen Sesvennapaß zu steigen. Sogar die kleine Lischana-Hütte des SAC kommt als Ausgangspunkt in Frage, allerdings nur für den, der ausgefallene Wege schätzt und nicht unter Zeitdruck steht. In diesem Fall geht es zunächst

steil empor bis zum harmlosen Lischanagletscher und dann in herrlicher Höhenwanderung am langen felsigen Gratrücken vom Piz d'Immez zum Piz Cristanas und weiter via Schadler in den Sesvennapaß.
Hier beginnt erst der eigentliche Gipfelanstieg, der südwärts über den schönen, spaltenarmen Vadret da Sesvenna – unter dem hübschen Felskegel des Muntpitschen hindurch – gegen den flachen Sattel zwischen Foratrida und Piz Sesvenna führt. Der Rest ist leichte Blockkletterei, der sich bei klarem Wetter eine längere Gipfelsitzung anschließt. Wen hier oben hingegen Nebel oder Dunstschleier umgeben, wird sich früher oder später zu einer »Nachbehandlung« dieses Berges entschließen müssen.
Zum Schluß noch ein wichtiger Hinweis: Wer den aussichtsreichen Piz Sesvenna für den Herbst einplant, sollte wissen, daß von Mitte September bis Mitte Oktober in S-charl das Jagdfieber grassiert und Wanderer wie Bergsteiger in dieser Zeit nicht selten in die Rolle eines unfreiwilligen und ungern gesehenen Wildtreibers geraten.

37 Cima de'Piazzi

Im Schatten von Bernina und Ortler

Italien
Livigno-Alpen
3439 m
E

Talorte Isolaccia, 1345 m, im Val di dentro, bzw. San Carlo, 1580 m, an der Straße zum Foscagnopaß (Livigno); Straße/Bus von Bormio oder aus dem Unterengadin über Livigno und Foscagnopaß.

Stützpunkt Biv. Paolo Ferrario, 2450 m, CAI, über dem Talschluß des Val di Cardoné, 3 Std. von San Carlo durch das Valle di Cardoné.

Aufstieg Vedretta de'Piazzi und N-Grat. – **Höhenunterschied** Knapp 1000 m. – **Zeit** 3.30 Std.

Abstieg Wie Aufstieg.

Charakter Einsame Hochtour mit Gletscher- und Firnpassagen für geübte Bergsteiger; Spaltengefahr auf dem Gletscher, sonst bei guten Verhältnissen (auch an den beiden Steilaufschwüngen des N-Grats/bis ca. 40°) keine besonderen Schwierigkeiten.

Ausrüstungstip Biwakausrüstung bzw. ausreichend Proviant, da Übernachtung in der Biwakschachtel!

Erstersteiger Unbekannt.

Führer Kein deutschsprachiger Führer vorhanden; auch CAI-Führer fehlt. – Veröffentlichung in »Winter/Bergkamerad«, 5/1973 und »Bergwelt« 1/1979.

Karte LKS 269, Berninapaß, 1:50000.

Alternative Route S-Anstieg von Eita, 1703 m (Ende der Fahrstraße) im Val Grosina über Rif. Sen. E. Falck, 2005 m – Passo di Verva, 2301 m – Colle de'Piazzi, 3022 m – S-Grat; leichte Kletterei am Grat, Bergschrund und Firnstrecke kurz unter dem Gipfel, 4.30–5.30 Std. von der Hütte.

Bild Eine zweifellos elegante Erscheinung stellt die Cima de' Piazzi über dem grünen Val di Cardoné dar. Beim Vergleich mit der Skizze läßt sich die Anstiegsroute leicht verfolgen. Beeindruckend ist der Bergschrund unter dem Gipfelaufschwung.

Wer von Livigno über den Foscagnopaß hinunter ins Val di dentro fährt, wird kurz nach der Paßhöhe zum Halten und Aussteigen gezwungen – nicht von alpinen Wegelagerern, sondern vom unerwarteten Anblick einer hohen, lichten Berggestalt, die aus einem dichten grünen Waldgürtel zu wachsen scheint. Fast gleichmäßig steigen zwei lange Grate zum Gipfel, deren rechter mehrere markante rotbraune Felstürme trägt. Die gesamte Nordseite ist vergletschert, Wülste und Bruchzonen fügen Strukturen ins Eis. Dieser beeindruckende Gipfel ist die Cima de'Piazzi: der beherrschende Berg der Grosina-Gruppe, die im Alpenbild der Bergsteiger im toten Winkel zwischen Bernina und Ortler verschwindet. Nicht einmal auf die Schweizer Landestopographie ist hier Verlaß, denn auf deren Blatt 269, Berninapaß, sind zwar die Lage des Berges und seine Topographie gut ersichtlich, doch fehlen die Unterkünfte, die für die Besteigung wichtig sind. Im Südwesten des Berges liegt in 2005 m Höhe das Rifugio Senatore E. Falck; Stützpunkt für den Anstieg von Norden ist das kleine Bivacco Paolo Ferrario in 2450 m Höhe. Am besten läßt man das Auto bei den Häusern von San Carlo, 1580 m, an der Foscagnopaßstraße stehen und marschiert mit einem zwar schweren Rucksack, doch angesichts der bevorstehenden Tour innerlich erleichtert zur Brücke über den Borminabach und nach Süden ins einsame Val di Cardoné hinein. Die Wegmarkierungen sind spärlich, aber mit einer guten Karte findet man leicht zur Baite di Cardoné und zur kleinen Biwakschachtel hoch über dem Talschluß.

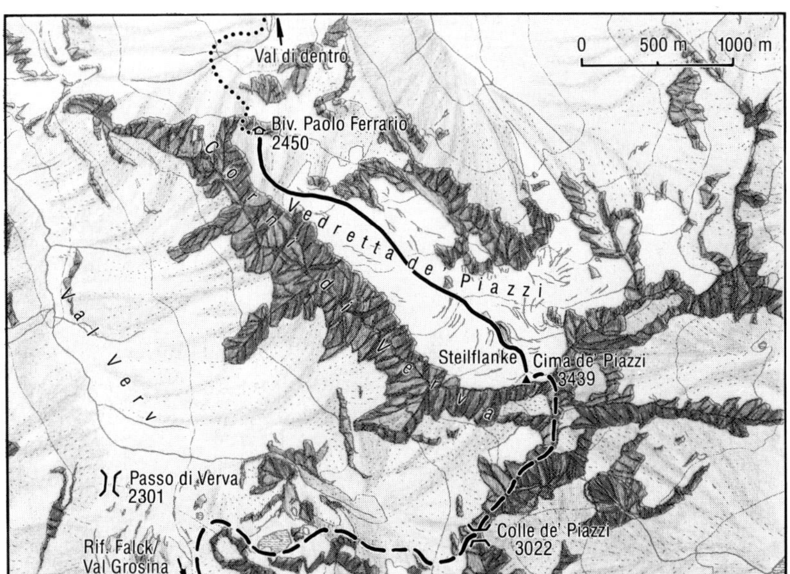

Der Weg zum Gipfel ist von der Biwakschachtel, aber auch bei der häuslichen Lektüre auf nebenstehendem Bild gut zu verfolgen: Zunächst benützt man die ausgeprägte, vom rechten Bildrand schräg links hinaufziehende Gletscherrampe und schwindelt sich zwischen zahlreichen Spalten hindurch zu den zwei Felsinseln, die am Fuß des wenig ausgeprägten Nordgrats das Eis durchbrechen. Von hier zieht die teils schmale, teils breitere Firnschneide in mehreren Wellen bis zum Gipfel. An den Aufschwüngen wird's jeweils aufregend steil, und auch ein Bergschrund legt sich in den Weg, aber mit der modernen Eisausrüstung ist das alles weniger eine Frage des Mutes als vielmehr der richtigen Steigtechnik. Ein Eisengestell markiert den höchsten Punkt, aber welcher Bergsteiger übersieht schon Gipfel? ...

38 Piz Linard

Schwarze Pyramide überm Unterengadin

Schweiz
Silvretta
3411 m
F(I)

Talort Lavin, 1412 m, im Unterengadin, Bahnstation und Bus von Landeck oder Chur.

Stützpunkt Linard-H. (Chamanna dal Linard), 2327 m, SAC, im Hochkar Glims südl. des P. Linard, 2.45 Std. von Lavin über Plan dal Bügl, bez.

Aufstieg Über S-Wandrinne und obersten SW-Grat. – **Höhenunterschied** 1100 m. – **Zeit** 3–4 Std.

Abstieg Wie Aufstieg, etwa 2 Std. (bei Schnee Abfahren für Geübte möglich!).

Charakter Mühsamer, streckenweise monotoner Anstieg auf den schönsten Silvrettagipfel, mit leichter Kletterei (I).

Besondere Hinweise Auf die relative Einsamkeit der Tour deutet die Tatsache, daß die Linard-H. nur periodisch bewirtschaftet wird. – Bei Vereisung, in trockenen Jahren auch wegen Steinschlaggefahr, weicht man besser in die Felsen rechts neben der Rinne aus.

Erstersteiger Jäger aus Lavin im 16. Jahrhundert. – 1. touristische Ersteigung durch O. Heer und J. Madutz, 1835. – Erstbegehung der S-Flanke (heutiger Normalweg) durch J. Weilenmann, 1858.

Führer W. Flaig: AVF Silvretta, Rother, München. – Clubführer Bündner Alpen, Band VIII, Silvretta und Samnaun, SAC, Bern.

Karte LKS 1198, Silvretta, 1:25000.

Alternative Route Gesamter SW-Grat, erheblich festere Gratkletterei, allerdings im Schwierigkeitsgrad II-III, 4–5 Std. von der Linard-H.

Bild Ein stiller Stützpunkt ist die kleine SAC-Hütte unter der Südflanke des Piz Linard. Obwohl diese Perspektive die Felsflanke etwas verzerrt wiedergibt, läßt sich der Verlauf des Normalanstiegs gut ausmachen. Orientierungspunkt ist das große Firnfeld in Wandmitte, das über ein Rinnensystem mit dem Sockel und mit dem obersten Südwestgrat verbunden ist.

Wenn der höchste zugleich auch der schönste und der markanteste Berg einer Gebirgsgruppe ist, rümpfen die alpinen Anhänger der »Reinen Lehre (Leere?)« gleich die Nase und wittern Massenandrang nebst Schmalspurerlebnissen. Daß dieser Schluß nicht immer stimmt, beweist die landschaftliche Ausnahmeerscheinung des Piz Linard, an dem selbst zur Hochsaison kein »Ausnahmezustand« herrscht. Dessen ebenmäßige Felspyramide kehrt nämlich der populären, stark vergletscherten Nordseite der Silvretta den Rücken zu und steht südwärts vom Hauptkamm abgesetzt, schon ganz im Einzugsbereich des Unterengadin.
Um 2000 m überragt der höchste Silvrettagipfel dort, einem spitzen Riesenkegel gleich, den Inntalboden zwischen Zernez und Susch. Wer ihn aus dieser Perspektive zum ersten Mal erblickt, hält es für schier unmöglich, als Normalsterblicher da hinaufzukommen. Und doch soll schon im 16. Jahrhundert der legendäre Jäger Leonard Zadrell den Piz Linard von Lavin aus erreicht haben, wofür es natürlich mangels Gipfelbucheintragung keinerlei Belege gibt. Die erste verbürgte Ersteigung gelang 1835 dem Schweizer Botaniker Oswald Heer mit seinem Führer Johann Madutz. Ihr mittels Fernrohr aus dem Tal sichtbarer Gipfelsteinmann überzeugte selbst die skeptischen Engadiner.
Die heute übliche Normalroute durch die Südwand wurde erst 13 Jahre später entdeckt, von einem gewissen Steiner, dessen Name als passende Bezeichnung für den Charakter dieser Tour gewertet werden kann: steinig, schuttig und mühsam! Wer hier hinaufgeht, dem ist bestimmt nicht »der Weg das Ziel«, sondern der P.3411 bzw. das gewaltige Gipfelpanorama, über das sich Walther Flaigs Silvrettaführer mehrere Seiten lang detailliert ausläßt. Ein auf- und anregenderes Anstiegserlebnis vermittelt da schon der Südwestgrat (ab Fuorcla da Glims), der mit schöner Kletterei (II–III) in festem Fels aufwartet, allerdings auch mit einer Reihe von Türmchen, an denen man abseilen oder ausgesetzt südseitig traversieren muß.
Für beide Routen ist die kleine SAC-Hütte am Eingang des Val Glims ein idealer Stützpunkt, knapp 2 Stunden Marsch von Lavin im Inntal entfernt. Hier schaut der Piz Linard schon nicht mehr so unnahbar aus (siehe Bild). Man erkennt deutlich in der Mitte der Südwand das große Geröllfeld, von

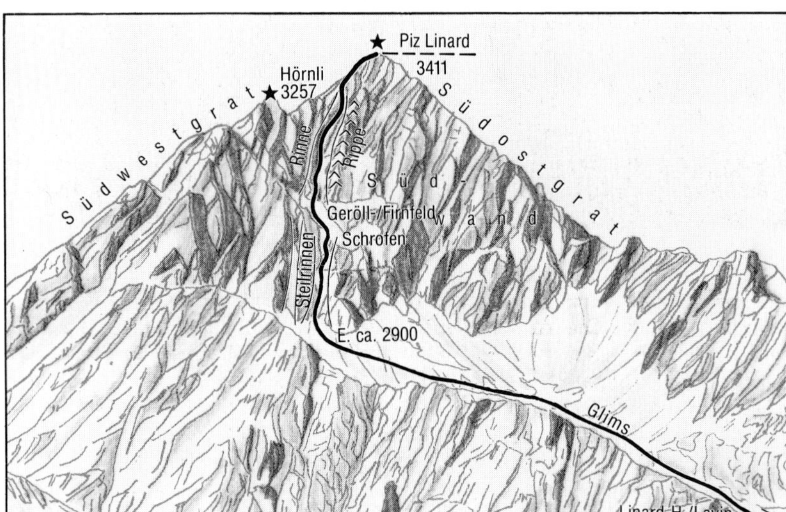

dem eine Rinne hinauf zum Gipfelgrat und zwei schräg links hinunter zum Wandfuß ziehen. Die rechte dieser beiden Rinnen bildet den richtigen Einstieg. Sie ist eigentlich gar nicht zu verfehlen, die Pfadspur von der Linard-Hütte führt direkt hin.
So betrachtet scheint alles ganz einfach zu sein, doch bei Vereisung oder bei rutschigem Neuschnee ist man zum Ausweichen in die Felsen links oder rechts der jeweiligen Rinne gezwungen, und dabei kann einem dann schnell einmal eine IIer-Stelle zwischen die Finger kommen. Im übrigen sollte, schon mit Rücksicht auf die anderen Linard-Besucher, keiner den großen Ludwig Purtscheller beim Wort nehmen, der behauptet hatte, man könne eine Herde Schafe von Glims auf den Piz Linard treiben, weil in der Südwand kaum eine Hand zum Klettern gebraucht werde.
Als »schönsten Gratanstieg von Süden her« bezeichnete Walther Flaig die Route über den Südostgrat, die allerdings solide Kletterkünste im II. und III. Schwierigkeitsgrad verlangt – ein anregender Anstieg im leichten Fels!

39 Fluchthorn

Durch die Weilenmannrinne

Österreich/Schweiz
Silvretta
3399 m
F(II)/E

Talort Ischgl, 1376 m, oder Galtür, 1584 m, im Paznaun, Straße/Bus von Landeck.

Stützpunkte Heidelberger H., 2264 m, DAV, im hint. Fimbertal auf Schweizer Boden, 4.15 Std. von Ischgl oder 2 Std. von der Boden-A. (1842 m, Straßenende), bez. – Jamtal-H., 2165 m, DAV, im gleichnamigen Tal, 3 Std. von Galtür, bez.

Aufstieg Von beiden Hütten zum Zahnjoch (2945 m), durch die Weilenmannrinne (S-Rinne) und über den SO-Grat zum Gipfel, teilweise Wegspuren. – **Höhenunterschied** Von der Heidelberger H. 1150 m, von der Jamtal-H. knapp 1300 m zum Gipfel. – **Zeit** Ab Heidelberger H. 4–5 Std., ab Jamtal-H. 4.30–5 Std.

Abstieg Wie Aufstieg; zu beiden Hütten je 2.30–3 Std.

Charakter Je nach Verhältnissen mühsamer Firn- oder Schuttanstieg in steinschlaggefährdeter Rinne, im oberen Teil leichte Kletterei im II. Schwierigkeitsgrad.

Ausrüstungstip Pickel und Steigeisen, da bei hartem Firn Rutschgefahr!

Besondere Hinweise Beste Zeit für diese Tour ist der Frühsommer; ist die Rinne aper, steigt man besser über die rechte Begrenzungsrippe auf. – In der Jamtal-H. Voranmeldung empfehlenswert.

Erstersteiger J. J. Weilenmann mit F. Pöll, 1881.

Führer W. Flaig: AVF Silvretta, Rother, München. – Eggerling-Jäger/Schmid-Maron: Clubführer Bündner Alpen, Band VIII, Silvretta und Samnaun, SAC, Bern.

Karten AV 26, Silvretta-Gruppe, 1:25000. – LKS 1178, Groß Litzner, und 1179, Samnaun, 1:25000.

Alternative Route Überschreitung der drei Fluchthörner, große Klettertour (III+), 8–11 Std. von und zurück zur Jamtal-H.

Bild Das Südliche Fluchthorn mit Weilenmannrinne und Südostgrat. Bei reichlichen Schneemengen in den Rinnen sind für Auf- und Abstieg die Felsen der Trennungsrippen unbedingt vorzuziehen.

Silvretta-Liebhabern, die vor den unter Dauerbelagerung stehenden Zielen um die Wiesbadener Hütte und den Piz Buin die Flucht ergreifen, empfiehlt sich – im wörtlichen Sinn – das Fluchthorn weit hinten im Jamtal als ideale Alternative. Schwarz und schroff steht diese dreigezackte Urgesteinsmauer beherrschend über drei Talgründen. Kein Wunder, daß der mächtigste, zweithöchste Bergstock der Silvretta nicht zum Publikumsliebling geworden ist, der Anblick wirkt zu düster, zu abweisend. Auch die vier kleinen Gletscher ringsum vermögen das Bild nicht aufzuhellen. Wer nur die weiße Silvretta schätzt, ist an dem schwarzen Riesen schlecht aufgehoben.

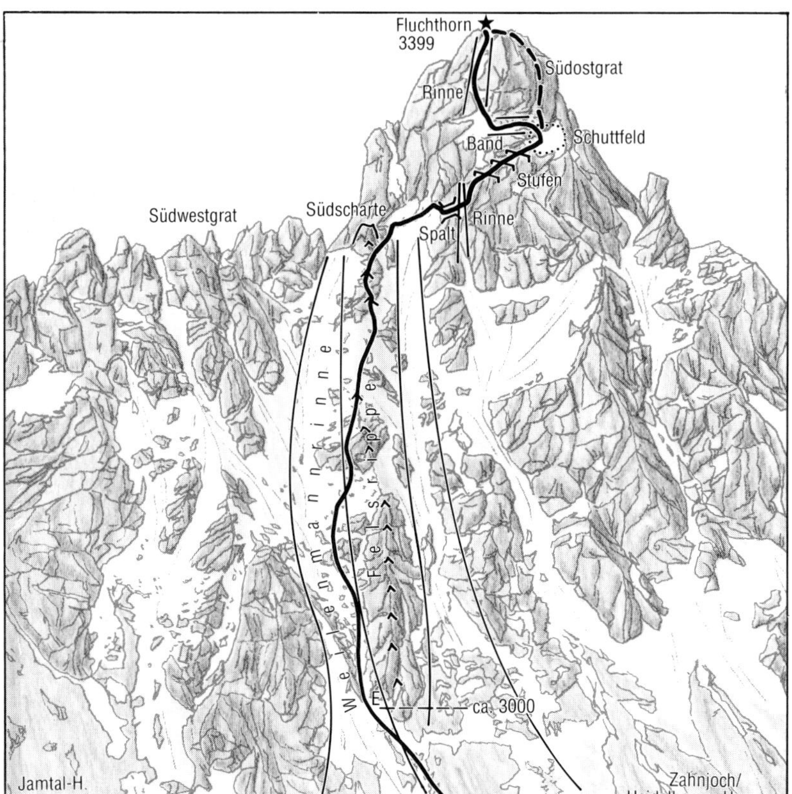

Der große Alpenpionier Johann Jakob Weilenmann hat sich in den Felsfalten des Fluchthorns jahrelang umgetan und dessen Kulminationspunkt, den Südgipfel, 1881 auch als erster bestiegen – auf einer Route, die noch heute als leichtester Zugang gilt und seinen Namen trägt: die Weilenmannrinne. Diese Firn- bzw. Schuttrinne, die von Süden her zum Fuß des Gipfelaufbaus emporzieht, ist bei gutem Firnschnee entschieden bequemer zu bewältigen als in aperem Zustand. Man sollte also seine Fluchthornambitionen nicht unbedingt bis zum Herbst hinausschieben!

Sowohl von der Jamtal- als auch von der Heidelberger Hütte aus – der einzigen DAV-Hütte auf Schweizer Boden – läßt sich das Felsbollwerk angehen, wobei in jedem Fall erst einmal 4 km Anmarschweg zum Zahnjoch zu bewältigen sind. Den Einstieg markiert ein großer Steinmann, etwa

200 m westlich des Jochs. Bei solider Schneedecke steigt man geradewegs durch die Weilenmannrinne empor, bei haltlosem Schutt oder rutschigem Neuschnee weicht man mit Vorteil rechts auf eine Felsrippe aus. Im oberen Teil ist es in jedem Fall ratsam, die östliche Parallelrinne zu benutzen, die direkt in der Südscharte unterm Gipfelkopf ausmündet. Mit dem Text des AV-Führers im Kopf und etwas Klettergefühl in den Beinen kann dann eigentlich nichts mehr schiefgehen; in spätestens 1 Stunde ist man am Ziel. Aus knapp 3400 m Höhe wirkt die Silvretta klein und unbedeutend – einzig der Piz Linard bewahrt Form und Größe. Im Hintergrund und in schwer zu enträtselnder Vielfalt zeigt sich die Hochgebirgslandschaft Graubündens und der Ostschweiz. Aber zum Glück gibt's da ja noch die von überall her sichtbaren »alten Bekannten«, die Weißkugel zum Beispiel, Ortler und Bernina oder den Tödi und das Finsteraarhorn, womit die Orientierung gerettet und das Vergnügen an der Aussicht garantiert sind.

Wer sich nach der Fluchthorntour die Sache in kritischer Reflexion bei der Konkurrenz, also im SAC-Führer, durchliest, wird überrascht feststellen, daß er statt des zweithöchsten Silvrettagipfels die höchste Erhebung der Samnaun-Gruppe bestiegen haben soll! Die Erklärung dafür ist einfach: In Österreich gelten Fimbertal und Fimberpaß als Ostgrenze der Silvretta, in der Schweiz hingegen Val Tasna und Futschölpaß. Und da beides unter der jeweiligen Blickrichtung logisch erscheint, sollte man dem Fluchthorn das Doppelleben belassen, denn: »Hauptsache, man weiß, wo der Berg steht!« (Karl Lukan)

40 Kuchenspitze

Ostgrat – Südgratplatte

Österreich
Ferwall-Gruppe
3170 m
F(III)/E

Talort St. Anton a. Arlberg, 1286 m.

Stützpunkt Darmstädter H., 2384 m, DAV, im Hint. Kartell (Moostal), einem Seitental des Stanzertals, 4 Std. von St. Anton, bez.

Aufstieg Über O-Grat des (höheren) S-Gipfels. – **Höhenunterschied** 800 m. – **Zeit** 3.30 Std.

Abstieg Über obersten O-Grat, S-Gratplatte, Kl. Kuchen- und Gr. Küchlferner zurück zur Darmstädter H., (Normalweg), 3 Std.

Charakter Der O-Grat gilt als schöne, anspruchsvolle Klettertour mit Stellen im III. Schwierigkeitsgrad, bei Schneelage heikel; die kombinierte Wegführung beim Abstiegs-(Normal-)»weg« (II) ist kompliziert, AV-Führer genau studieren! Beide Routen nur für sichere Kletterer.

Ausrüstung Für die beiden Firnpassagen (Spalten, Eisbruch) müssen Pickel, Steigeisen und Seil mitgenommen werden.

Erstersteiger W. Strauß mit G. Lorenz und J. Ladner, 1884. – Erstbegeher des O-Grats: V. Sohm und K. Huber, 1902.

Führer F. Malcher: AVF Ferwall-Gruppe, Rother, München.

Karten LKS 239, Arlberg, 1:50000. – FB-WK 372 Arlberggebiet – Paznaun – Verwall-Gruppe, 1:50000.

Patteriol-, Kuchen- und Küchelspitze, Saum- und Fatlarspitze und Hoher Riffler, diese dunklen Urgesteinsbastionen des Ost- und Hauptteils der Ferwall-Gruppe zwischen Paznaun und Arlberg, haben etwas Abweisendes. Der helle Kalk der Lechtaler Alpen gegenüber wirkt einladender. Das Ferwall ist daher immer noch ein stilles, in einer Zeit des massenhaften Ansturms auf die Alpen geradezu vereinsamtes Revier für den Bergsteiger. Freilich ist es ein Gebiet, das nach dem Charakter seiner Gipfel und ihrem alpinistischen Anspruch zu den anspruchsvollen Zonen der Bergsteigerei zählt.

Auch auf der Kuchenspitze ist Einsamkeit die Regel, obwohl sie als höchstes Massiv der Gruppe ein für manchen Bergsteiger wichtiges Kriterium erfüllt. Von der »Vergessenheit« der Kuchenspitze zeugen auch bis in die Nachkriegsjahre immer wieder gemeldete Erstbegehungen von Eisanstiegen durch die Nordwand. Die Begehungen dieser Routen, die über steile Firnfelder und enge Eisschläuche fast ohne Felsberührung bis zum Gipfelgrat führen, waren so selten, daß einige dieser vermeintlichen Erstbegeher nichts von ihren Vorgängern wußten, schon gar nicht von den kühnen Ladner und v. Lichtenberg, welche die Wand bereits 1887 bewältigten. Erich Vanis, Steileisexperte und Achttausender-Mann aus Wien, schreibt von der Kuchenspitze-Nordwand als einer »Miniaturausgabe der Grandes-Jorasses-Nordwand«.

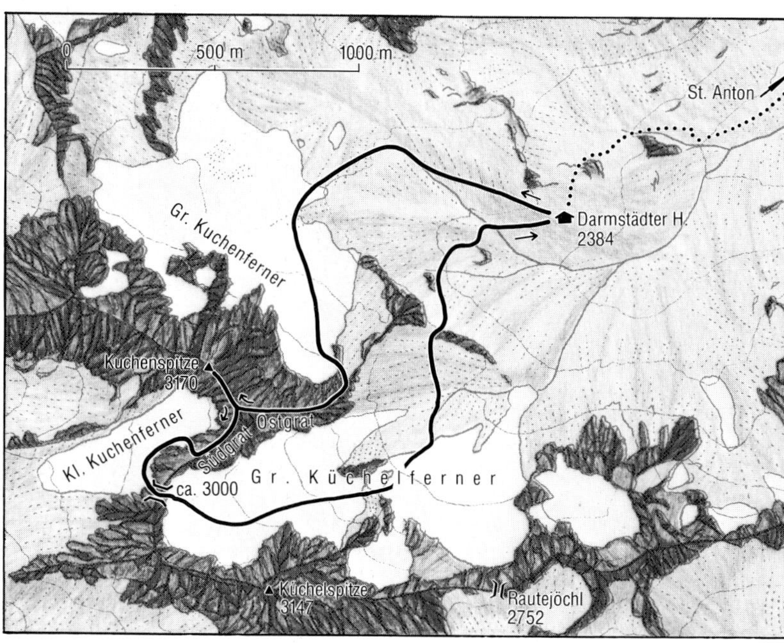

Noch ein letzter Beweis für das Dornröschen-Dasein der Kuchenspitze: 1983 gelang dem Vorarlberger Extremkletterer und Führerautor Wolfgang Muxel mit seinem Seilpartner Lothar Brunner noch eine – echte – Erstbegehung des knapp 500 m hohen nordseitigen Pfeilers zum dritten Gipfel. Diese Route wurde an einer Stelle mit VI- bewertet, die meisten Passagen mit dem Schwierigkeitsgrad IV und III.

Natürlich gibt es weniger schwierige Anstiege auf die Kuchenspitze als durch die Nordwand; andererseits führt auch kein leichter Weg auf die fünfgipfelige Riesenmauer über dem Moostal. Noch der Normalanstieg über den obersten Süd- und Ostgrat wird im Alpenvereinsführer mit dem Schwierigkeitsgrat II bewertet. Die zweifelsfrei schönste Route führt – wenn man Kletterei im III. Grad beherrscht – über den Ostgrat zum Gipfel, wobei man sich an die detaillierte Beschreibung im erwähnten AV-Führer zu halten hat.

Die Kletterei beginnt im südöstlichen Winkel des Großen Kuchenferners.

Die Optik des Teleobjektivs verkürzt die Distanz zwischen Darmstädter Hütte und Kuchenspitze. Genau oberhalb des Steinbaus leitet der Ostgrat zum Gipfel.

Schon bald hat man die Gratschneide erreicht, umgeht den ersten Turm, folgt dann wieder meist der Kante, überwindet eine wandartige Zone zu einem hornartigen Turm hin, den man ebenfalls umgeht; dann folgt eine herrliche Kletterei zum südöstlichen Vorgipfel und am Grat hinüber zum wenig höheren Hauptgipfel. Man schaut von den Gipfelblöcken zum jenseits des Fasultals aufragenden Patteriol, zu den überfirnten Skigipfeln der Silvretta, zur Bernina und – bei klarer Sicht – bis zu Walliser und Berner Eisgipfeln. Der zweite Teil dieser Überschreitung, der Abstieg am Normalweg, bringt noch einmal aufregende Momente und erfordert volle Konzentration. Zunächst steigt man am Ostgrat zurück, bis der Verbindungsgrat zur Küchelspitze abzweigt, den man bis zur tiefsten Scharte verfolgen kann (oder einer leichteren Variante über den kleinen Kuchenferner den Vorzug gibt), dann geht es ostseitig hinab zum Großen Küchlferner und stets ganz rechts weit hinunter bis zum »Ludwig-Dürr-Weg«. Auf ihm promeniert man gemütlich zur Darmstädter Hütte.

Wer an der Kuchenspitze auf den (Ferwall-)Geschmack gekommen ist, findet gleich nördlich der Darmstädter Hütte an den beiden Faselfadspitzen eine weitere Möglichkeit zu einer eindrucksvollen Längsüberschreitung (siehe AV-Führer).

41 Adamello

Auf den Spuren Julius Payers

Italien
Adamello-Gruppe
3539 m
E

Talorte Pinzolo, 780 m, im Valle Rendena, von dort bzw. vom Parkplatz am Eingang ins Val Génova Jeepverkehr bis zum Rif. Bedole, 1641 m. – Borzago, 643 m, im Valle Rendena, Straße/Kleinbusverkehr ins Val di Borzago bis ca. 1300 m.

Stützpunkte Rif. Mandrone, 2480 m, CAI, bei den Mandroneseen, 2–3 Std. vom Rif. Bedole im Talschluß des Val Génova (Rucksacktransport mit Materialseilbahn mögl.). – Rif. Caré Alto, 2580 m, CAI, östl. unter dem Caré Alto, 3.30 Std. aus dem Talschluß des Val di Borzago, 2–2.30 Std. im Abstieg. – Rif. Lobbia Alta 3020 m, CAI, oberh. des Passo della Lobbia alta, 2 Std. bei direktem Weg vom Rif. Mandrone.

Aufstieg/Überschreitung Über die Vedretta del Mandrone zum Pian di Neve und von S auf den Adamellogipfel, meist Trasse, Abstieg zum Pian di Neve und Querung zum Rif. Lobbia Alta; weiter über die Vedretta della Lobbia zum Passo di Cavento, 3198 m, dann über die Vedretta di Lares zum Caré Alto, schließlich Abstieg über den Gletscher zur Sella dei Pozzoni und über di Alpe Niscli zum Rif. Caré Alto. – **Höhenunterschied** 1100 m und 500 m. – **Zeiten** 6–9 Std. für die Überschreitung des Adamello, 6–9 Std. für die Überschreitung des Caré Alto.

Charakter Lange, landschaftlich großartige Überschreitung; leichte Gipfelanstiege, aber weite Strecken über ausgedehnte Gletscherfelder, die bei Nebel unüberwindbare Orientierungsprobleme bereiten können! Nur bei sicherem Wetter aufbrechen bzw. bei Wettersturz rechtzeitig umkehren!

Besonderer Hinweis Für Notfälle stehen am Weg bzw. in der Nähe der Routen einige Biwakschachteln.

Erstersteiger Adamello: J. Payer mit Catturani, 1864. – Caré Alto: S. Taylor und H. F. Montgomery, 1865; J. Payer 1868 vom Passo di Cavento.

Führer H. v. Lichem: Großer Führer Adamello-, Presanella-, Baitone-Gruppe, Rother, München.

Karte TCI D 63, Gruppo Adamello-Presanella, 1: 50 000.

Bild Arktische Eindrücke vermitteln die Gletscher des Adamellomassivs. Um Orientierungsprobleme zu vermeiden, hat man bei einem Wettersturz unbedingt rechtzeitig umzukehren!

Der Name Adamello hat nicht nur phonetisch einen guten Klang, sondern auch in Bergsteigerkreisen einen guten Ruf. Steht er doch für die südlichste Gletscherregion der Ostalpen, für gleißenden Firn unter mediterraner Sonne, für großzügige Hochtouren ohne regelmäßige witterungsbedingte Störungen. Tatsächlich machen dem Besucher hier atlantische Tiefäusläufer weit weniger zu schaffen, als nördlich des Alpenhauptkamms. Allerdings kann der Wind auch einmal von Süden kommen, und dann verwandeln sich die riesigen Eisbecken zwischen Monte Adamello und Caré Alto unter der feuchten Mittelmeerluft des Marino schnell in eine eintönig graue, arktisch anmutende Schneewüste. Julius Payer, der Offizier, Forscher und passionierter Bergsteiger in einer Person war, bekam so 1864 auf seinen Touren in der Adamello-Gruppe bereits einen Vorgeschmack von der echten Arktis, in die er später große Erkundungsfahrten unternahm.

Der Weg von den Mandroneseen zum Mandronegletscher und weiter südwärts über den ausgedehnten Pian di Neve zum Adamellogipfel ist vorgezeichnet, man könnte ihn nur bei Nebel verfehlen. Absteigend läuft man über die gleiche Firnebene zurück, quert dann aber nach Osten zum Lobbiapaß und zur kasernenförmigen CAI-Hütte. Anderntags geht es über den flachen Lobbiagletscher, dann durch den schmalen Caventopaß und am oberen Rand der Vadretta di Lares auf die herrliche Schneeglokke des Caré Alto zu, dessen Gipfelaufbau zuletzt von Nordwesten erstiegen wird.

Auf dem Caré Alto, am südlichsten Zipfel der eisigen Adamellowelt, ist man dem Gardasee (geographisch) näher als den Zentralalpen und sieht die letzten Gebirgsausläufer allmählich im Dunstmeer der Po-Ebene versinken. Nach der Gipfelrast muß man wieder zurück zur Vadretta di Lares und vom Bergschrund weg den Nisclisattel ansteuern, von dem ein deutlicher Steig durch eine faszinierend öde Moränenlandschaft in die zauberhafte Umgebung des Rifugio Caré Alto führt.

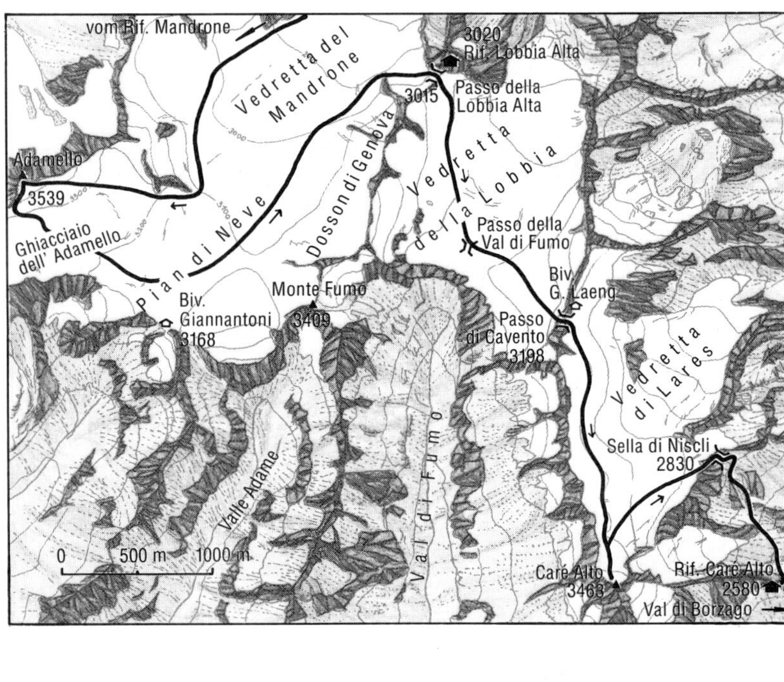

42 Cima Presanella

Zwischen Tonalepaß und Sarcatal

Italien
Adamello-Gruppe
3556 m
E(F)

Talorte Vermiglio-Oizzano, 1260 m, bzw. Stavel (Baita Velon), 1340 m, im Val Vermiglio an der Tonalepaßstraße. – Sant'Antonio di Mavignola, 1122 m, im Valle Rendena, am Eingang ins Valle di Nambrone.

Stützpunkte Rif. F. Denza-Stavel, 2298 m, CAI, unterhalb der Zunge der Vedretta della Presanella, 3 Std. von Stavel über »ex Forte Pozzi alti«, 1884 m. – Rif. Segantini (Amola), 2373 m, CAI, über dem Val d'Amola, 1.45 Std. Abstieg zum Rif. Nambrone, 1353 m, im Valle di Nambrone (Straße nach Sant'Antonio).

Aufstieg Über Vedretta della Presanella zu Passo di Cèrcen, 3022 m, und Sella di Freshfield, 3375 m, dann südl. unter der Cima di Vermiglio über Firn zum Gipfel. – **Höhenunterschied** 1300 m. – **Zeit** 4–5 Std.

Abstieg Über Vedretta di Nardis zur Bocchetta di Monte Nero, 3162 m, und zum Rif. Segantini, 2.30–3 Std.; teilweise steile Firnpassagen (meist Trasse), im Moränenbereich bez. Weg.

Charakter Schönste Überschreitung des höchsten Gipfels der Adamello-Gruppe mit längeren Abschnitten auf spaltenreichen Gletschern sowie leichten Felspassagen.

Besonderer Hinweis Biv. Orobica, 3520 m, knapp unterhalb des Presanellagipfels, nur für Notfälle!

Erstersteiger M. Beachchroft, D.W. Freshfield und J.D. Walker mit F. Devouassoud, 1864.

Führer H. v. Lichem: Großer Führer Adamello-, Presanella-, Baitone-Gruppe, Rother, München.

Karten TCI D 63, Gruppo Adamello-Presanella, 1:50000. – FB-WKS 11, Brenta – Madonna di Campiglio – Presanella, 1:50000.

Alternative Route Zustieg vom bzw. Abstieg zum Rif. Mandrone (s. Tour 41) durch die nördl. Steilflanken hoch über dem Talschluß des Val Genova; langer, teilweise zugewachsener und ausgesetzter Weg, landschaftlich beeindrukkend! Im Abstieg ab Passo di Cèrcen 4–5 Std.!

Bild Eine eindrucksvolle Fels- und Firnflanke bietet die Presanella auf ihrer Nordseite. Rechts im Bild die Cima di Vermiglio, durch deren Rückseite der Normalanstieg zur Presanella verläuft.

Durchs seit einiger Zeit wieder verkehrsberuhigte Val Génova von der großflächigen Adamello-Gruppe getrennt, führt die kleinere, am Punta di Lago Scuro abzweigende Presanella-Gruppe sowohl ein geomorphologisches wie touristisches Eigendasein. Sie ist in sich abgeschlossen, weniger stark vergletschert und vom Charakter her deutlich wilder als der von weiten Firnplateaus geprägte Adamellostock. Zudem wird die Presanella selbst meist nicht aus dem Val Génova, sondern von Norden her aufgesucht, wo ihre gewaltigen, eisdurchsetzten Wandfluchten die alpine Visitenkarte für die gesamte Gruppe bilden.

Trotz ihres eher abweisenden Äußeren ist die Cima Presanella kein besonders anspruchsvoller Berg, weder auf der populären Route vom Rifugio Denza-Stavel im Norden noch auf der weniger bekannten vom neuerrichteten Rifugio Segantini über dem reizvollen Val d'Amola. Sogar das Rifugio Madrone kommt als Stützpunkt in Frage, vor allem für den, der Presanella und Adamello vom selben Matratzenlager aus angehen möchte. Zugegeben, der Weg von den Madroneseen zur Presanella ist weit und wegen des teilweise überwachsenen Pfads bei der großen Querung zum Passo di Cèrcen etwas beschwerlich, aber keineswegs schwierig. Vom Rifugio Denza-Stavel gelangt man über die Seitenmoräne und die obersten Firnwellen des Presanellagletschers in knapp der Hälfte der Zeit hierher, ist also gerade richtig warmgelaufen, wenn die von der anderen Seite schon weiche Knie haben.

In gemeinsamer, meist gut ausgetretener Trasse geht es ostwärts mäßig steil hinauf zum breiten Freshfieldsattel, wo der überraschende Anblick des schöngeformten Presanellagipfels nötigenfalls die letzten Energiereserven mobilisiert. Im übrigen ist der letzte Teil dieser Tour eher anregend als anstrengend: Aus dem Sattel quert man auf dem Nardisgletscher um die vorgelagerte Cima di Vermiglio herum zur feingezogenen Firnkante des Verbindungsgrats und erreicht schließlich in respektvollem Abstand zu den weit in die Nordwand hinausragenden Riesenwächten den leichten Gipfelhang. Oben erwartet den Besucher dann je nach der im Adamellobereich häufig auftretenden

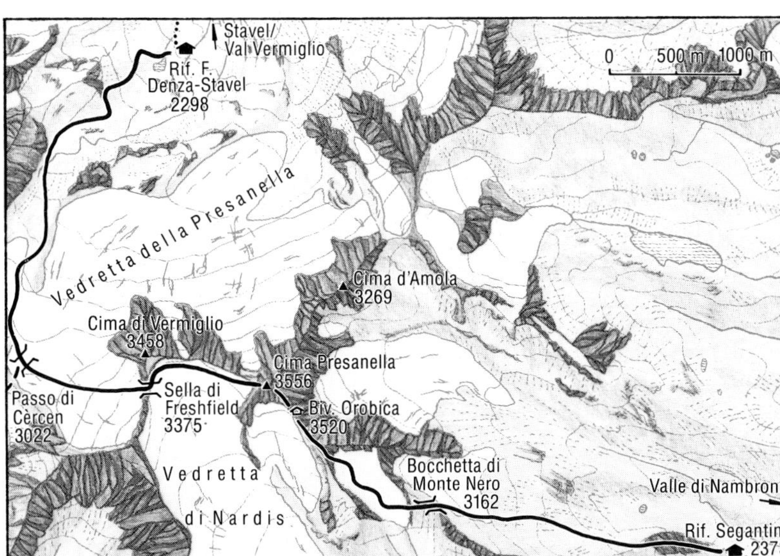

Quellwolkenbildung eine phänomenale Aussicht – oder nur das schlichte Gipfelkreuz.
Wer absteigend eine andere Presanella-Perspektive erleben möchte, muß sich am obersten Nardisgletscher südostwärts gegen den runden Firnrücken des Monte Bianco halten. Der zerschartete Felsgrat zwischen Presanella und Monte Bianco wird nicht betreten, was 80 m Gegenanstieg bedeutet, aber einige heikle Kletterstellen erspart. Danach folgt nochmals ein Firnlappen, ehe man über eine Eisenleiter unter der Bocchetta di Monte Nero endgültig das eisige Terrain zu verlassen scheint. Doch hinter der Scharte macht sich erneut ein Gletscher breit, der kleine Monte Moro Ferner, an dessen Ende ein markanter »Hinkelstein« wartet. Der Rest ist dann ein mehr oder weniger belangloser Moränenpfad, wobei allerdings ein rasantes Gefälle für erhöhtes Abstiegstempo sorgt.
Wer es eilig hat, kann den Schwung bis ins Val d'Amola hinein ausnutzen, ansonsten sollte man das herrlich gelegene Rifugio Segantini ansteuern, das vorbildlich bewirtschaftet ist.

43 Königspitze

Ideale Berggestalt mit Wächtenkrone

Italien
Ortler-Gruppe
3859 m
E/F(I)

Talorte Sulden, 1866 m, Straße/Bus von Spondinig im Vintschgau. – Santa Caterina di Valfurva, 1734 m, Straße/Bus von Bormio.

Stützpunkte Casati-H., 3266 m, CAI, am Langenfernerjoch (Passo del Cevedale), 2–2.30 Std. von der Schaubach-H. (Seilbahn von Sulden) über Eisseepaß. – Rif. L. E. Pizzini, 2706 m, CAI, im hinteren Val di Cedec, 1.30 Std. vom Alb. Ghiacciaio del Forno (Jeepverbindung ab S. Caterina zur Hütte!).

Aufstieg Auf der Normalroute über Unt. Schulter und SO-Rücken. – **Höhenunterschied** 800 m (Casati-H.), 1150 m (Rif. Pizzini). – **Zeiten** 3.30–5 Std. (Casati-H.), 4.30–5.30 Std. (Rif. Pizzini).

Abstieg Wie Aufstieg, 3–4 Std.

Charakter Obwohl ohne technische Schwierigkeiten in den Felspassagen ist diese Hochtour auch bei sehr günstigen Firnverhältnissen eine anspruchsvolle Unternehmung; trifft man im 400 m hohen, bis zu 42° steilen SO-Hang auf Blankeis, muß man die Eistechnik perfekt beherrschen!

Ausrüstungstips Bei schlechten Eisbedingungen ist neben dem Pickel ein Eishammer nützlich; Eisschrauben zum Sichern verwenden!

Erstersteiger St. Steinberger, 1854, über die SW-Flanke (wird stark bezweifelt!). – F. Tuckett, E. N. und H. E. Buxton, mit M. und Fr. Biener, 1864, über den SO-Rücken.

Führer P. Holl: Ortleralpen, Rother, München.

Karten FB-WKS 6, Ortler-Gruppe – Martell – Val di Sole, 1:50000. – Wanderkarte Sulden – Ortler, 1:25000 (in Sulden erhältlich).

Bild Schaustück über dem Talkessel von Sulden ist die Nordwand der Königspitze mit der eleganten – und für Nordwand-Begeher nicht ungefährlichen – »Schaumrolle« am Gipfel. Die beiden Münchner »Bergvagabunden« Hans Ertl und Hans Brehm durchstiegen diese Wand 1930 erstmals in Gipfelfallinie (und umgingen die »Schaumrolle«). Da die Flanke in den letzten Jahren stark ausaperte, stellt die Stein- und Eisschlaggefahr heute ein enormes Risiko dar.

Schlicht im Aufbau, aber kolossal in der Wirkung, das ist die Königspitze – nicht der zweithöchste und auch nicht der unbedingt schönste Berg der Ostalpen, aber ganz sicher eine der renommiertesten und formvollendetsten Erhebungen zwischen Brenner und Bernina. Schaustück über dem Kessel von Sulden ist die zerfurchte Nordwand mit der kapriziös überhängenden »Schaumrolle«. Daneben muß sich aber auch der steile Südosthang, mit dem die Königspitze – vom Eissee her betrachtet – wie eine aufgerichtete Dolchklinge wirkt, nicht verstecken. Die Neigung dieser Flanke wird zwar oft überschätzt – in ängstlicher Erwartung oder heroischer Nachbetrachtung – doch sind die 42° Steigung im oberen Teil nur etwas für trittsichere und absolut routinierte Geher, wobei spätsommerliche Vereisung schnell den vollen Einsatz von Physis und Psyche erfordern kann.

Für die Besucher dieses begehrten, aber selten überlaufenen Berges stehen drei CAI-Hütten zur Auswahl, von denen sich die Casati-Hütte am 3260 m hohen Langenfernerjoch nach Abwägung aller Vor- und Nachteile als bester Stützpunkt empfiehlt. Wer zeitig in Sulden bzw. an der Seilbahnstation aufbricht und am spaltenreichen Suldenferner nicht von der gut getretenen Trasse abkommt, kann vom Eisseepaßweg den leichten, aussichtsreichen Cevedale mitnehmen und dort mit Begeisterung – oder Beklemmung – die gewaltige Pyramide der Königspitze bestaunen. Wem bei diesem Anblick das Selbstvertrauen zu entschwinden droht, dem sei nochmals versichert: Der verfirnte Südosthang wirkt meist steiler, als er

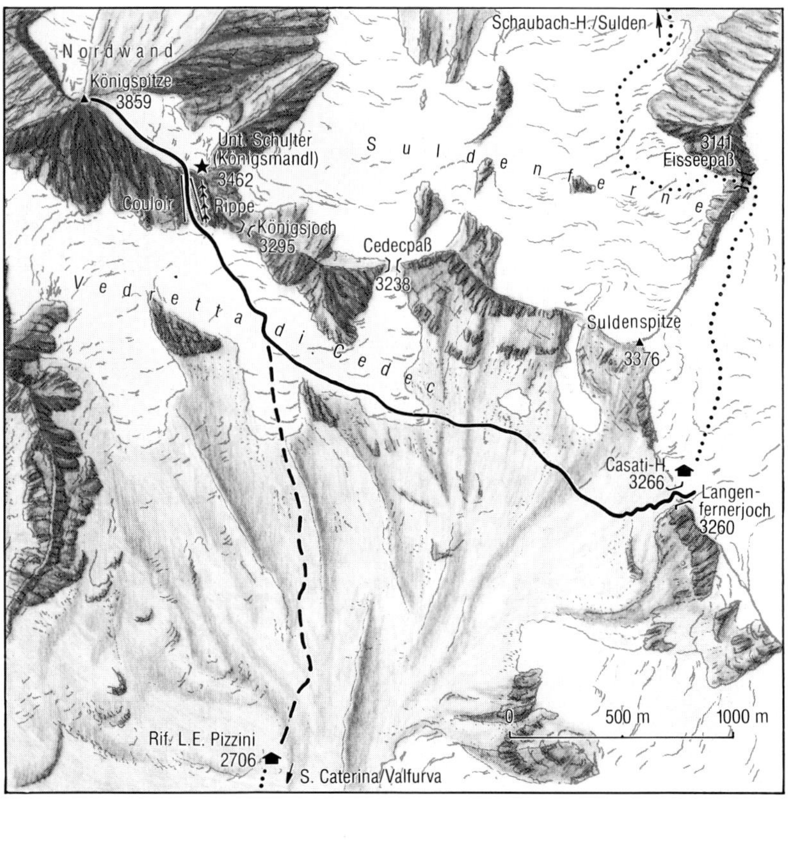

Der gewaltige Südosthang der Königspitze ist die »Schwachstelle« des Berges; allerdings stellt die Neigung der Flanke auch für erfahrene Geher eine Prüfung von Eistechnik und Nerven dar. Die Normalroute erreicht den Hang von Süden kommend an der markanten Unteren Schulter.

in Wahrheit ist; der Hüttenwart in der Casati-Hütte wird es einem bestätigen. Trotzdem ist es ratsam, anderntags zeitig aufzubrechen, denn wenn die riesige Firnflanke erst warm und weich geworden ist, verdoppelt sich die Anstrengung – und die Gefahr!

Von der Casati-Hütte steigt man zunächst 200 Höhenmeter in Richtung Pizzini-Hütte abwärts, bevor rechts undeutliche Pfadspuren unter dem Auswurfkegel des Casati-Mülls und den Schuttflanken von Suldenspitze und Schrottenhorn zum Cedecferner leiten. Man quert den Gletscher schräg aufwärts und gelangt schließlich durch ein breites Schneecouloir zur Unteren Schulter am Beginn jenes 400 m hohen Steilhangs, über den schon 1854 der junge Kapuzinermönch Stefan Steinberger ganz allein die Königspitze erreicht haben soll – selbstverständlich ohne Pickel und Steigeisen. Was bleibt uns mit der heutigen alpintechnischen Spitzenausrüstung anderes übrig, als ebenfalls hinaufzukommen? Ob gerade oder im Zickzack, leichtfüßig oder mit Stufenschlagen, richtet sich ganz nach Kondition, Können und Beschaffenheit der Firnauflage.

Das letzte Stück am obersten Ostgrat ist danach leicht – und gewährt einen faszinierenden Einblick in den neuerlichen Wachstumsprozeß der mächtigen Nordwandwächte. Nicht minder beeindruckend sind die Ausblicke am zerfetzten Gipfelkreuz, man wird diese Bilder so schnell nicht vergessen: behäbig breit der Ortler nebenan, schön und geschwungen das Firndach des Cevedale, imposant die Massenerhebung der Bernina und beruhigend der grüne Vintschgau mit dem blauen Schimmer des Reschensees. Leider setzt der aufweichende Firn dem Gipfelaufenthalt zeitlich Grenzen. Wer sich die 200 Höhenmeter Gegenanstieg zur Casati-Hütte ersparen will, kann von der Unteren Schulter die Route übers Königsjoch wählen, die dann direkt, aber steil und steinschlaggefährdet zum Suldenferner hinunterführt.

44 Ortler

Der weiße Dom über dem Vintschgau

Italien
Ortler-Gruppe
3905 m
E/F

Talort Sulden, 1866 m, Straße/Bus von Spondinig im Vintschgau.

Stützpunkte Tabaretta-H., 2556 m, priv., am Aufstiegsweg von Sulden zur Payer-H., 1.30–2 Std. von Sulden. – J.-Payer-H., 3020 m, CAI, am Tabarettakamm, 3–4 Std. von Sulden (kl. Zeitersparnis bei Auffahrt mit Langer-Stein-Lift zur K2-H., 2330 m).

Aufstieg N-Anstieg über Tschirfeck und Ob. Ortlerplatt. – **Höhenunterschied** knapp 900 m. – **Zeit:** 3–5 Std.

Abstieg Wie Aufstieg, 2 Std.

Charakter Vielbegangener Normalweg in Fels und Firn, der dennoch nichts für Anfänger und Gelegenheitsbergsteiger ist; in den gesicherten (!) Felspassagen brüchiges Gestein, im Gletscherbereich steilere Abschnitte, die erfahrenen Umgang mit Seil, Pickel und Steigeisen erfordern.

Beonderer Hinweis Bei Nebel beträchtliche Orientierungsprobleme zwischen Tschirfeck und Gipfel!

Erstersteiger J. Pichler, J. Leitner und J. Klausner, 1804 (durch die SW-Flanke). – Erstbegeher des Normalwegs: E. v. Mojsisovics, J. Pinggera, V. Reinstadler, 1865.

Führer P. Holl: AVF Ortleralpen, Rother, München.

Karten FB S6, Ortler-Gruppe – Martell – Val di Sole, 1:50000. – TCI D62, Gruppo Ortles – Cevedale, 1:50000. – Wanderkarte Sulden – Ortler, 1:25000 (in Sulden erhältlich; brauchbar).

Alternative Route Hintergrat (OSO-Grat) von der Hintergrat-H., 2661 m; anspruchsvoller als der Normalweg, im Fels einige Stellen im II. Schwierigkeitsgrad (teilweise gesichert), im Firn bis zu ca. 40°, landschaftlich großartig, ein Genuß für konditionsstarke, in Fels und Firn erfahrene Bergsteiger! 5–6 Std. von der Hintergrat-H. (dann Abstieg am Normalweg).

Im Jahre 1774 wurde der Ortler als »höchste Spitze im Land Tyrol« von Peter Anich »entdeckt« und 39 Jahre später nach mehreren Fehlversuchen vom legendären Josef Pichler erstmals bestiegen: über die Hinteren Wandln, ganz ohne jene Hilfsmittel, deren Benutzung dem Bergsteiger in Fels und Firn heutzutage zur obersten Pflicht angemahnt wird. Aber nicht nur im Alpinismus würden die Heldentaten der Vergangenheit zum verantwortungslosen Leichtsinn der Gegenwart ...

Josef Pichler jedenfalls erwarb sich mit dieser »Auftragsarbeit« für den Erzherzog von Österreich unvergänglichen Ruhm, und der ohnehin zeitlose Ortler wurde für die nachfolgenden Bergsteigergenerationen zu einem Klassiker unter den Alpengipfeln. Jahrzehntelang verkörperte er für die – im doppelten Sinn des Wortes – »alpinistische Majorität« den höchsten Ostalpenberg, bis nach der Neueinteilung der Alpenkarte 1919 die alte, nur nach politischen Grenzen gezogene Trennungslinie »östlich der Schweizer Grenze« vollends ihren Sinn verlor.

Seither gilt die geographische Zäsur Bodensee – Vorderrhein – Comersee als alpine Ost-West-Grenze und der Ortler ohne falsche Etiketten und verklärenden Superlativ wieder schlicht als ein von Natur aus fesselnder, faszinierender Hochgebirgsklotz. Seine gewaltige Eiskappe steht publikumswirksam direkt über dem Vintschgau; aber nicht nur im oberen Etschtal ist der Ortler »allgegenwärtig«, auch von Ferne bleibt er unübersehbar – ein Berg, der an Masse und Höhe weitum nicht seinesgleichen hat. Natürlich gibt es in den Alpen höhere und schönere Gipfel, doch nur wenige prägen ihre Umgebung in einem Maß wie dieser weiße Dom zwischen Etsch und Adda. Wer von einer Ortlertour mehr erwartet als nur Höhenmeter und Gipfelkreuz, der sollte möglichst über den Reschenpaß anreisen und die verschiedenen Bilder auf sich wirken lassen, von der »Eisi-

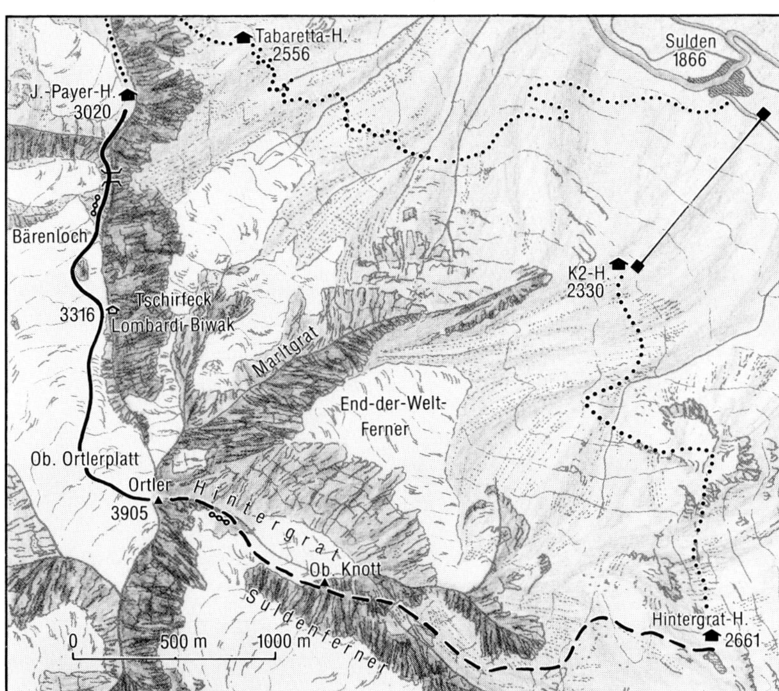

gen Stirn« am Reschensee bis zur wild zerfurchten, steilen Nordwand über dem Kessel von Sulden.
Ob man direkt von Sulden aus startet oder in der rund 1100 m höher gelegenen Payer-Hütte nächtigt, ist eine Frage des Timings und Trainings. Unten in Sulden sind die Betten weicher, oben in der schön gelegenen, leider oft überfüllten Payer-Hütte fällt dafür das Aufstehen leichter. Den Hüttengast erwarten frühmorgens in der Regel zwar die besseren Firnverhältnisse, andererseits aber nicht selten ärgerliche Rückstaus am Tschirfeckwandl.
Bei guter Schneeauflage sollte man unbedingt den in den letzten Jahren wieder in Mode gekommenen alten Ortleranstieg wählen: nämlich von der Payer-Hütte um die Tabarettaspitze herum, auf den Pfadspuren des Hamburger Wegs hinab zur Hohen Eisrinne und unter dieser hindurch

△ Der Ortler mit dem klassischen Anstieg von der Payer-Hütte (am linken Bildrand) zum Tschirfeck (oberhalb der Bildmitte mit Anstiegstrasse) und über das weite Ortlerplatt zum Gipfel. Die heiklen Passagen im Bereich der Hohen Eisrinne sind hier verdeckt.

◁ Der eleganteste der leichteren Ortler-Anstiege führt über Firn und Fels des Hintergrats. Die Seilschaften haben das mühsamste Wegstück bereits hinter sich.

zum 300 m hohen, stark geneigten Firnhang, der direkt oberhalb des Tschirfeckkopfs auf dem Nordgrat des Ortler ausmündet. Der Rest ist dann vergleichsweise einfach: Nach dem ersten kurzen Steilaufschwung steht man schon am Lombardi-Biwak, nach dem zweiten bereits auf dem weiten Ortlerplatt und ½ Stunde später am Gipfelkreuz.

Eine lohnende Alternative zum Normalanstieg und in Verbindung mit diesem eine eindrucksvolle Überschreitungsmöglichkeit stellt der von Ostsüdosten zum Gipfel ziehende Hintergrat dar. Diese Route ist besonders in ihren Firnpassagen an schmaler Gratschneide wesentlich eleganter, in den insgesamt kurzen, felsigen Abschnitten allerdings – trotz Sicherungen – auch schwieriger als der Anstieg von der Payer-Hütte.

Die erste Wegstrecke führt von der Hintergrat-Hütte durch eine Firn- oder brüchige Fels- und Schuttflanke zum Oberen Knott und ist – noch in Halbschlaf und Dämmerlicht – leicht einmal zu verfehlen. Danach aber zeichnet der ausgeprägte und steiler ansteigende Grat den Wegverlauf unfehlbar vor. Beim felsigen Signalkopf klettert man – teilweise drahtseilgesichert – ein Stück in der Südostseite, um wieder direkt über den ausgesetzten Fels- und Firngrat zum geräumigen Gipfel zu gelangen.

45 Weißkugel

Am Scheitelpunkt der Ötztaler Alpen

Italien/Österreich
Ötztaler Alpen
3739 m
E/F(I)

Talorte Kurzras, 2004 m, im hint. Schnalstal, Straße/Bus vom Vintschgau. – Vent, 1896 m, im Venter Tal, Straße/Bus von Sölden bzw. Zwieselstein/Ötztal. – Melag, 1925 m, im hint. Langtaufererertal, Straße/Bus vom Reschenpaß.

Stützpunkte Schöne-Aussicht-H., 2842 m, priv., südl. des Hochjochs, 2.15 Std. von Kurzras oder 4–5 Std. von Vent über das Hochjoch-Hospiz, 2412 m, DAV, bez.; evtl. mit der Gletscherbahn zur Grawand, 3212 m, von dort 0.45 Std. über den obersten Hochjochferner (Skiabfahrt, aber Spalten). – Weißkugel-H., 2542 m, CAI, nördl. über der Zunge des Langtauferer Ferners, 2.30 Std. von Melag, bez.

Aufstieg Von der Schöne-Aussicht-H. über Teufelsegg-S-Flanke – Steinschlagjoch – Hintereisjoch – S-Grat. – **Höhenunterschied** 1050 m. – **Zeit** 4 Std.

Abstieg Über S-Grat – Hintereisferner – Weißkugeljoch (3362 m) – Langtauferer Ferner zur Weißkugel-H., 3 Std.

Charakter Unschwieriger, langer Schutt- und Gletscheranstieg auf meist gespurter Trasse, bei Vereisung heikle Felspassagen am Schlußgrat; langer Gletscherweg von oder zur Weißkugel-H. kompliziert und erheblich spaltengefährdeter!

Erstersteiger J.A. Specht mit J. Raffeiner und N. oder L. Klotz, 1861.

Führer H. Klier: AVF Ötztaler Alpen, Rother, München.

Karte AV 30/2, Weißkugel, 1:25 000.

Alternative Routen N-Grat, ein begehrter Eisgrat, bei Ausaperung in den Felspassagen bis III, 4–6 Std., von Weißkugel-H. oder Brandenburger Hs., 3272 m, DAV.

Bild Als feine Pyramide beherrscht die Weißkugel die mächtigen Zungen des Langtauferer Ferners. Das Bild, aufgenommen am Rand des Gepatschferners, zeigt die Weißkugel von Nordnordost. Über den Langtauferer Ferner führt (links, außerhalb des Bildes) eine der zahlreichen langen Routen zum zweithöchsten Gipfel der Ötztaler Alpen. Links das Weißkugeljoch, rechts die beiden Bärenbartkogel.

Obwohl ihr zur Wildspitze 30 m fehlen, gilt die Weißkugel bei vielen Alpinisten als heimlicher Hauptgipfel der Ötztaler Alpen, und das nicht allein wegen der zentralen Lage dieses Berges im Schnittpunkt von Hauptkamm, Weißkamm und Salurnkamm. Diese aus vier Eisbecken aufsteigende, ihre Umgebung weit überragende Weißkugel zeigt im Aufbau und im Profil gegenüber der Wildspitze einfach mehr Geschlossenheit und mehr Eleganz, zudem ist sie nicht so überlaufen, denn selbst die Normalroute stellt – zumindest am Schluß – beträchtliche Anforderungen. So gesehen ist also die Weißkugel, deren Name sich übrigens von Kogel ableitet, der »perfekte Berg« der Ötztaler Alpen und darüber hinaus für den passionierten Hochtouristen zweifellos das lohnendste Ziel zwischen Reschenpaß und Brenner.
Der Anstiegsmöglichkeiten sind viele, und auf jeder Route bekommt man ein anderes Gesicht des Berges zu sehen: einen steilen Kegel von Norden, einen weißen Kogel von Süden und eine breite Firnburg von Osten. Die meisten Besucher kommen heutzutage vom Südtiroler Berggasthaus Schöne Aussicht, aber nicht der schönen Aussicht, sondern der Bequemlichkeit wegen. Nachmittags knapp 2 Stunden von Kurzras zur Hütte – oder gar noch kürzer mit Seilbahn-»Hilfe« – und morgens zwei weitere auf markierten Pfaden über Teufelsegg und Steinschlagjoch zum Einstieg am Hintereisjoch, dafür lohnt es sich, unter Umständen eine Nacht auf dem harten Boden des Gastraums in Kauf zu nehmen. Wer hingegen weiche Schlaflager und harte Gletscher schätzt, kann im Falle der Weißkugel vom betagten Hochjochhospiz im hintersten Winkel des Venter Tals starten und sich den trotz Abschmelzung immer noch fast 10 km (!) langen Hintereisferner vornehmen. Der ist bis weit hinauf eisig und spröde, erst ab 2800 m bekommt man richtigen Firn, aber leider auch hie und da eine verdeckte Spalte unter die Sohlen. Bei morgendlicher Kühle kann der weite Gletscheranmarsch durchaus erfrischend sein, Mittagshitze jedoch macht daraus schnell eine Tour der

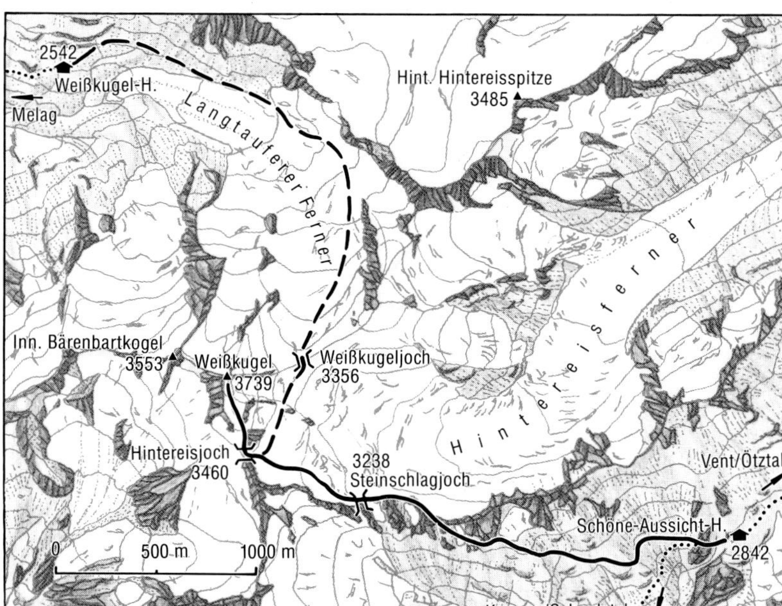

Leiden. Kurz unterm Hintereisjoch treffen die beiden Routen zusammen, und eventuell trifft hier auch der Frühaufsteher vom Hochjochhospiz den Nachzügler von der Schönen Aussicht.
Aus dem Hintereisjoch geht es nach Überschreiten der zuweilen tückischen Randspalte über einen steilen Firnhang zum Südgrat. Dort wird es nach langem Anmarsch zum Schluß noch alpin, denn kurz vor dem Gipfel gibt der zuvor verwächtete Grat zwei exponierte Felshöcker frei, die bei guten Verhältnissen eine anregende Klettereinlage, bei Vereisung aber eine aufregende Zittereinlage bieten können.
Wie man diese Schlüsselpassage auch immer bewältigt, reduziert sich spätestens am Gipfelkreuz zur untergeordneten Stilfrage – hier nämlich wird dem Besucher eine Aussicht geboten, wie sie an Quantität und Qualität in ganz Nordtirol nicht ihresgleichen hat. An klaren Tagen ist zwischen Monte Rosa und Großglockner alles zu sehen, was Rang und Namen hat; wer auf der Weißkugel das richtige Wetter erwischt und nicht mit der Blindheit des reinen Leistungsalpinismus geschlagen ist, erlebt jedenfalls eine Sternstunde seiner Bergsteigerlaufbahn.
Wessen Erlebnishunger dennoch nicht gestillt ist, kann beim Rückweg ab Hintereisjoch seitenlang im AV-Führer nach einer passenden Abstiegsvariante blättern. Die Auswahl ist groß: Neben beiden erwähnten Anstiegsrouten gibt es die Möglichkeit, via Weißkugeljoch und Langtauferferner die neuerdings wieder bewirtschaftete Weißkugel-Hütte anzusteuern oder rechts abbiegend auf gesichertem Steig durch die Vernaglwand und über den riesigen Gepatschferner das Brandenburger Haus aufzusuchen. Wer hingegen die Einsamkeit über alles stellt, findet sicher am selten benutzten Weg über Matscherferner und Höllerscharte zur unbewirtschafteten Höller-Hütte genau das Richtige!

46 Wildspitze

Ötztaler Urkund – Normalweg

Österreich
Ötztaler Alpen
3770 m
E/F(II)

Talort Vent, 1896 m, im Venter Tal, Straße/Bus von Sölden bzw. Zwieselstein/Ötztal.

Stützpunkt Breslauer H., 2840 m, DAV, am Fuß des Ötztaler Urkund, 3 Std. von Vent oder 1.30 Std. von der Sesselbahnstation »Auf Stablein«, 2356 m, bez.

Aufstieg Über Urkundkolm, 3140 m, Ötztaler Urkund, 3556 m, und die SO-Flanke. – **Höhenunterschied** 950 m. – **Zeit** 3–4 Std.

Abstieg Über den Normalweg (Spur) über SW-Kamm – NW-Flanke – Mitterkarjoch – Mitterkarferner zur Breslauer H., 2 Std.

Charakter Aufstiegsroute anspruchsvolle, kombinierte Tour abseits der alpinen Karawanen, im Firn bis zu 45°, im Fels Stellen im II. Schwierigkeitsgrad; Abstiegsweg problemlos, aber »hohes Verkehrsaufkommen«!

Ausrüstungstip Seil, Pickel und Steigeisen unbedingt notwendig!

Besonderer Hinweis Vom Mitterkarjoch führen drei weitere Normalwege über lange Gletscherstrecken zur Vernagt-H., zum Taschach-Hs. und zur Braunschweiger H.

Erstersteiger J.A. Specht mit N., L. und H. Klotz, 1857.

Führer H. Klier: AVF Ötztaler Alpen, Rother, München.

Karten AV 30/6, Wildspitze. – AV 30/2, Weißkugel, 1:25000.

Alternative Routen S-Wandrinne, reine Firnflanke, bis 45° (bis P. 3686, anschließend SW-Kamm), 3 Std. von der Breslauer H. – NW-Grat zum N-Gipfel, kurzer Firngrat vom obersten Taschachferner, 4.30 Std. ab Braunschweiger H. – Wildspitze-N-Wand, 50° steile Eisflanke, 250 m hoch, für erfahrene Eisgeher, insges. 4–6 Std. von der Braunschweiger H.

Bild Das Eis des Taschachferners prägt die Nordansicht der Ötztaler Wildspitze; die Bruchzonen erfordern beim Anstieg von dieser Seite weite Umwege. Über der im Schatten liegenden Nordwand stellt der Nordgipfel den nur als kleinen Punkt erkennbaren felsigen Südgipfel in jeder Hinsicht in den Hintergrund.

Auch ohne den Superlativ »höchster Berg Österreichs«, der unzweifelhaft zum Großglockner gehört, ist der Doppelgipfel der Wildspitze an schönen Sommertagen meist restlos ausgebucht. Wer die märchenhaft über alle Ötztaler Eis- und Granitkämme hinausragende Berggestalt von fernher gesehen hat, der »muß« ganz einfach hinauf, allem Gerede vom Allerweltsberg oder »Modegipfel« zum Trotz.

Glücklicherweise wird einem dieses Vorhaben leicht gemacht: Aus allen vier Himmelsrichtungen läßt sich der höchste Berg der Ötztaler Alpen besteigen, jeweils von einer anderen Alpenvereinshütte. Mit Ausnahme eines Wegs führen alle über Eis und laufen im obersten Gletscherbecken des Taschachferners bzw. an der Firnschulter P.3686 zusammen, von wo man in wenigen Minuten am leichten Schneegrat den Südgipfel erreicht.

Am kürzesten und einfachsten ist der Aufstieg von der Breslauer Hütte über den Mitterkarferner und das Mitterkarjoch, dessen Randspalte schon so manchen das Fürchten gelehrt hat. Der bequemste Weg hingegen ist der von der Braunschweiger Hütte, ein reiner Gletscherweg, lang, mit wenig Steigung, aber großartiger Steigerung der landschaftlichen Eindrücke. Den weitesten Anmarsch dagegen haben die Gäste der Vernagt-Hütte zu bewältigen. Sie müssen den Großen Vernagtferner in seiner ganzen Ausdehnung überqueren, ehe sie hinter dem Brochkogeljoch auf dem oberen Taschachferner Anschluß an die Normalrouten von Breslauer und Braunschweiger Hütte finden. Nicht ganz so weit, aber ungleich dramatischer ist der Anstieg vom Taschach-Haus,

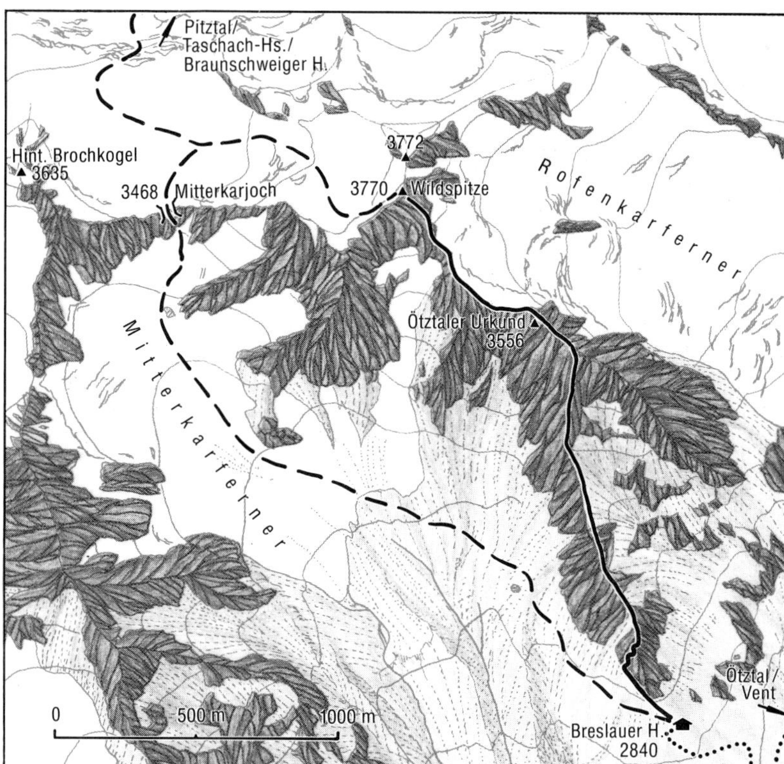

der immer dicht am zerrissenen Taschacheisstrom, erst auf der rechten, dann der linken Seite, gegen das Mittelbergjoch emporführt.
Wer nun an diesen vier verhältnismäßig leichten »Eiswegen« die klettertechnische Substanz vermißt, sei auf den »Außenseiterweg« über den Ötztaler Urkund verwiesen. Dabei geht es gleich von der Breslauer Hütte weg im Fels zur Sache: Der schöne, mäßig schwierige Grat wird nur am Urkundsattel kurz vom Firn – und einem manchmal heiklen Schrund – unterbrochen, ansonsten erreicht man felstrockenen Fußes direkt den Südgipfel der Wildspitze.
Wem es dort zu eng wird, kann am Verbindungsgrat zum verfirnten Nordgipfel ausweichen, wo man, je nach Schneelage, vielleicht noch 1 m höher steht. Die Aussicht ist jedoch in beiden Fällen gleich; und wer sich nicht nur für die Ötztaler Alpen selbst interessiert, der hat bei klarem Wetter eine Menge Gipfel bis weit in die Westalpen zu identifizieren.

47 Wazespitze

Der Eisweg auf den höchsten Gipfel des Kaunergrats

Österreich
Ötztaler Alpen
3533 m
E/F(II)

Talort Planggeroß, 1617 m, im Pitztal, Straße/Bus von Imst.

Stützpunkt Kaunergrat-H., 2817 m, ÖAV, über dem Talschluß des Planggeroßtals, 3.30 Std. von Planggeroß, bez.

Aufstieg Über Planggeroßferner und S-Grat. – **Höhenunterschied** 750 m. – **Zeit** 3–4 Std.

Abstieg Wie Aufstieg, 2–3 Std.

Charakter Reine Eistour über den zerrissenen Hängegletscher, dazu ab 3380 m mäßig schwierige Gratkletterei im II. Schwierigkeitsgrad; sicheres Orientierungsvermögen wichtig, Eiserfahrung nötig!

Besonderer Hinweis Erfahrene Kletterer steigen über den O-Grat (kurze Stellen III, meist II, 4 Std.) – siehe Pause: Klettern, Band 2 – Im schweren Fels.

Erstersteiger A. Ennemoser, 1869.

Führer H. Klier: AVF Ötztaler Alpen, Rother, München.

Karte AV 30/3, Kaunergrat–Geigenkamm, 1:25000.

Bild Die Wazespitze mit dem Hängegletscher des Planggeroßferners, über den der anspruchsvolle »Eisweg« führt. Unter dem Gipfel der Ostgrat.

Die Wazespitze im langen Kaunergrat zwischen Pitz- und Kaunertal nimmt unter den hohen Ötztaler Gipfeln zweifellos eine Sonderstellung ein: Zwar in eine Gipfelkette eingegliedert, aber doch – für den Betrachter aus dem gegenüberliegenden Geigenkamm beispielsweise – völlig isoliert, ragt diese Granitgneisbastion auf. Lassen schon die Felsflanken nur anspruchsvolle Anstiege vermuten, so legt sich dem Bergsteiger in der anscheinend weniger steilen Südostflanke ein von Séraczonen durchbrochener Hängegletscher in den Weg.

J.J. Weilenmann, einer der wenigen Pioniere, die auch gut zu schreiben verstanden, hatte schon 1862 versucht, die Wazespitze zu besteigen, mußte sein Unternehmen aber am Grat abbrechen. Ende September 1869 entsandte dann Kurat Franz Senn den Lois Ennemoser auf »Rekognoszierung«. Dieser Ennemoser rückte dem Berg an seiner abweisendsten Stelle zu Leibe, erkundete den über Stufen abbrechenden Gletscher, sprang über Spalten, schwindelte sich durch Eisbrüche, erreichte die Gipfelfelsen und kletterte auch prompt bis zum höchsten Punkt. Der berühmte Franz Senn verzieh dem Alleingänger als Erstersteiger sein »voreiliges« Handeln. Da damals zwischen Erstersteigung und erster Ersteigung durch einen Touristen feine, aber wichtige Unterschiede gemacht wurden, führte Ennemoser im Jahr darauf ebenfalls über den Eisweg Moritz von Statzer und Gabriel Spechtenhauser auf den Gipfel. Damit war der Eisweg noch keine Modetour, und er ist's bis heute nicht!

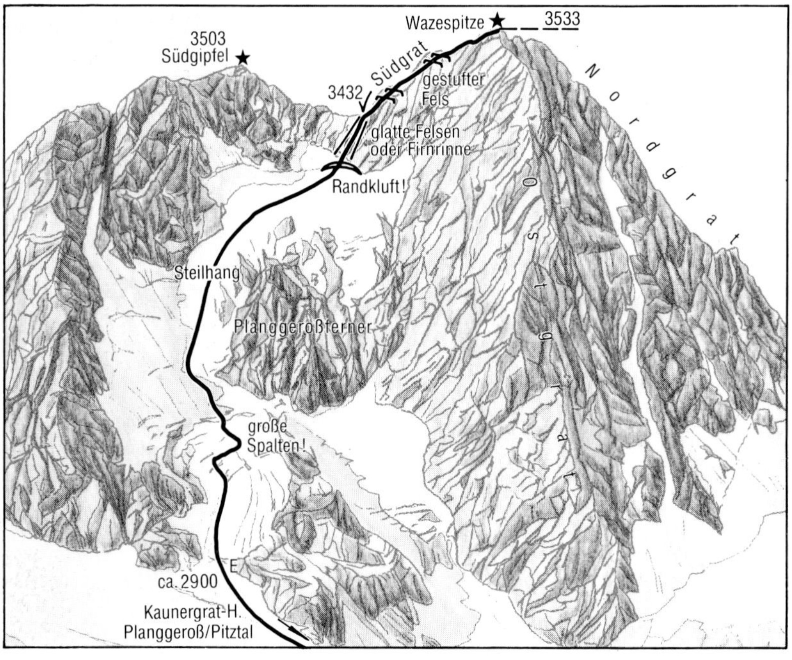

Wer diese wilde kombinierte Tour auf sein Programm gesetzt hat, quert von der Kaunergrat-Hütte zu den untersten Firnresten des Planggeroßferners hinüber bis zum Fuß des wuchtigen Felssporns, der vom Südgipfel herunterkommt. Von links, nicht zu nahe an den Felsen, steigt man in einem S-förmigen Bogen hinauf, stets aufmerksam die ideale Route zwischen den Spalten suchend. Über einen weiteren Steilhang und einen schmalen Durchschlupf links des oberen Abbruchs gelangt man in den darüber gelegenen Gletscherboden. Dort kann sich die Randkluft unterhalb der Scharte zwischen den beiden Gipfeln als eines der Haupthindernisse entpuppen. Jenseits geht es über glatte Felsen (im Frühsommer Firn) zur erwähnten Scharte und über den Südgrat in leichter Kletterei zum Gipfel.

Diese Wazespitze-Ersteigung ist keine ausnehmend elegante Tour, eher eine heikle Rauferei mit tückischen Spalten, breiten Schrunden, steilen Eishängen und Firnbrei – je nach Verhältnissen! Der herrliche Gipfel allein hält, was er aus der Ferne verspricht.

48 Schrankogel

Dunkle Felspyramide überm Sulztal

Österreich
Stubaier Alpen
3496 m
F(I)/E

Talort Gries im Sulztal, 1572 m, Straße/Bus von Längenfeld im Ötztal.

Stützpunkt Amberger H., 2135 m, DAV, an den Schmelzwassern von Sulztal- und Schwarzenbergferner, 2 Std. von Gries über die Sulztal-A.

Aufstieg übers Hohe Egg und den oberen W-Grat. – **Höhenunterschied** Knapp 1400 m. – **Zeit** 4–5 Std.

Abstieg Über O-Grat und nördl. (rechte) Seitenmoräne des Schwarzenbergferners zurück zur Amberger H., 3 Std.

Charakter Der vielbegangene, bez. Aufstiegsweg ist ein reiner Schutt- und Felssteig, im obersten Abschnitt manchmal verschneit; Abstieg heikler, Firn- und Blockgrat.

Ausrüstungstip Auch wer für Auf- und Abstieg den leichten W-Grat wählt, sollte Pickel und leichte Steigeisen für die letzten Meter mitnehmen.

Erstersteiger Harpasser, 1824, oder Pfarrer Schöpf aus Gries, 1840.

Führer H. Klier: AVF Stubaier Alpen, Rother, München.

Karte AV 31/1, Hochstubai, 1:25000.

Alternative Routen Vom O-Grat kann man über den Schwarzenbergferner, die etwas heikle Wildgratscharte und den Alpeiner Ferner zur Franz-Senn-H. (2147 m) im Oberbergtal absteigen (Gletschertour, 3–4 Std.).

Bild Der Schrankogel, von der Wildgratscharte gesehen. Vorne der ins Sulztal abfließende Schwarzenbergferner, links der Ostgrat, der die schönste An- bzw. Abstiegsroute trägt.

An Höhe übertrifft ihn unter den Stubaier Bergen zwar noch das Zuckerhütl, ansonsten aber ist der Schrankogel wegen seiner beachtlichen Masse und seinen kühnen Linien die imposanteste Erhebung zwischen Ötztal und Brenner. Ob mit seinem 1500 m-Absturz ins Griestal, den elegant geschwungenen Graten oder dem weithin sichtbaren Firnschild überm Alpeiner Ferner – von allen Seiten macht der Schrankogel eine gute Figur!

Zwei leichte Anstiegsrouten führen auf den aussichtsreichen Gipfel, wobei diejenige aus dem Sulztal durch die Südflanke schon 1840 den einheimischen Erstersteiger (Pfarrer Schöpf) ans begehrte Ziel gebracht hat. Seither ist der Schrankogel als »eisfreier Dreitausender« populär geworden, was jedoch nicht heißen soll, daß seine Besteigung ein Spaziergang wäre. Die 1400 Höhenmeter von der Amberger Hütte erfordern einen langen Atem, und der obere Teil des Westgrats erheischt zumindest Trittsicherheit, bei Vereisung oder Neuschnee noch einiges mehr. Kaum schwieriger als der Anstieg von Süden ist der schöne Ostgrat vom Schwarzenbergferner, so daß sich eine Überschreitung des Bergs geradezu anbietet. Für beide Routen ist die Amberger Hütte der beste Stützpunkt. Wer hingegen von der Franz-Senn-Hütte kommt, muß das lange Alpeiner Tal hinauf, den gleichnamigen Gletscher traviersieren, durch die Wildkarscharte und – wenn er sich von der Überraschung des atemberaubenden Schrankogelanblicks erholt hat – über den Schwarzbergferner zum Einstieg am Ostgrat!

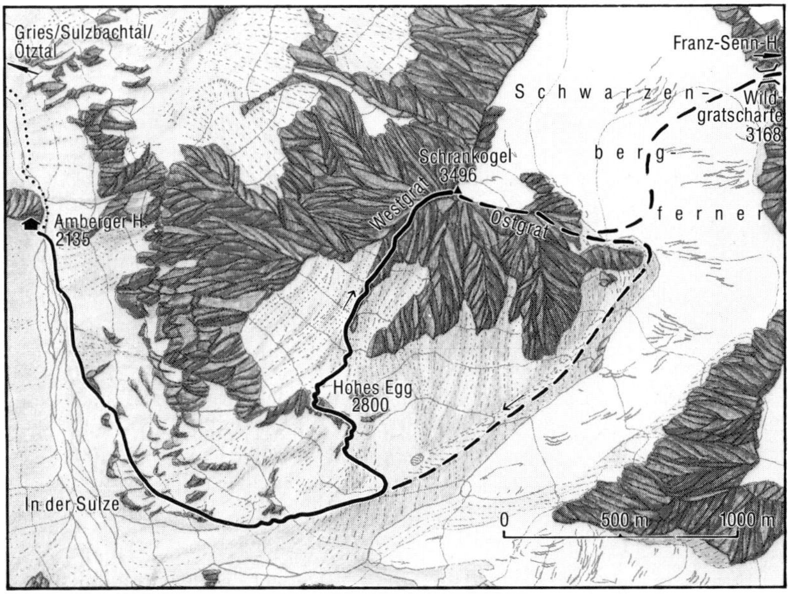

Ab Amberger Hütte sind es bis hierher gut 2 Stunden weniger, allerdings ist der vom Sulzbach heraufziehende Moränenweg vergleichsweise monoton. Dafür entschädigt jedoch der von ferne so schnittig wirkende Ostgrat, der zuerst als leicht begehbarer Felskamm, dann als prächtige Firnschneide in gerader Linie zum kreuzgeschmückten Kulminationspunkt führt. Je kürzer der Aufstieg, desto länger die Gipfelrast, das gilt besonders für den Schrankogel, der bei klarem Wetter eine tief gestaffelte Ostalpenlandschaft in eindrucksvollen Bildern zeigt.

Sind die Verhältnisse am Westgrat heikel, kehrt man am besten wieder über den Ostgrat zurück. Bei trockenem Fels aber bietet der Westgrat in seinem oberen Teil, der sogenannten Franzenschneid, kurzweilige leichte Kletterei, die leider allzu früh schon am P.3260 endet.Von dort geht es in zahlreichen Kehren durch Blockwerk, Schutt und Schrofen der Südflanke hinab zum Sulzbach und zur nahen Amberger Hütte.

49 Habicht

Zwischen Gschnitz- und Stubaital

Österreich
Stubaier Alpen
3277 m
F(I)/E

Talorte Gschnitz, 1242 m, im gleichnamigen Seitental des Wipptals (zum Brenner), Straße/Bus von Steinach a. Brenner. – Needer, 964 m, im Stubaital (von hier evtl. mit Jeep zur Pinnis-A.).

Stützpunkt Innsbrucker H., 2369 m, ÖAV, am Pinnisjoch, 3 Std. von Gschnitz, bez.

Aufstieg Über SO-Flanke, Habichtferner und NO-Grat. – **Höhenunterschied** 900 m. – **Zeit** 3 Std.

Abstieg Wie Aufstieg, 1.30 Std.

Charakter Leichte, teilweise ausgesetzte Schutt- und Blockkletterei mit Drahtseilsicherungen, kurzer Abschnitt auf Firnfeld.

Ausrüstungstip Trotz kurzer, nicht allzu steiler Firnpassage über den spaltenlosen Habichtferner sollten Pikkel und zumindest Grödeln mitgenommen werden.

Besondere Hinweise Aufgrund seiner herausragenden Stellung ist der Habicht sehr blitzschlaggefährdet. – Auf dem Habichtferner keineswegs abrutschen, er bricht plötzlich ins Pinnistal ab!

Erstersteiger Erste touristische Besteigung (wahrscheinlich auf diesem Normalweg) durch P. C. Thurwieser und Krösbacher, 1836.

Führer H. Klier: AVF Stubaier Alpen, Rother, München.

Karte FB-WK 241, Innsbruck – Stubai – Sellrain – Brenner, 1 : 50 000.

Dem strengen Kritiker dieser Gipfelsammlung mögen Zweifel kommen, ob denn der Habicht wirklich zu den »klassischen« Alpengipfeln gerechnet werden kann. Mag er in den Stubaier Bergen auch nicht zu den allerhöchsten Erhebungen zählen, ein ordentlicher Dreitausender ist er allemal, und seine vom Hauptkamm abgesetzte Position sowie seine imponierende Gestalt verleihen ihm unbestritten eine besondere Ausstrahlung. Wer von Innsbruck auf der Brenner-Autobahn über die Europabrücke fährt, bewundert erst die imponierende Serles und gleich danach den wuchtigen Gipfelstock des Habicht mit den weiß eingesprengten Firnfeldern des kleinen Habicht- und des größeren Mischbachferners.

Eine Sonderstellung nimmt der Habicht unter den hohen Stubaier Bergen hinsichtlich deren alpinistischer Erschließung ein: Er gilt als ihr erster »touristisch« erstiegener Berg. Peter Carl Thurwieser, bergbegeisterter Theologieprofessor aus Salzburg, und sein Führer Krösbacher vollbrachten 1836 die Pioniertat.

Die Besteigung des Habichtgipfels ist für trittsichere Geher mit kompletter Ausrüstung auf dem Normalweg und bei gutem Wetter kein Problem. Auch die konditionelle Belastung hält sich in Grenzen, da mit der Innsbrucker Hütte am Pinnisjoch ein guter Stützpunkt zur Verfügung steht und sich die rund 2000 m Höhenunterschied zwischen dem noch mit intimen Reizen lockenden Gschnitztal und dem Gipfel in zwei angenehme Etappen teilen lassen.

Von der Hütte führt ein Steiglein über einige vorgelagerte Felsrippen an den Ostgrat des Habicht heran, den man in vielen kleinen Kehren und teilweise an Drahtseilen bis zur Schulter des felsigen Gipfelklotzes verfolgt. Hier betritt man ein kleines Firnfeld, das am oberen Rand gefahrlos zu queren ist. Leichte Kletterei führt dann in wenigen Minuten zum Gipfel, der – an Wochenenden in besonderem Maß – nicht umsonst ein von vielen Bergsteigern besuchtes Ziel ist: Die Aussicht ist bedeutend! Nicht nur, daß sich das nähere Gefüge der Stubaier Alpen auf die interessanteste Weise aufblättert, auch der Tuxer Kamm in den Zillertaler Alpen gewährt interessante Einblicke.

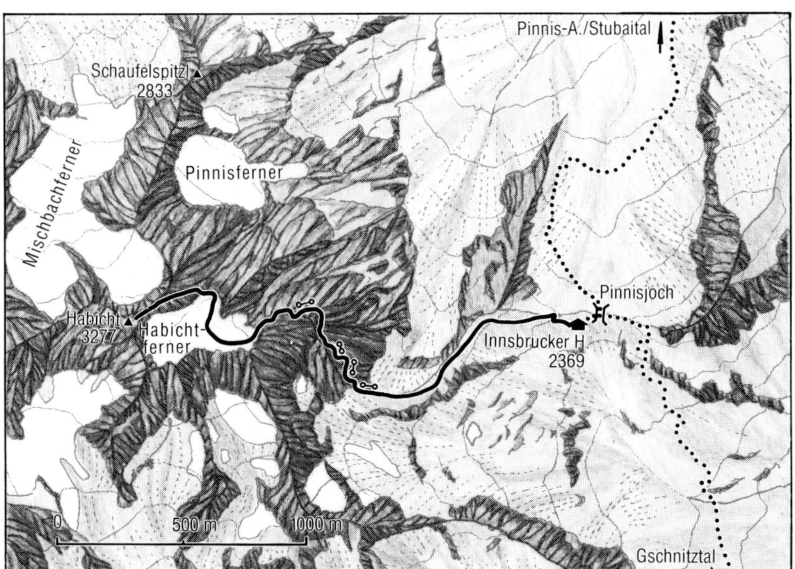

Bild Die Südwestflanke des Habicht über dem Gschnitztal ist zwar nicht die Schauseite des Berges, aber mit Hilfe dieser Ansicht läßt sich grob der Verlauf des Normalwegs von der Innsbrucker Hütte (rechts am Bildrand) zum Gipfel verfolgen.

50 Zuckerhütl

Auf den höchsten Stubaier Eisgipfel

Österreich
Stubaier Alpen
3505 m
E/F(I)

Talort Ranalt, 1304 m, im Unterbergtal (Verlängerung des Stubaitals), Straße/Bus von Neustift.

Stützpunkt Sulzenau-H., 2191 m, am Abfluß des Sulzenauferners, 1.45 Std. von der Grawa-A., 1530 m, an der Straße zur Stubaier Gletscherbahn, 4 km von Ranalt.

Aufstieg Über Sulzenauferner, Pfaffensattel (3332 m) und O-Grat. – **Höhenunterschied** 1300 m. – **Zeit** 5 Std.

Abstieg Wie Aufstieg, 2–3 Std.; s. auch alternative Routen.

Charakter Leichte, doch keineswegs harmlose Gletschertour, die je nach Firnverhältnissen auf den letzten 200 Höhenmetern am Gipfelaufschwung noch alpinistisch anspruchsvoll werden kann; bei Vereisung benutze man den Schuttkamm dicht links des Eisgrats (unschwierig).

Ausrüstung Pickel, Steigeisen und Seilsicherung unerläßlich!

Besonderer Hinweis Im Falle eines Wettersturzes empfiehlt sich die auf Südtiroler Gebiet 3143 m hoch stehende Müller-H. des CAI, die man von der Sulzenau-H. in 4 Std. bzw. vom Zuckerhütl über den Wilden Pfaff (drahtseilgesichert, I) in 2 Std. erreicht.

Erstersteiger A. Specht und A. Tanzer, 1862.

Führer H. Klier: AVF Stubaier Alpen, Rother, München.

Karte AV 31/1, Hochstubai, 1:25000.

Alternative Routen »Fußkranke« pflegen das Zuckerhütl heute mit der Seilbahn anzugehen (von der Station Dresdner-H. oder Eisgrat muß man 4–5 Std. rechnen); viel anspruchsvoller ist – seit der Öffnung der Müller-H. selten an einem Tag gemacht – die große Überschreitung Wilder Freiger (3418 m) – Wilder Pfaff – Zuckerhütl, eine klassische, lange Firntour, 10 Std. von der Nürnberger zur Sulzenau- oder Dresdner H., technisch leicht (im Fels unschwierig).

Bild Seinem Namen gerecht wird das Zuckerhütl zweifellos, wenn man seinen Gipfelaufbau betrachtet. Der steile Schlußhang kann nur bei schlechten Verhältnissen Probleme bringen.

Umringt von seinen »Pfaffen« steht das Zuckerhütl als höchster Gipfel ganz im geographischen Knotenpunkt dieser Gebirgsgruppe. Drei Talschaften, vier Gletscher und drei Bergkämme streben von hier sternförmig auseinander, und das halbe Dutzend Alpenvereinshütten in seinem Bannkreis unterstreicht die besondere Stellung des Zuckerhütls. Allerdings sind es seit einiger Zeit nicht mehr die Alpinisten und Wanderer allein, die der Attraktivität des Berges erliegen, auch die Stubaier Sommerskigäste fühlen sich im doppelten Sinne des Wortes »heraufgezogen« in diese eisige Hochgebirgslandschaft.
Wer sich morgens zeitig vor der Kasse der Stubaier Gletscherbahn anstellt, kann die Tour bequem an einem Tag »erledigen«. Dabei sollte man jedoch bedenken, daß sich das aus dem Stubaital so winzig wirkende Hütl bei näherer Bekanntschaft, spätestens am Pfaffensattel, als steiler Hut entpuppt, dessen Besteigung – bei ungünstigen Verhältnissen zumal – durchaus kein Zuckerschlecken ist.
Zuckerhütl ohne Seilbahnkontakt hingegen bekommt derjenige geboten, der von der Sulzenau-Hütte startet. In diesem Fall hat man einen kurzen Zustieg und einen langen Weg zum Gipfel zurückzulegen, wobei der anspruchsvollste Teil zum Schluß kommt! Die 170 Höhenmeter am steilen, wie aus einem Guß geformten Gipfel, sind bei solidem Firn und Steigeisen unter den Sohlen kaum der Rede wert, können aber bei Blankeis oder haltlosem Pulverschnee beträchtliche Probleme aufwerfen. In einem solchen Fall ist es vorzuziehen, die links der Eiskante in den letzten Jahrzehnten immer mehr ausgeaperten Felsen zu benutzen, die teilweise brüchig, aber gut gestuft in der Südflanke zum Gipfel führen. Hier hat man nur noch das Holzkreuz über sich, sonst liegt einem die gesamte Bergwelt zwischen Ötztal und Zillertal zu Füßen.

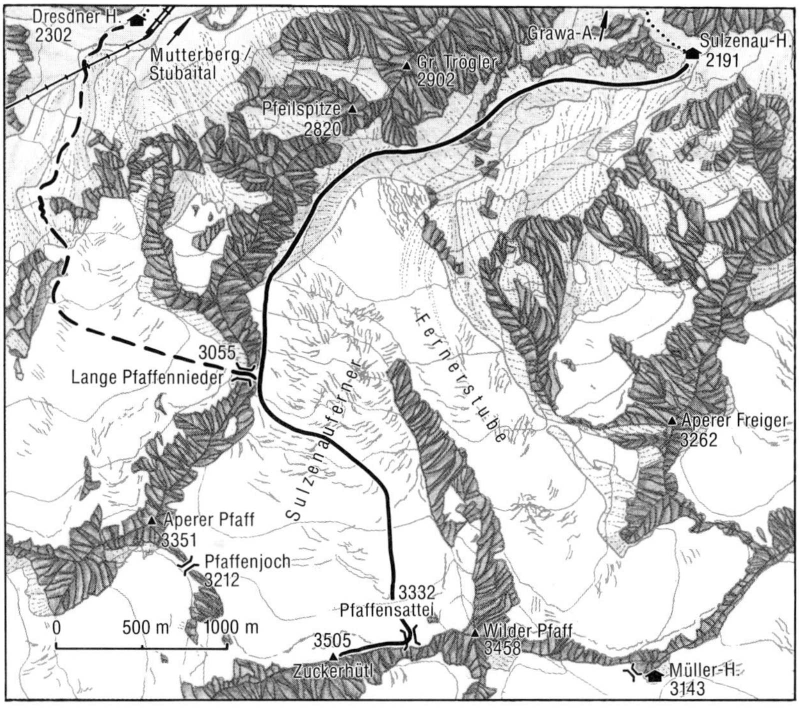

51 Olperer

Elegante Überschreitung im Tuxer Kamm

Österreich
Zillertaler Alpen
3476 m
F(II)/E

Talorte Mayrhofen, 633 m, im Zillertal, Straße/Bus/Bahn vom Inntal. – St. Jodok, 1129 m, an der Brenner-Bahn, Straße/Bahn von Innsbruck.

Stützpunkte Olperer-H., 2388 m, DAV, im Riepenkar, 1.30 Std. vom Parkplatz Schlegeisspeicher, 1805 m (Mautstraße/Bus von Mayrhofen). – Geraer H., 2326 m, DAV, unter dem SW-Grat des Fußsteins, Abstieg nach St. Jodok, 3 Std.

Aufstieg Über den SO-Grat (»Schneegupfgrat«). – **Höhenunterschied** 1088 m. – **Zeit** 3 Std.

Abstieg Über den N-Grat (II) zur Wildlahnerscharte, 1 Std., weiter 1.30 Std. zur Geraer H. (auch Rückkehr zur Olperer-H. über Riepensattel oder Abstieg zum Tuxer-Ferner-Hs./Gletscherbahn Hintertux mögl.).

Charakter Elegante Überschreitung mit kombinierter Gratkletterei, die im Fels nicht über den II. Schwierigkeitsgrad hinausgeht; bei Vereisung sofort schwierig und äußerst heikel! Trotz alter Sicherungsstifte und -klammern Seilsicherung empfehlenswert.

Erstersteiger P. Grohmann mit G. Samer und J. Huber, 1867 (über SO-Grat). – N-Grat: E. und O. Zsigmondy, 1879 (im Abstieg).

Führer Dr. H. Klier: AVF Zillertaler Alpen, Rother, München.

Karte AV 35/1, Zillertaler Alpen/Westl. Blatt, 1:25000.

Bild Von Südwesten gesehen hinterläßt der Olperer wenig Eindruck, aber das Luftbild zeigt genau den zur Wildlahnerscharte hinunterziehenden Nordgrat mit dem davorliegenden Großen Eisbuggl. Rechts oben hängt sich der Fußstein an den Olperer.

Der 25 km lange, mit zehn Dreitausendern besetzte Tuxer Kamm bildet das Gegenstück zum Zillertaler Hauptkamm, und der knapp 3500 m hohe, alles überragende Olperer darin das Pendant zu Hochfeiler oder Möseler. Von welcher Seite man die Zillertaler Alpen auch betrachtet, der von keinem Nachbarn verdeckte Olperer zeigt stets Profil: ein scharfgeschnittener Dreikant, dem zwei fette Eisbuckel unverwechselbares Aussehen und zwei schmale Felsgrate Ansehen auch bei strengeren Bergsteigern verleihen.
Früher ist dieser vielbegehrte, dennoch anspruchsvolle Gipfel oft von der Geraer Hütte bzw. vom Spannagel-Haus über den Nordgrat bestiegen worden, doch inzwischen hat sich das Sommerskigebiet auf dem Gefrorene-Wand-Kees mit seinem lauten Schleppliftbetrieb bis zur Wildlahnerscharte ausgedehnt. Wer davon verschont bleiben will, muß, wie schon Paul Grohmann 1867, über den »Schneegupf-« bzw. Südostgrat ansteigen.
Man kann zu diesem Grat direkt vom Schlegeisspeicher starten. Bequemer ist es zweifellos, sich die 1700 Höhenmeter aufzuteilen und bei Olga, der »Olpererhexe«, zu nächtigen, die in ihrer Olperer-Hütte im Laufe der Jahrzehnte schon fast zur lebenden Legende geworden ist.
Am zweiten Tag lassen sich die verbleibenden 1000 Höhenmeter mit Muße angehen, da auf dieser Route keine hitzeempfindliche Gletscherfläche überquert zu werden braucht. Der gut bezeichnete Moränenpfad führt zwar geradewegs empor zum Rand des Riepenkees, biegt dort jedoch links ab zum Ausläufer des Südostgrats, der bis zum sogenannten »Schneegupf« von etlichen Kehren durchzogen ist.
Oberhalb dieses harmlosen Firnbukkels, am Beginn des ausgesetzten obersten Südostgrats, könnte man am Olperer noch zum Stolperer werden: Wer geradewegs den ersten Felsaufschwung angeht, gerät bald in schwieriges Terrain! Wer hingegen unterhalb der Felsen im Firn ein paar Schritte nach links hinüberquert, findet am richtigen Einstieg solide Eisenklammern, bewältigt mit deren Hilfe leicht einen kurzen Kamin und erreicht so unfehlbar den schmalen Gratscheitel. Dieser ist für Schwindelfreie einfach, vorausgesetzt, der große Felsblock kurz vorm Gipfel wird, auch wenn es einem die alten Sicherungsbügel anders vortäuschen, rechts umgangen. Danach ist man auch schon am Ziel, schaut ostwärts zum aufgegliederten Zillertaler Hauptkamm – und westwärts in unansehnliche »Löcher« beiderseits des Brenner.

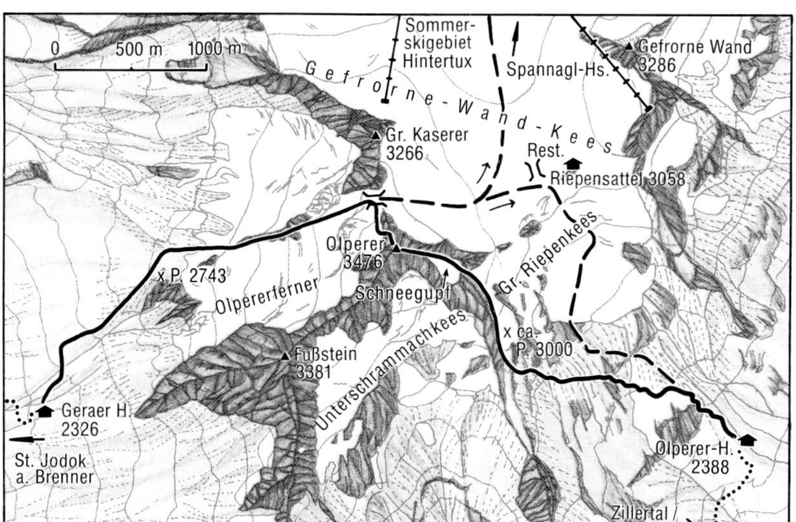

Wen der Nordgrat zum Abstieg reizt, sollte gute Verhältnisse antreffen und keine Aversionen gegen Sommerskigebiete hegen. Ist beides gegeben, gibt es kaum Probleme; der plattige Grat ist reich mit Eisenstiften gespickt, und dort, wo er zur Wildlahnerscharte abbricht, geht es links im steilen Firn des »Großen Eisbuggels« weiter. Aus der Wildlahnerscharte gelangt man dann über den Olpererferner direkt hinunter zur Geraer Hütte, über mit Riesenaufwand präparierte Sommerskipisten in Richtung Hintertux, oder über Riepensattel und Riepenkees zurück zu Olga, wo man sich nach erfolgreicher Tour kulinarisch verhexen lassen kann.

52 Hochfeiler

Leichter Weg zum höchsten Zillertaler

Italien
Zillertaler Alpen
3510 m
E/F(I)

Talort St. Jakob/Innerpfitsch, 1446 m, Straße/Bus von Sterzing.

Stützpunkt Hochfeiler-H., ca. 2710 m, AVS, am SW-Rücken des Hochfeiler, 4 Std. von Innerpfitsch bzw. 2.30 – 3 Std. von der Pfitscherjochstraße (Abzweigung in 1720 m).

Aufstieg Über den SW-Rücken des Hochfeiler. – **Höhenunterschied** 800 m. – **Zeit** 2–3 Std.

Charakter Anstieg auf den höchsten und zugleich leichtesten Hochgipfel der Zillertaler Alpen; beim Gipfelanstieg wegloses Gelände, leichte Schrofen und Firngrat (unangenehm, wenn Blankeis!).

Ausrüstungstip Eispickel und Steigeisen/Grödel empfehlenswert! Seil nur für weniger Erfahrene.

Besonderer Hinweis Die Hochfeiler-H. ist vorauss. ab Sommer 1986 geöffnet; sie steht etwas höher und weiter talwärts als die alte, zerstörte Wiener H. – Als Stützpunkt kommt auch die Edelraute-H., 2645 m, CAI, am Eisbruggjoch mit Zustieg vom Neves-Stausee in Betracht; dann mit unschwieriger Gletscherquerung, etwas länger.

Erstersteiger P. Grohmann mit G. Samer und J. Fuchs, 1865.

Führer Dr. H. Klier: AVF Zillertaler Alpen, Rother, München.

Karten AV 35/1, Zillertaler Alpen/Westl. Blatt, 1 : 25 000, FB-WKS 4, Sterzing – Jaufenpaß – Brixen, 1 : 50 000.

Bild Die unscheinbare Südflanke des Hochfeiler von der Unteren Weißzintscharte aus. Die Route von der neuen Hochfeiler-Hütte zieht von links über die Firnhänge zu Grat und Gipfel.

Von Norden fotogen, von Süden bequem – am Hochfeiler zeigt sich das alpine Nord-Süd-Gefälle der Zilltertaler Alpen am deutlichsten. Für den »Durchschnitts-Bergsteiger« ist die steile Eiswand über dem Schlegeiskees nur Kulisse, der Besucherzugang, den auch schon die Erstersteiger benutzt haben, ist der vergleichsweise sanft zum Pfitscher Tal abfallende Südwestrücken. Wer sich unter dem vielversprechenden italienischen Namen dieses Berges einen (schwer zugänglichen) Pilastro (»Pfeiler«) vorstellt, liegt in jeder Beziehung falsch. Hochfeiler bedeutet vielmehr Hohe Feile, was auf die schmalen Firnschneiden hinweist, die diesem Berg sein charakteristisches Aussehen verleihen.

Obwohl leicht zu besteigen, galt der höchste Zillertaler Gipfel lange Zeit als unbequem, weil man nach der Zerstörung der Wiener Hütte ohne Stützpunkt auskommen und entweder ein Biwak oder einen 6- bis 8stündigen Gewaltmarsch von der Pfitscherjochstraße ins Kalkül ziehen mußte. Inzwischen hat sich jedoch viel getan, die kleine Hütte am Eisbruggjoch ist wieder vorzüglich bewirtschaftet, zudem ist voraussichtlich ab August 1986 oberhalb der alten Wiener Hütte ein neues, vom Alpenverein Südtirol errichtetes Schutzhaus geöffnet und bewirtschaftet. Diese Hochfeiler-Hütte steht nur noch 1–2 Gehstunden unterm Gipfel! Dennoch bleibt die Eisbruggjoch-Hütte für all jene, die Behaglichkeit schätzen, einen sensiblen Gaumen und Sinn für Humor haben, eine Alternative ...

Soweit die Südwestflanke von der Hochfeiler-Hütte zu überblicken ist, läßt sich nirgends ein ernsthaftes Hindernis ausmachen. So hat man bestenfalls mit der Höhe oder den Nachwirkungen eines hochprozentigen Hüttenabends zu kämpfen, wenn man am folgenden Tag über mäßig steile Schutt- und Firnhänge problemlos zum Südwestrücken und schließlich am Grat zum Hochfeilergipfel aufsteigt. Auch die letzten 200 Höhenmeter am Grat sind leicht, selbst bei Neuschnee oder Vereisung wird daraus keine Zitterpartie. Um so entspannter läßt sich dann vom Gipfelkreuz das weite Panorama genießen, das vom Großglockner bis zur Bernina reicht, den ganzen Formenreichtum der Nördlichen Kalkalpen und der Dolomiten zeigt, und nicht zuletzt einen prächtigen Überblick über die Täler,

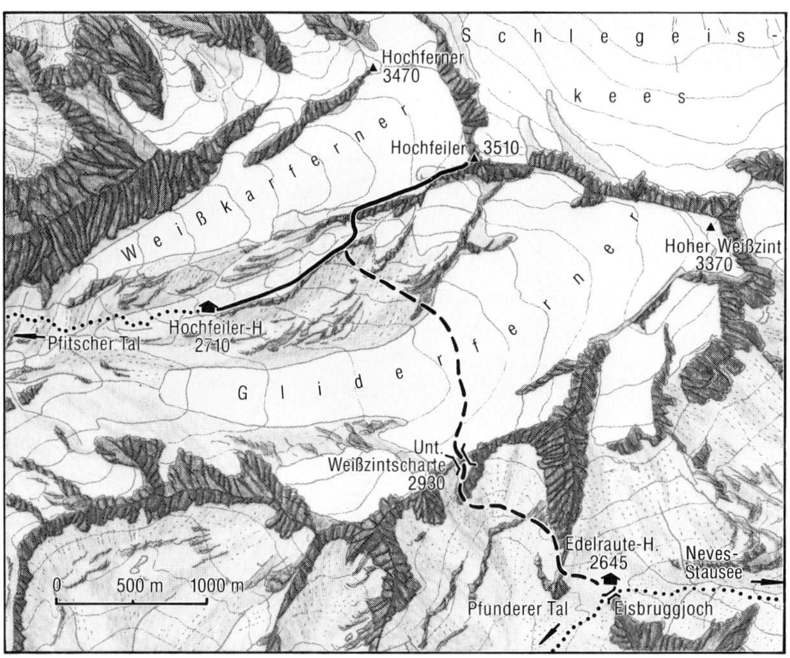

Gletscher und Bergkämme der Zillertaler Alpen gibt.
Bei genügend Zeit und Kondition sollte man den Abstecher zur leichten Hochfernerspitze nebenan nicht versäumen; der Hochfeiler wirkt von dort wie ein schlanker Firnkegel! Wer zum Neves-Stausee zurück muß, steigt am gleichen Wege wieder ab, wobei es sich empfiehlt, noch einmal bei Sepp zu nächtigen und am folgenden Tag auf sicherer Route den Hohen Weißzint zu besuchen – ein lohnender Aussichtsberg zwischen Hochfeiler und Möseler!

53 Großer Möseler

Anspruchsvolle Nord-Süd-Überschreitung

Österreich/Italien
Zillertaler Alpen
3478 m
E/F(I)

Talort Mayrhofen, 633 m, im Zillertal, Straße/Bus/Bahn vom Inntal.

Stützpunkte Furtschagl-Hs., 2295 m, DAV, überm Schlegeisspeicher, 2–2.30 Std. vom Parkplatz Schlegeisspeicher/Dominikus-H., 1805 m (Mautstraße/Bus von Mayrhofen; Rucksacktransport mit Materialseilbahn mögl.), bez. Weg. – Nevesjoch-H., 2416 m, CAI, am Neveser Joch, 2407 m, 5 Std. hochalpiner Übergang über den Nevessattel, 3029 m, zurück zum Furtschagl-Hs. oder Talabstieg zum Neves-Stausee, 1856 m, und nach Lappach, 1436 m, im Lappacher Tal.

Aufstieg Über Furtschaglkees zum Felsköpfl und den obersten NW-Grat. – **Höhenunterschied** 1183 m. – **Zeit** 3.30–4 Std.

Abstieg Nach Süden kurz über Felsstufen, dann über den Östl. Nevesferner und weglos zum Höhenweg Edelraute-H. – Nevesjoch-H., 2–2.30 Std.

Charakter Großzügige Gletschertour mit anspruchsvollen Passagen auf stark zerschrundetem Ferner und kurzer leichter Felskletterei (I); bei Vereisung der Felsen größte Vorsicht!

Erstersteiger G. H. Fox, D. W. Freshfield und F. F. Tuckett mit F. Devouassoud und P. Michel, 1865 (über die SO-Flanke).

Führer Dr. H. Klier: AVF Zillertaler Alpen, Rother, München.

Karten AV 35/1, Zillertaler Alpen/Westl. Blatt, 1:25000. – FB-WK 152, Mayrhofen – Zillergrund – Ahrntal, 1:50000.

Bild Der Große Möseler über dem Schlegeiskees, aus dem Flugzeug von Westen aufgenommen. Deutlich ist am vorgeschobenen Felskeil jene Rinne zu erkennen, durch die der Normalanstieg vom Furtschagl-Haus die Firnkappe unter dem Gipfel erreicht. Links oben die Reichenspitz-Gruppe, rechts am Bildrand der Großvenediger.

Schon die Erstersteiger haben sich 1865 täuschen lassen: Der von Norden so gewaltig wirkende, über Furtschagl- und Waxeckkees dominierende Firn- und Felsdom des Großen Möseler ist nicht die höchste Erhebung der Zillertaler Alpen. Daß der Möseler nordseitig stets wie die Nummer eins wirkt, südseitig aber nur als dezenter Hintergrund des Nevesferners auftritt, liegt am eigenwilligen Verlauf des Hauptkamms, der

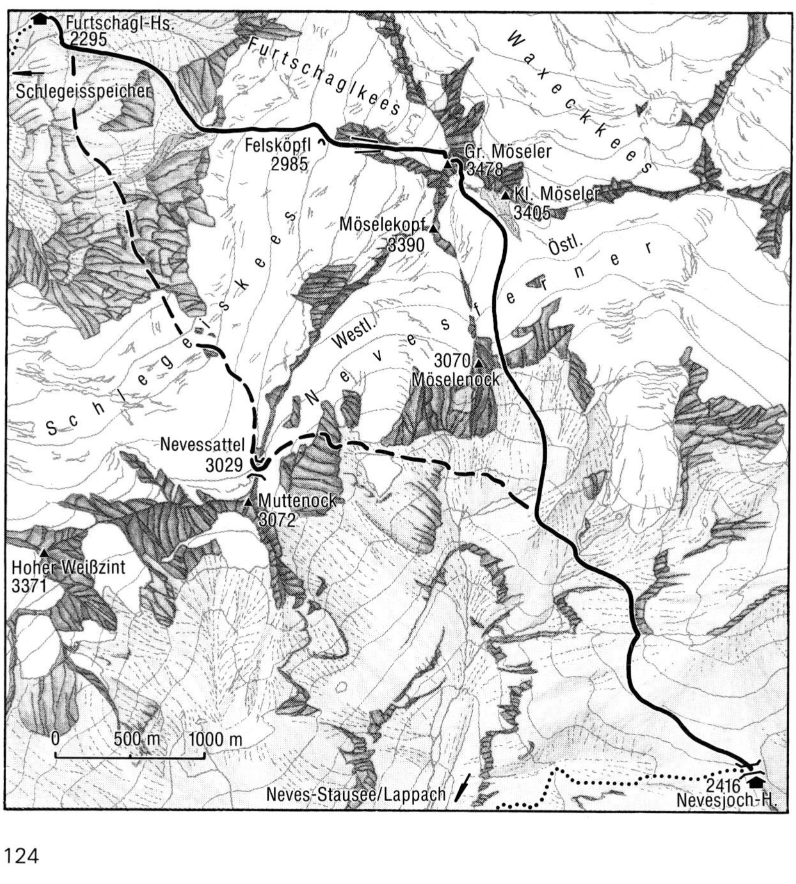

just am Möseler gegen das Zillertal vordrängt und sich am 32 m höheren Hochfeiler südwärts zurückzieht. Der ganze Aufbau des Großen Möseler entfaltet sich auf Nordtiroler Seite: Schwere Gratarme greifen weit in die umliegenden Gletschermassen hinein, schön geschwungene Linien und ein scharfes »Schneedreieck« faszinieren die Besucher des Berliner Höhenwegs, und die markante Firnhaube überm Furtschaglkees komplettiert das hochalpine Bild.
Jahrzehntelang war der Große Möseler auch für die meisten Bergsteiger fast ein reiner »Nordtiroler«, bis Anfang der siebziger Jahre die Südtiroler Seite diesbezüglich aus dem politisch bedingten Dornröschenschlaf erwacht ist. Heutzutage, wo man sich nicht mehr allein auf die DAV-Hütten zu beschränken braucht, liegt es wieder nahe, den beliebtesten Gletscherberg der Zillertaler Alpen von seiner schönsten zu seiner leichtesten Seite hin zu überqueren, nämlich vom Furtschagl-Haus zur Nevesjoch-Hütte.
Am Furtschagl-Haus sollte man spätestens mit der Sonne aufstehen, das Farbenspiel in der gegenüberliegenden Hochfeiler-Nordwand kommt besonders vom ansonsten eintönigen Moränenweg zum Furtschaglkees zur Geltung. Ab Gletscherrand ist von Eintönigkeit dann keine Spur mehr. An Spaltenzonen und Eisbrüchen vorbei zieht ein hochalpiner Trampelpfad

zu einem freistehenden Felskopf, hinter dem eine teilweise schneegefüllte Schrofenrinne den Zugang vom Unter- zum Obergeschoß des Möseler vermittelt. Über die aus dem Schlegeistal viel bewunderte Firnkappe steigt sich's bei schönem Wetter wie von selbst hinauf zum Gipfeldach, zum schönsten Aussichtspunkt der Zillertaler Alpen. Ob's stimmt, muß jeder selbst entscheiden.

In dem von Fels und Eis geprägten Panorama wirkt das üppig grüne Lappachtal mit dem kleinen Neves-Stausee im Süden wie eine Oase; wer fühlte sich nicht gedrängt, dorthin abzusteigen?! Ein paar leichte Felsstufen zur kleinen Scharte östlich unterm Hauptgipfel, ein kurzer Schneehang zum Abfahren, dann ist man schon auf dem spaltenarmen Nevesgletscher und gewinnt weiter unten bald Anschluß an den südlichen Höhenweg der Zillertaler Alpen, noch knapp 1/2 Stunde von der neu eingerichteten CAI-Hütte am Nevesjoch entfernt. Bei einem Südtiroler Roten, der das gleichgefärbte Nordtiroler Skiwasser schnell vergessen macht, kann man gut darüber nachdenken, wie man zu seinem Ausgangspunkt zurückfindet. Mit einem kleinen »Umweg« ließe sich der Hochfeiler »mitnehmen«.

54 Rötspitze

Zwischen Ahrntal und Umbaltal

Österreich
Venediger-Gruppe
3495 m
E/F(I)

Talorte Prettau, 1475 m, und Kasern, 1566 m, im obersten Ahrntal, Straße/Bus von Bruneck über Taufers (Auffahrt mit Pkw möglich bis Heiligengeist, 1621 m).

Stützpunkt Lenkjöchl-H., 2590 m, CAI, am gleichnamigen Joch zwischen Röt- und Windtal, 3 Std. von Kasern durch das Röttal, 2.30 Std. von Heiligengeist durch das Windtal.

Aufstieg Über das Rötkees (Achtung: unvermutete Spalten!) zur Unteren Rötspitze (P. 3290) und am NNO-Grat zum Gipfel. – **Höhenunterschied** 905 m. – **Zeit** 3–4 Std.

Abstieg Wie Aufstieg, 1.30–2 Std.

Charakter Ideale Hochtour mit Firn-, Gletscher- und leichten Felspassagen; unschwierig für erfahrene Bergsteiger, reizvoll für Neulinge!

Besonderer Hinweis Die Tour gewinnt an Großzügigkeit, wenn man dem gesamten NNO-Grat ab dem Vord. Umbaltörl folgt.

Erstersteiger A. und J. Berger sowie Meßgehilfen, 1854.

Führer Peterka/End: AVF Venediger-Gruppe, Rother, München.

Karten FB-WK 123, Defereggen- und Virgental, 1: 50000. – AV 36, Venediger-Gruppe, 1: 25000 (weniger empfehlenswert, da Rötspitze am Rand des Kartenausschnitts).

Bild Die Rötspitze zwischen Südtiroler Ahrntal und Osttiroler Defereggental: Im Vordergrund, teilweise im Schatten, liegt das Windtal; wo der rechte Felskamm an das Bergmassiv stößt, verbirgt sich das Lenkjöchl. Der Normalanstieg führt vom Jöchl über die Firn- und Gletscherhänge nach links zur Gratschulter, dann stets der Schneide folgend zum Gipfel.

Südlich vom Tauernhauptkamm abgesetzt steht zwischen Umbal- und Ahrntal der schönste Firnberg der Venediger-Gruppe, die Rötspitze, aufgewölbt zu einer Glockenform mit einprägsamer Silhouette. Die vergletscherten Flanken verleihen ihr Körper und Glanz, die schön geschwungenen Grate darüber Profil und Eleganz.

Während man sich als Normalbergsteiger »gut gebauten« Alpengipfeln oft nur von hinten nähern kann, erreicht man die Rötspitze am leichtesten von ihrer besten Seite: über den Nordnordostgrat, der in bestechender Linienführung, von Fels und Firn gleichmäßig schwarz-weiß unterteilt, aus dem Umbaltörl in 3500 m Höhe zieht.

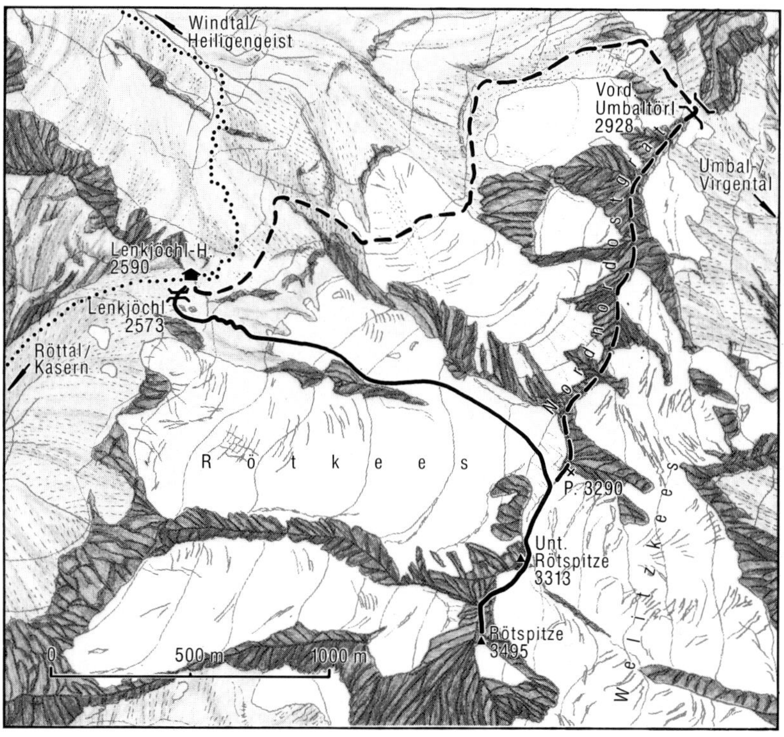

Da sich zu diesem Traumanstieg am Ende noch eine traumhafte Aussicht gesellt, ist es nur der umständlichen Anreise zuzuschreiben, daß sich der Andrang hier noch in erträglichen Grenzen hält: Man muß sich nämlich bis ins oberste Ahrntal oder ins hinterste Virgental bemühen, wobei der Zugang von Westen via Lenkjöchl-Hütte der kürzere und reizvollere ist. Das mit viel Liebe bewirtschaftete Schutzhaus über dem Lenkjöchl, auf halbem Weg zwischen Kasern und Gipfel, wirkt nur äußerlich spartanisch, innen ist es so gemütlich, daß es schwerfällt, anderntags zeitig genug aufzubrechen.

Eilige Gipfelstürmer steigen geradewegs über das Rötkees zum P. 3290 im Nordostgrat. Genießer hingegen wenden sich zuerst nordwärts zum Vorderen Umbaltörl, um sich keine Stufe und keinen Aufschwung in der 2½ km langen Kammschneide des Nordnordostgrats entgehen zu lassen. Verglichen mit anderen berühmten Firngraten gibt es hier das prickelnde Expositionsgefühl zum Nulltarif, erst dicht unterm Gipfel wird es etwas ausgesetzt.

Ein kaminartig gespaltener Block könnte kurz vor dem Gipfelaufschwung noch Schwierigkeiten bereiten: Wenn man sich nämlich in den Spalt hineinzwängt und bei dem Versuch, das Hindernis im engen Körperkontakt zum Fels zu bewältigen,

schließlich unweigerlich dort stecken bleibt. Wer hingegen rechtzeitig einen beherzten Schritt zur (linken) Seite tut, steht bald neben dem Gipfelkreuz, im Zentrum eines gewaltigen Panoramas, das an Dichte und Harmonie im Tauernbereich seinesgleichen sucht.
Nach dem Panoramagenuß bringt der Abstieg die Qual der Wahl: entweder über den schönen Nordnordostgrat zurück oder den kaum weniger interessanten, ebenfalls leichten Südgrat hinab gegen die Welitzscharte und weiter zur kleinen Clara-Hütte im Umbaltal. Von hier wäre die Rückkehr ins Ahrntal via Umbaltörl eine lohnende, tagesfüllende Wanderetappe.

55 Hochgall

Kühnes Vorwerk der Hohen Tauern

Italien/Österreich
Riesenferner-Gruppe
3435 m
F(II)/E

Talorte St. Jakob i. Defereggen, 1389 m, im Defereggental, Straße/Bus vom Iseltal (Felbertauernstraße). – Rein, 1538 m, im gleichnamigen Tal, einem Seitental des Tauferer Tals, Straße von Bruneck über Sand i. Tauters.

Stützpunkte Hochgall-H., 2276 m, über dem Bachertal, 2 Std. von Rein, bez. – Neue Barmer H., 2610 m, DAV, im obersten Patscher Tal, 2.30 Std. von der Patscher A., 1675 m (Mautstraße von St. Jakob), bez.

Aufstieg Normalweg über Graues Nöckl und NW-Grat.

Abstieg NO-Grat und O-Flanke.

Charakter Eindrucksvolle kombinierte Hochtour für erfahrene Alpinisten; am felsigen Gipfelgrat eine Kletterstelle III, sonst II und teilweise gesichert; in der O-Flanke steile Firn- bzw. Eiscouloirs, am NW-Grat Variante über Firnbuckel möglich.

Ausrüstungstip Auch wenn keine Überschreitung durchgeführt wird, sind Pickel, Steigeisen und Seil erforderlich.

Erstersteiger NW-Grat (mit Einstiegsvariante): K. Hofmann und V. Kaltdorff mit den Reiner Führern G. Weiß und H. Oberarzbacher, 1868. – O-Flanke und NO-Grat: H. v. Acken und einige Deferegger Meßgehilfen, 1854 (bis zum NO-Gipfel).

Führer W. Beikirchner: AVF Riesenferner-Gruppe, Rother, München.

Karten FB-WKS 3, Pustertal – Bruneck – Drei Zinnen, 1:50000. – ÖK 177, St. Jakob i. Defereggen, 1:50000 und 1:25000.

Bild Blick vom Fenner Eck, also von Nordosten, die Patscher Schneid entlang zum Hochgall. Sogar aus der großen Entfernung lassen sich die mächtigen Wächten am Gipfelkamm ahnen, von denen man beim Anstieg von der Neuen Barmer Hütte respektablen Abstand zu halten hat.

In dem nach Westen zu offenen Gipfelviereck der zwischen Alpenhauptkamm und Dolomiten gelegenen Rieserferner-Gruppe stellt der Hochgall alle anderen Erhebungen in jeder Hinsicht in den Schatten: Nicht nur ist er der höchste Gipfel der Gruppe, sondern zweifelsfrei auch deren elegantester – ein Massiv, dem die breite Nordwand zunächst ungeheure Wucht verleiht, die im gleichen Moment jedoch von feinen Graten, dem weit überwächteten Firnsaum des Gipfelgrats und den vorgelagerten Gletschern fast wieder aufgehoben wird.
Zwei Stützpunkte bieten sich für eine Besteigung des Hochgall an und zwei Normalwege: die Hochgall-Hütte mit dem Zugang aus dem Südtiroler Reintal und dem Anstieg über den Nordwestgrat sowie die Neue Barmer Hütte, die von den meisten Besuchern aus dem Osttiroler Defereggental erreicht wird und Ausgangspunkt für die Route über die Ostflanke und den Nordostgrat ist. Von den beiden Routen gilt diejenige von der Hochgall-Hütte aus als die wesentlich interessantere, sicherere und leichtere; sie verläuft teilweise in kombiniertem Gelände, meist jedoch im herrlichen Granitfels des Nordwestgrats. Kletterei wird hier also verlangt, ein

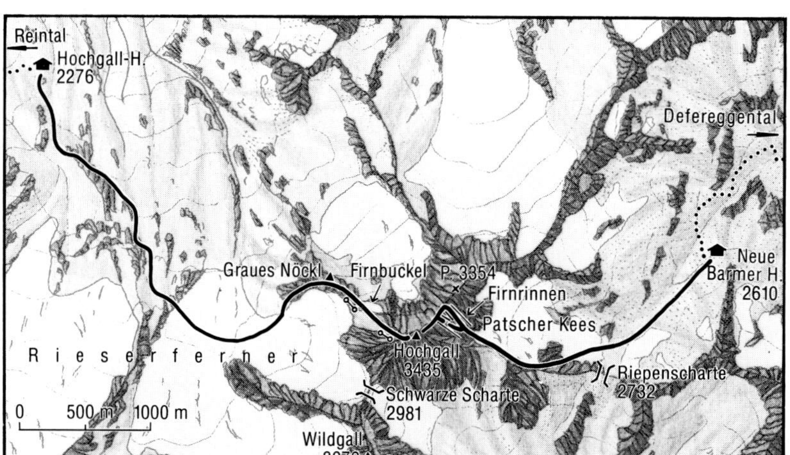

geübter Blick für Griffe und Tritte, festes Zupacken und natürlich das zuverlässige Beherrschen der Sicherungstechnik.
Gleichsam wie ein Prüfstein fürs Klettertalent aller Nordwestgrat-Aspiranten ist dem Gipfelaufschwung das Graue Nöckl vorgelagert, dessen Kamm in ganzer Länge überschritten werden muß. Vom Grauen Nöckl läßt sich der gesamte weitere Anstieg aus der Nähe in Augenschein nehmen. Je nach Verhältnissen folgt man dabei zunächst dem groben Blockgrat oder steigt links parallel ein Stück auf dem Firnbuckel auf. Auch im oberen Teil bleibt man meist in der Gratschneide, überwindet einige mit Drahtseilen gesicherte Platten und erreicht den firnigen Vorgipfel. Der Übergang durch die Scharte zum Hauptgipfel kann noch einmal Momente prickelnder Spannung bringen, die sich jedoch wenige Augenblicke später in höchstes Glücksgefühl verwandeln.
Da das Gipfelglück keinen Unterschied kennt zwischen Begehern verschiedener Routen, läßt sich dieses Hochgefühl am Hochgall genausogut von der Neuen Barmer Hütte angehen. Man umgeht auf diesem Weg zunächst eine Steilstufe in einem nach Süden ausholenden Bogen und gelangt so auf ein Firnplateau unter der Ostflanke, durch die zwei Steilrin-

nen – eine breit, eine schmal – zum Nordostgrat ziehen. Je nach Verhältnissen steigt man nun durch eine der Rinnen und teilweise im angrenzenden Blockbereich zur Gratschneide, der man – in respektvollem Abstand zum Wächtenrand – bis zum felsigen österreichischen Ostgipfel folgt. Von ihm geht es in die enge, steile Trennungsscharte hinunter und gleich wieder zum Hauptgipfel empor. Dieser Einschnitt erinnert an den Übergang zwischen Klein- und Großglockner, nur ist er enger und schwieriger. Jedenfalls ist hier auch der gute Bergsteiger froh über einige künstliche Steighilfen. Beide Wege lassen sich selbstverständlich zu einer großartigen Überschreitung verbinden.

Notorische Benutzer öffentlicher Verkehrsmittel berührt es dabei wenig, daß Anfangs- und Endpunkt dann in verschiedenen Tälern und verschiedenen Ländern liegen. Wer jedoch zu seinem in Rein geparkten Wagen zurück muß, dem sei mit dem markierten Übergang ins Bacher- bzw. Reintal ein hochalpiner Wandertag empfohlen – mit dem 3277 m hohen Lenkstein zum »Mitnehmen«.

56 Reichenspitze

Vom Zillergrund ins Wildgerlostal

Österreich
Zillertaler Alpen
3303 m
E/F(II)

Talorte Mayrhofen, 633 m, im Zillertal, bzw. Ghs. Bärenbad, 1449 m, im Zillergrund (Bus von Mayrhofen). – Gerlos, 1245 m, an der Gerlospaßstraße, bzw. Ghs. Finkau, 1409 m, im Wildgerlostal, Straße vom Gerlospaß.

Stützpunkte Plauener H., 2362 m, DAV, oberhalb des neuen Speichersees im Zillergründl, 2.30 Std. auf bez. Weg vom Ghs. Bärenbad. – Zittauer H., 2329 m, DAV, über dem Talschluß des Wildgerlostals, 2.45 Std. auf bez. Steig von Ghs. Finkau.

Aufstieg Über Kuchelmooskees und NW-Grat bzw. die Firn- und Geröllhänge in der W-Flanke des Gipfelaufbaus. – **Höhenunterschied** 941 m. – **Zeit** 2.45 Std.–3.30 Std.

Abstieg Wie Aufstieg, 2–3 Std. – Reizvoller im Rahmen einer Überschreitung zum Gabler und zur Zittauer H., 3 Std.

Charakter Lohnendste Hochtourenkombination in der Gruppe, die Erfahrung auf Gletschern und in leichter Blockkletterei verlangt; im Fels nie schwieriger als II.

Ausrüstungstip Steigeisen unbedingt erforderlich wegen der steilen Firn- oder Eispassage an der »Glatze« des Gabler!

Erstersteiger Unbekannter Bauer aus Prettau im Ahrntal, 1856 (Anstieg aus dem Rainbachtal).

Führer H. Klier: AVF Zillertaler Alpen, Rother, München.

Karte AV 35/3, Zillertaler Alpen, Östl. Blatt, 1 : 25 000.

Bild Blick von der Wildgerlosspitze zum Gipfelpaar von Reichenspitze (rechts) und Gabler. Der in dieser Perspektive kompakt wirkende Hahnenkamm im Vordergrund ist tatsächlich eine lange, vielzackige Felsschneide. Einsame Spuren zu beiden Gipfeln kennzeichnen den Routenverlauf. Wie ein Phantom schwebt im Hintergrund der Großvenediger über den Wolken.

Vom Zillertaler Hauptkamm wie vom Venedigereis gleich weit entfernt dominiert die Reichenspitze im Dreieck von Zillergrund, Gerlos- und Krimmler Tal – ein kleines hochalpines Revier, in dem ein halbes Dutzend Gletscher zwischen doppelt so vielen, eigenwillig geformten dunklen Urgesteinsgipfeln für Kontraste und Ausstrahlung sorgen. Hier ist auf engstem Raum konzentriert, was sich an landschaftlichen Reizen sonst großflächig verdünnt.

Zu dieser Reichenspitze, dem nicht nur wegen ihrer Höhe lohnendsten Ziel in diesem Gebiet, führt von Westen her eine fast reine Firnroute. Kletter- und Steileistechnik werden hier nur in Maßen verlangt, man sollte aber zu Fels und Firn auch keine Berührungsängste hegen. Stützpunkt ist die altehrwürdige Plauener Hütte, direkt unter der träge zerfließenden Masse des Kuchelmoosferners. Schwierigkeiten bereitet der Anstieg allenfalls am Beginn des stark zurückgegangenen Gletschers, wo sich ein mächtiger Eishang aufwölbt. Meist findet man allerdings links, dicht am Rand eines Eisbruchs, einen Firnstreifen, der an den Hindernissen vorbei zur Gletscherstufe oberhalb des Steilhangs leitet. Alles weitere ist einfach: ein großes Schneeplateau (Achtung: Spalten!), eine mäßig geneigte Westflanke, ein paar grobe Felsblöcke – und ein Gipfel mit bescheidenem Platzangebot.

Als logische Fortsetzung empfiehlt sich die Überschreitung zum benachbarten Gabler (einige alte Sicherungsstifte sind vorhanden), allerdings nicht direkt an dessen scharfem Südwestgrat, sondern in der gut gestuften Südflanke. Pickel und Steigeisen sind dann noch einmal beim Abstieg über die »Eisglatze« des Gabler erforderlich, den manchmal gefährlich blanken Eisrücken unter dem Gipfelaufbau. Bald darauf steht man schon vor der Zittauer Hütte am Wildgerlossee.

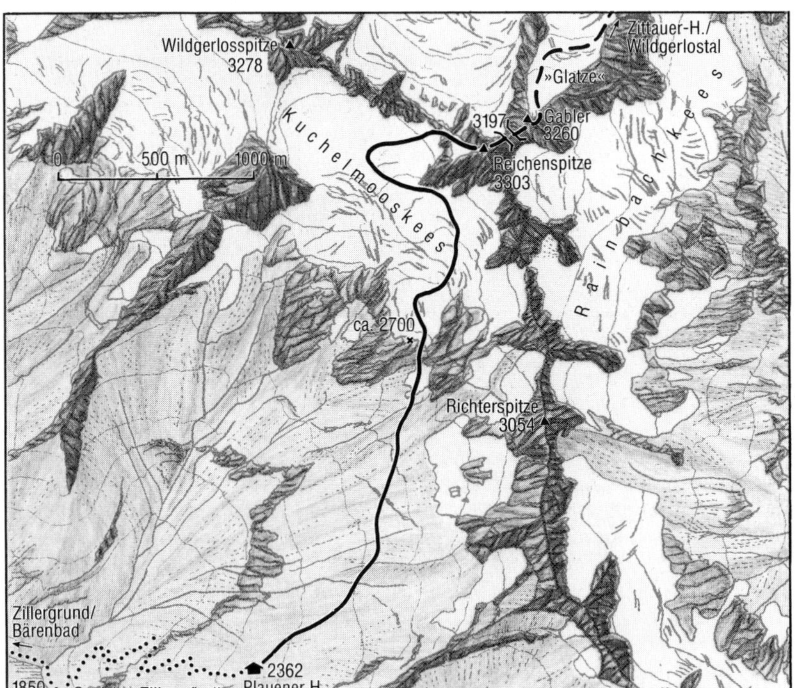

57 Großes Wiesbachhorn

Vom Kaindlgrat zur Oberwalder Hütte

Österreich
Glockner-Gruppe
3564 m
E/F(I)

Talorte Kaprun, 786 m, am Eingang des gleichnamigen Tals im Unterpinzgau. – Heiligenblut, 1288 m, im oberen Mölltal, an der Großglockner-Hochalpenstraße.

Stützpunkte Heinrich-Schwaiger Hs., 2802 m, DAV, in der W-Flanke des Unt. Fochezkopfes, 2.15 Std. auf bez. Weg, vom Mooserboden-Stausee (Bus und Schrägaufzug von Kaprun) – Gruberscharten-Biwak, 3100 m, ÖGV, nördl. der gleichnamigen Scharte zwischen Klockerin und Gr. Bärenkopf, vom Heinrich-Schwaiger-Hs. 3.30 Std. über Kaindlgrat und Klockerin, meist gespurt. – Oberwalder-H., 2972 m, auf dem Gr. Burgstall, 6 Std. von Heiligenblut bzw. 2.45 Std. von der Franz-Josefs-Höhe (Bus von/nach Heiligenblut oder Kaprun) auf bez. Weg, zuletzt über den Wasserfallwinkelgletscher.

Aufstieg Über die beiden Fochezköpfe (3022 m und 3159 m) und den Kaindlgrat (NW-Grat). – **Höhenunterschied** 870 m. – **Zeit** 2.30 Std.

Absteig Über Wielingerscharte – Hint. Bratschenkopf (3413 m) – Bratschenkopfscharte – Klockerin (3419 m) – Gruberscharte – Keilscharte – Bockkarscharte zur Oberwalder H., ab Gipfel 5–6 Std., im Hochsommer gespurt.

Charakter Klassischer, doch einfacher Gratanstieg; der Übergang zur Oberwalder H., ein ebenso klassischer, langer Gletscherweg über zwei Dreitausender, ist durch den Bau der Biwakschachtel an der Gruberscharte entschärft, dennoch eine ernste Sache.

Erstersteiger Zanker und Zorner, zwei Bauern aus Fusch, im 18. Jh.

Führer H. Peterka: AVF Glockner- und Granatspitz-Gruppe, Rother, München. – Peterka/End: Kl. Führer Glockner-, Granatspitz- und Venediger-Gruppe, Rother, München.

Karte AV 40, Großglockner-Gruppe, 1:25000.

Bild Das Große Wiesbachhorn mit seiner berühmten Nordwand und dem markanten Kaindlgrat. Der Anstieg vom Heinrich-Schwaiger-Haus gelangt über die Felsen am rechten Bildrand zum Absatz des Oberen Fochezkopfes (rechts der Bildmitte) und erreicht über den Grat den Gipfel. Das flache Gletscherplateau rechts bildet die Wielingerscharte.

In der näheren Umgebung des Großglockner bringt es nur ein Berg zu Popularität und Ansehen: das Große Wiesbachhorn, das, betrachtet man es nur vom richtigen Standpunkt, zu einem der formschönsten Tauerngipfel wird. Natürlich gibt sich dieses den langen Fuscherkamm dominierende, von Gletschern eingeschlossene Horn nach allen Seiten hin hochalpin, aber erst mit seiner eisigen Nordwand und dem elegant geschwungenen Kaindlgrat reiht es sich in die ganz großen Bergsteigerziele und damit in dieses Buch ein. Kein Wunder, daß dieser auffällige Gipfel früher – unter dem Namen »Vischbachhorn« – für die höchste Erhebung der Tauern gehalten wurde!

Während die ersten Touristen – ein Erzbischof mit Gefolgschaft im Jahr 1841 – von Ferleiten durch die knapp 2400 m hohe Südostflanke kamen,

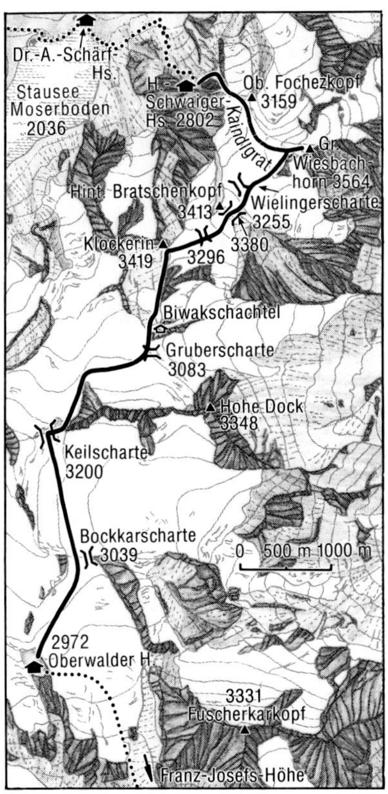

spielt sich das alpinistische Geschehen heute fast ausschließlich auf der Westseite des Wiesbachhorns ab. Hier darf der Bergsteiger die »Segnungen« der Energiewirtschaft in Form von Schrägaufzug und Busverbindung zum Moserboden-Stausee in Anspruch nehmen. Dadurch hat er dann 800 Höhenmeter im Sitzen oder Stehen »geschafft« und seinen Rucksack nur noch 2 Stunden zum auf halben Weg zwischen Seespiegel und Gipfel gelegenen Heinrich-Schwaiger-Haus zu tragen.

Wem allerdings das von Wasser- und Enegiewirtschaft gezeichnete Kapruner Tal suspekt ist und wer mit dem Touristenumschlagplatz der Franz-Josefs-Höhe besser zurechtkommt, der starte von der Oberwalder-Hütte am Großen Burgstall. Allein fünf Gletscher, vier Scharten und zwei Gipfel sind auf dieser hohen Tauernroute zu überschreiten, ehe sich das Gelände zum markanten Firnkopf des Wiesbachhorns aufsteilt – eine ebenso schöne wie anspruchsvolle Tour, allerdings nur, wenn aufs Wetter wie auf die eigene Kondition gleichermaßen Verlaß ist.

Schneller ans Ziel führt der Anstieg vom Heinrich-Schwaiger-Haus, der zwar zuerst – unterhalb des Fochezkopfes – mit einer düsteren Felspassage aufwartet, dann aber auf dem luftigen Kaindlgrat direkt vor der eisglatten Nordwestwand die klassische Wiesbachhorn-Perspektive bietet. Wer einmal – des Schlangestehens an Österreichs höchstem Berg nebenan überdrüssig geworden – im doppelten Sinn des Wortes aufs Wiesbachhorn gekommen ist, wird sich spätestens am Gipfelkreuz mit seinem Ausweichziel versöhnen. Die Aussicht ist zwar nicht so umfassend wie die vom Großglockner, dafür aber ausgewogener und schöner. Auf dem Großglockner ist man der Tauernwirklichkeit schon ein wenig entrückt, auf dem Wiesbachhorn hingegen steht man an einer besonders reizvollen Stelle mitten drin.

58 Großvenediger

Über den historischen Weg

Österreich
Venediger-Gruppe
3674 m
E

Talort Neukirchen a. Großvenediger, 857 m, im Oberpinzgau.

Stützpunkt Kürsinger-H., 2562 m, ÖAV, über dem Talschluß des Obersulzbachtals, 6–7 Std. von Neukirchen, 5–5.30 Std. vom Hopffeldboden (Parkplatz) über Berndl- und Post-A. (Jeep-Taxi-Verkehr bei Anmeldung).

Aufstieg Normalweg über Obersulzbachkees, Venedigerscharte und NO-Kamm. – **Höhenunterschied** Gut 1100 m. – **Zeit** 4–4.30 Std.

Abstieg Wie Aufstieg, 2–3 Std.; s. auch alternative Routen.

Charakter Lange, aber leichte Gletscherroute, die auch für ausdauernde Neulinge im Eis geeignet ist.

Ausrüstungstip Obwohl im Sommer täglich von Dutzenden Seilschaften, zuweilen von ganzen Hundertschaften ausgetreten, sollte die Spaltengefahr nicht unterschätzt werden (u. a. großer Bergschrund unter der Venedigerscharte); unbedingt am Seil gehen!

Erstersteiger 26 Personen: A. v. Ruthner, P. Meinlinger, J. R. v. Lasser, O. v. Gravenegg, I. v. Kürsinger mit J. Schwab, P. Rohregger, F. Scharler, Chr. Rieß, Th. Enzinger u. a., 1841.

Führer H. Peterka/End: AVF Venediger-Gruppe, Rother, München. – Peterka/End: Kl. Führer Glockner-, Granatspitz- und Venediger-Gruppe, Rother, München.

Karten AV 36, Venediger-Gruppe, 1:25 000. – FB-WK 121, Großvenediger/Oberpinzgau, 1:50 000.

Alternative Routen Als Abstieg kommen auch folgende s-seitige Routen in Frage: am kürzesten über Schlaten- und Äuß. Mullwitzkees in 1.30 Std. zum Defregger-Hs., 2962 m; spaltenreicher auch über das Schlatenkees in 1.45 Std. zur Neuen Prager H., 2796 m; oder über Schlaten-, Äuß. Mullwitz- und Frosnitzkees in 2.30–3 Std. zur Badener H., 2608 m. Alle Routen sind (fast) reine Firnwege und im Hochsommer meist gespurt.

Bild Eine altbekannte, doch stets aufs neue faszinierend elegante Ansicht von Groß- und Kleinvenediger, aus dem Flugzeug von Nordwesten her aufgenommen. Rechts im Vordergrund ist die Kürsinger-Hütte zu erkennen.

Wie kein anderer Berg der Ostalpen wird der Großvenediger von seinen Gletschern geprägt, deren beachtliche Eismassen ihn in allen vier Himmelsrichtungen umgeben und ihm ostseitig bis zum Gipfel reichen. Mit diesem mächtigen Firndach hebt sich der Großvenediger weithin sichtbar aus dem großen Kreis seiner Trabanten heraus und präsentiert sich nach dem vergleichsweise filigran gebauten Großglockner als bedeutendster Gebirgsstock der Hohen Tauern. Dieses Urbild eines Gletscherberges – über alles erhaben und doch relativ leicht erreichbar – steht bei den Alpinisten seit jeher hoch im Kurs. Das verdeutlicht jener ebenso berühmte wie kühne Ersteigungsversuch des damals 44jährigen Habsburger Erzherzogs Johann im Jahre 1828. Seine »Expedition«, geführt vom Förster Rohregger und immerhin 15 Mann stark, scheiterte damals in der steilen Nordwestwand: Als sich Rohregger bereits bis auf 120 Höhenmeter dem Gipfel genähert hatte, riß ihn eine Lawine in die Tiefe, wo er schwerverletzt geborgen werden konnte.
Ebenfalls in großer Besetzung rückten 13 Jahre nach dem »grünen Erzherzog« Anton von Ruthner, später einer der Gründer des Österreichischen Alpenvereins, und Ignaz von Kürsinger, k. k. Pfleger zu Mittersill, an: 40 Personen umfaßte die Mannschaft, der erneut der bereits 67jährige Rohregger angehörte, als sie aus dem Oberpinzgau aufbrach, und 26 sollen die Strapazen des erfolgreichen Gipfelanstiegs bewältigt haben. Beide Unternehmungen stellen jedoch nur ein kleines Vorspiel dessen dar, was der Großvenediger heutzutage »verkraften« muß!
Glücklicherweise verteilen sich die Besucherzahlen auf vier Hütten, vier Gletscher und vier meist gut ausgetretene Anstiegsrouten, von denen die schönste die von Norden ist, die aus dem wasserreichen Obersulzbachtal den Spuren der Erstersteiger folgt. Den Anmarsch vom letzten Parkplatz am Hopffeldboden bis zur kürzlich modernisierten Kürsinger-Hütte ist lang, aber – abgesehen von der Tatsache, daß man zunächst auf einer Forst- bzw. Almversorgungsstraße läuft, – nicht langweilig. Die einst aufregend wilde »Türkische Zeltstadt« auf der Zunge des Obersulzbachkeeses ist zwar weitgehend

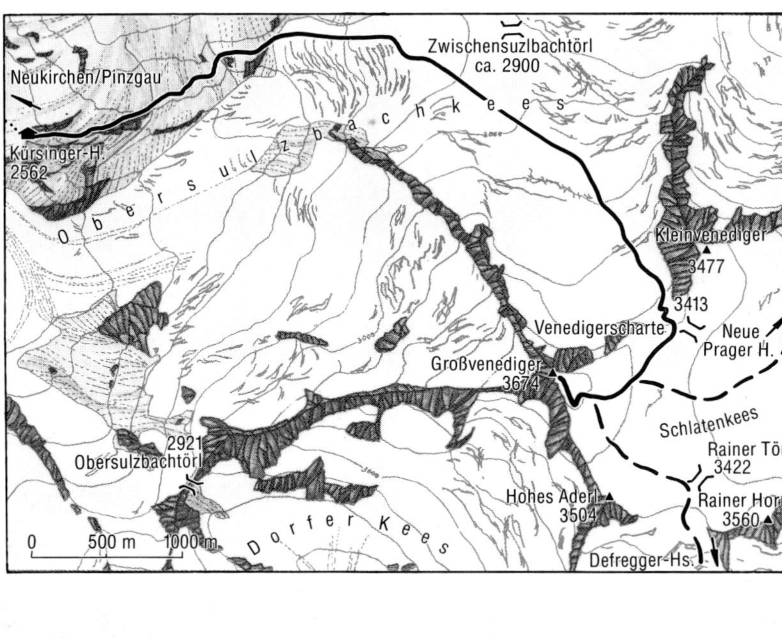

Die Seilschaft mit Alpenstange hat in Kürze die lange Gletscherstrecke des Venediger-Abstiegs hinter sich und betritt das felsige Mullwitzaderl (rechts die ersten Felsen), auf dem das Defregger-Haus steht. Im Hintergrund das Rainerhorn, ein leichter Dreitausender »zum Mitnehmen«.

abgeschmolzen, geblieben ist jedoch das eindrucksvolle Bild des immer höher herauskommenden Großen Geiger. Wer das gehetzte Tempo des Alltags auch im Gebirge nicht zu bremsen bereit ist und nur wenig für solche Landschaftsbilder übrig hat, kann sich übrigens in Neukirchen ein Jeep-Taxi mieten und bis zur Post-Alm oder gar noch weiter hinauf chauffieren lassen; und den Rucksack schickt er mit der Materialseilbahn zur Hütte …

Anderntags geht es zunächst in Richtung Zwischensulzbachtörl, dann unmittelbar vor der klassischen Venedigerkulisse, dicht unter der Nordwand, über das weite, von einigen Spalten durchzogene Obersulzbachkees zur Venedigerscharte hinauf. Die manchmal tückische Randkluft im Steilhang unter der Scharte passieren erfahrene und vorsichtige Alpinisten mit Seilsicherung leicht von hüben nach drüben – und Leichtsinnige ebenso leicht vom Diesseits ins Jenseits. Erstere treffen hinter der Venedigerscharte auf die von der Neuen Prager Hütte heraufziehende Trasse, die nur zwischen den zahlreichen Spalten einige Schnörkel dreht, ansonsten aber direkt durch das obere Becken des Schlatenkeeses zur meist schon bevölkerten Gipfelschulter zieht. Je nach Zustand der Wächte ist für das letzte Stück zum höchsten Punkt ein solides Gleichgewichtsgefühl notwendig. Auf P. 3674 steht man hoch über vier Riesengletschern im Zentrum einer von Firn geprägten Hochgebirgswelt, in der nur wenig nackter Fels zutage tritt. Bei klarem Wetter reicht der Blick bis zu den Eisgipfeln von Ortler und Bernina, nicht jedoch bis zu den Eisverkäufern von Venedig!

Für den Abstieg empfiehlt sich neben dem kürzesten Weg zum sanierten Defregger-Haus der interessanteste zur Badener Hütte, in dessen Verlauf man ohne großen Mehraufwand die Venedigertrabanten Rainerhorn, Schwarze Wand, Hoher Zaun und Kristallwand »mitnehmen« kann. Wer wegen seines abgestellten Wagens wieder zum Ausgangspunkt zurück muß, wählt von der Badener Hütte am besten den Rückweg übers Löbbentörl, der direkt unter dem Venedigereis nach Innergschlöß und zum Matreier Tauern-Haus führt, mit Busverbindung durch den Felbertauerntunnel in den Pinzgau.

59 Großglockner

Am höchsten Berg Österreichs

Österreich
Hohe Tauern
3798 m
E/F(II)

Talorte Heiligenblut, 1288 m, an der Glocknerstraße, im obersten Mölltal, Straße/Bus von Lienz oder Zell a. See. – Kals a. Großglockner, 1325 m, Straße/Bus von Huben im Iseltal (Felbertauernstraße).

Stützpunkte Hofmanns-H., 2444 m, ÖAV, oberhalb der Pasterzenzunge, 0.30 Std. vom Parkhaus an der Franz-Josefs-Höhe, 2400 m. – Erzherzog-Johann-H., 3454 m, ÖAK, auf der Adlersruhe, 4 Std., vom Parkhaus Franz-Josefs-Höhe über den Hofmannsweg mit Gletscherstrecken (im Schrofengelände bez., auf Gletschern meist Trasse; Spaltensturzgefahr!). – Stüdl-H., 2801 m, DAV, in der Fanatscharte, Zustieg von bzw. Abstieg nach Kals, 1.15 Std. im Abstieg von der Adlersruhe.

Aufstieg Über den Normalweg Glocknerleitl – Kleinglockner – Glocknerscharte – Großglockner. – **Höhenunterschied** 370 m (1300 m ab Hofmanns-H., 1030 ab Stüdl-H.). – **Zeit** 1.30 Std. von der Adlersruhe.

Abstieg Wie Aufstieg zur Adlersruhe, dann beliebiger Talabstieg, insges. 4–6 Std.

Charakter Gipfelanstieg für Schwindelfreie und Trittsichere erstaunlich leicht; »Schlüsselstellen« sind das steile Glocknerleitl – vor allem bei Blankeis! – und die ausgesetzte Querung der Glocknerscharte! Die Kletterei im Fels ist nirgends schwieriger als II; große Eisenstangen zum Sichern am Gipfelgrat. – Erfahrung im Begehen von Gletschern erfordern alle Zustiege zur Erzherzog-Johann-H.!

Ausrüstungstip Unbedingt Steigeisen, Pickel und Seil!

Besonderer Hinweis Konditionsstarke Geher können sich die Übernachtung auf der oft überfüllten Erzherzog-Johann-H. ersparen und bei zeitigem Aufbruch – sicheres Wetter vorausgesetzt! – von der Hofmanns-H. oder der Stüdl-H. starten!

Erstersteiger M. und S. Klotz, zwei weitere unbekannte Zimmerleute aus Heiligenblut und Pfarrer Horrasch, 1800 (im Rahmen eine »Expedition« des Fürstbischofs Salm).

Führer W. End: AVF Glockner- und Granatspitz-Gruppe, Rother, München.

Karten AV 40, Großglockner-Gruppe, 1:25000. – FB-WK 122 Großglockner – Kaprun – Zell a. See, oder 181, Lienz – Heiligenblut – Matrei, jeweils 1:50000.

Alternative Route Stüdlgrat (SW-Grat), Kletteranstieg mit Stellen im III. Schwierigkeitsgrad, für geübte, mit der Sicherungstechnik vertraute Bergsteiger ein Hochgenuß! 4 Std. von der Stüdl-H.

Den Großglockner vorzustellen, dessen alpinistisches Renommee die übrigen Tauerngipfel ebenso überragt wie seine Gipfelhöhe, und der von Superlativen ebenso umgeben ist wie von Getschermassen, gleicht einer essayistischen Gratwanderung zwischen Trivialität und Pathos, zwischen Klischee und Esoterik.
170 km von den nächsten höheren Erhebungen entfernt steht der Großglockner einsam über seiner Umgebung als der auffallendste und bedeutendste Gipfel im gesamten östlichen Alpendrittel! Diese herausragende Stellung verdankt er in erster Linie dem witterungsbeständigen Grünsteinaufbau, von dessen ebenmäßiger Glockenform sich sein Name ableitet. Zur Kalser Seite, wo diese Bezeichnung zuerst aufgekommen ist, gibt sich die Glocke felsig schwarz über firnweißem Grund, zur bekannteren Ostseite hingegen meist gletscherverhüllt, umflossen vom größten Eisstrom der Ostalpen, der Pasterze.
Wie bei den meisten hohen Alpengipfeln reicht auch beim Großglockner die touristische Vergangenheit bis ins 18. Jahrhundert zurück. Die beim zweiten Versuch erfolgreichen Ersteriger gingen damals, am 28. Juli 1800, besonders gründlich zu Werke und brachten gleich das Gipfelkreuz mit. Heutzutage ist das Mitführen sperriger Gegenstände am Großglockner nicht mehr opportun; seit nämlich der schönste Berg Öster-

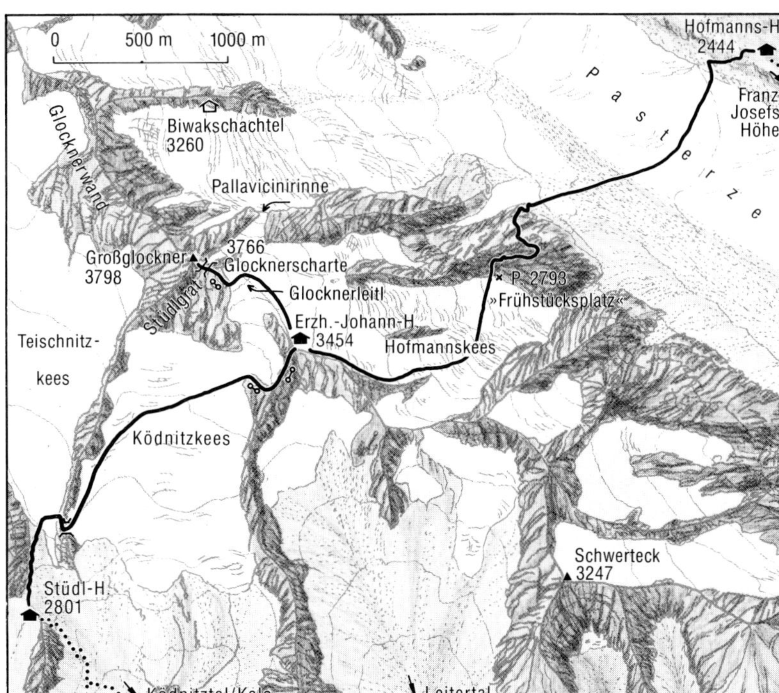

◁ Ein Bild der Superlative: die schönste, meistfotografierte, berühmteste Seite des höchsten Berges von Österreich. Prachtvolles Wetter und gute Bedingungen haben gleich ein halbes Dutzend Seilschaften in die klassischen Nordwandrouten des Großglockner gelockt, wo sie als winzige Punkte zu erkennen sind.

Eine Ansicht des Großglocknergipfels, wie sie nur Hubschrauberpassagiere und Dohlen haben... Im Hintergrund die östliche Schober-Gruppe. ▷

reichs 1919 auch zum höchsten geworden ist, hat das Gedränge in der Oberen Glocknerscharte stetig zugenommen. Natürlich haben viele Alpengipfel größere Kontingente an Bergsteigern zu verkraften, doch selten wickelt sich der gesamte Verkehr durch ein bloß schuhbreites Nadelöhr ab, wie es zwischen Klein- und Großglockner der Fall ist.
Zur falschen Zeit, also an einem Morgen in der Hauptsaison, bereitet eine Glocknertour nicht selten mehr Verdruß als Vergnügen: Da gibt es manch unangenehme Zustände auf der sanierungsbedürftigen Erzherzog-Johann-Hütte, lange Wartezeiten am Vorgipfel, Risse in der hochheiligen Bergkameradschaft und vielleicht gar das Pech, wegen zu starken Andrangs unverrichteter Dinge umkehren zu müssen. Wer hier im Stau feststeht oder -sitzt, hat aber keinen Grund, sich über die anderen zu ärgern – er befindet sich nämlich unter Seinesgleichen!
Eine Alternative zum Glocknerschartenengpaß wäre der schöne Stüdlgrat, aber dessen klettertechnische Schwierigkeiten (III) sind nicht jedermanns Geschmack. So bleibt also doch »nur« der Normalweg, der für die meisten Glockner-Aspiranten an der Franz-Josefs-Höhe beginnt, wo man bequem mit dem eigenen Auto vorfahren und über den motorisierten Massentourismus im Hochgebirge schimpfen kann. Per Fahrstuhl oder Treppe geht es vom Parkplatz hinab zur mächtigen Pasterze, und schon bald hat man auch den letzten Gletscherspaziergänger hinter sich gelassen. Am anderen Ufer steigt man auf einem ausgetretenen Felspfad zum sogenannten »Frühstücksplatz«, wo es allerdings nicht immer appetitlich ausschaut. Das folgende Hofmannskees erfordert Vorsicht wegen seiner Spalten, auch wenn es zur Hauptsaison meist gut gespurt ist bis zur Adlersruhe mit der Erzherzog-Johann-Hütte. Hierher gelangt man auf guten Wegen auch von der Stüdl-, der Glorer- und der Salm-Hütte.
An Zugangsmöglichkeiten zur höchstgelegenen Schutzhütte Österreichs herrscht kein Mangel, eher schon an Schlafplätzen und besonders an Entsorgungseinrichtungen. Wenn alle Gäste morgens gleichzeitig aufbrechen und sich auch noch die Frühaufsteher von den anderen Hütten dazugesellen, kommt es schnell zu den berüchtigten – und schon erwähnten – Rückstaus am Kleinglockner. Da der Gipfelanstieg von der Adlersruhe verhältnismäßig kurz ist, kann man bei sicherem Wetter den ganzen Tag über zum Großglockner aufsteigen und hat daher nachmittags häufig mehr von der Tour.
Bis zur Schulter über dem Glocknerleitl ist bei Verwendung von Pickel und Steigeisen alles einfach, danach beginnt im Fels das Expositionsgefühl, an der schmalen Gratschneide des Kleinglockner, in der berühmt-berüchtigten Glocknerscharte und zuletzt am plattigen Fels des Hauptgipfels. Ob nun nach einem Hindernislauf oder einer Genußtour, am Gipfelkreuz ist – bei Sonnenschein– die Welt weit geworden und die umliegende Tauernlandschaft klein: Vom Großglockner wirkt alles wie aus der Vogelperspektive.

60 Hochalmspitze

Rudolfstädter Weg – Großelendkees

Österreich
Ankogel-Gruppe
3360 m
F(II)/E

Talort Malta, 838 m, in gleichnamigem Tal oberhalb Gmünd, von dort Busverbindung.

Stützpunkte Gießener H., 2215 m, DAV, auf dem Gößbichl südl. der Hochalmspitze, 1.30 Std. von der Ob. Tomanbauer-A., 1611 m, bzw. Parkplatz am Speicher Gößkar, ca. 1677 m, bez. – Osnabrücker H., 2022 m, DAV, im Großelendtal, 7 Std. von Malta durch das Tal oder 2 Std. ab Parkplatz (Mautstraße) am Kölnbreinsee, 1930 m, bez.

Aufstieg Über Rudolstädter Weg, Trippkees und SO-Grat. – **Höhenunterschied** 1150 m. – **Zeit** 4 Std.

Abstieg In 3 Std. über den verfirnten NO-Kamm, Preimlscharte und Großelendkees zur Osnabrücker H.

Charakter Ausgedehnter Grat- und Gletscherweg mit mehreren interessanten, mäßig schwierigen Kletterstellen (II) in festem Granit.

Besonderer Hinweis Auf allen Gletschern Spalten, auch am Kl. Trippkees (in AV-Karte nicht eingezeichnet); daher Seilsicherung nötig.

Erstersteiger F. Kordon und Gefährten, 1892.

Führer L. Buchenauer: AVF Ankogel- und Goldberg-Gruppe, Rother, München.

Karte AV 44, Hochalmspitze – Ankogel, 1:25000.

Alternative Touren Detmolder Steig, einziger gletscherfreier (aber nicht eisfreier!), anspruchsvoller Anstieg, vom Arthur-von-Schmid-Hs. über Säuleck – Schneewinklspitz – Lassacher Winkelscharte und den SW-Grat der Hochalmspitze, 5–6 Std., II (Zugang zur Lassacher Winkelscharte auch von der Gießener H. über Schwarzenberger Weg).

Bild Die Hochalmspitze durch das Teleobjektiv über das Maltatal hinweg vom Gipfel des Hafner gesehen. Vom Gipfel nach links hinunter zieht der Südostgrat über die »Steinernen Manndln« zur Schwarzen Schneid (links außen); rechts vom Gipfel erhebt sich der Großelendkopf.

Knapp 600 km von seinem westlichen Pendant, dem Pic de l'Etendard, entfernt, steht als hochalpiner Schlußpunkt der Hohen Tauern der östlichste Gletscherberg der Alpen – die einst »Eiskönigin der Tauern« genannte Hochalmspitze. Rings um diesen ebenso schönen wie bergsteigerisch begehrten Berg verteilen sich vier ansehnliche Firnbecken und fünf Alpenvereinshütten, und auf vier verschiedenen Anstiegsrouten kann man dem im weiten Umkreis höchsten Gipfel zu Leibe rücken.
Hier kommt jeder Bergsteiger auf seine Kosten, der seine Erfüllung nicht ausschließlich in der Vertikalen sieht, sei es am langen, klettertechnisch reizvollen Zugang vom Arthur-von-Schmidt-Haus via Säuleck und Detmolder Grat oder am einsamen Aufstieg von der unbewirtschafteten Villacher Hütte. Die klassischen, am häufigsten benutzten Routen sind die von der Osnabrücker bzw. von der Gießener Hütte, deren Addition bei sicherem Wetter eine landschaftlich

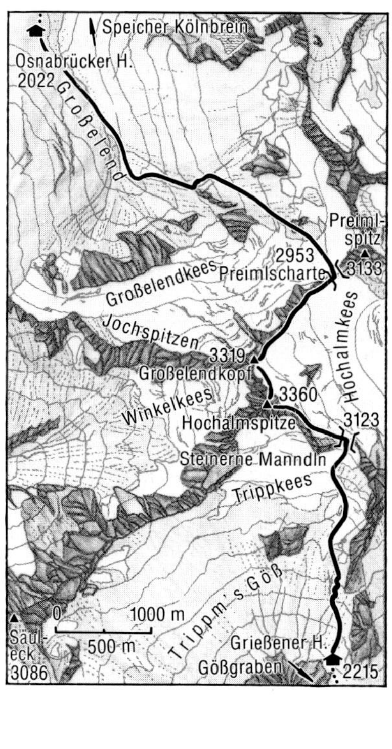

wechselvolle, ereignisreiche Überschreitung ergibt.
Um die steilsten Passagen aufsteigend bewältigen zu können, ist es vorteilhaft, bei der Gießener Hütte zu starten. Von hier hat man nur dem AV-Weg Nr. 536 zu folgen, alles weitere entwickelt sich dann fast wie von selbst. Über einen Moränenwall geht es zum westlichen Trippkees, dessen oberster Steilhang mit einem fixen, 100 m langen Hanfseil entschärft ist, und schließlich durch eine gutgestufte, mit Drahtseil gesicherte Wandstelle empor zu den eigenwillig geformten Felsfiguren der »Steinernen Manndln« auf dem Südostgrat.
Der Rest spielt sich nun ganz am leichten Gratrücken zur Schneeigen Hochalmspitze ab, bei Sonne mit weiter Tauernlandschaft, bei Nebel nur mit den Markierungsstangen vor Augen. Auch der abschließende Blockgrat zur Aperen Hochalmspitze macht aus dieser Tour kein schwieriges Unternehmen mehr, so daß man am geräumigen Gipfel die immense Rundsicht vom Großglockner bis zu den letzten Ausläufern der Ostalpen einmal ohne Abstiegssorgen genießen kann.
Für den Rückweg gibt es vom Vorgipfel weg zwei Möglichkeiten: entweder am Firnkamm des Nordostgrats direkt in die Preimlscharte oder durchs Becken des Hochalmkeeses und um den Felskopf P.3118 herum. Jenseits der Scharte führen Spuren im Schutt 100 m steil hinab zum Großelendkees und über dessen östlichen Ausläufer zur weitläufigen Seitenmoräne, durch die die Ziffer 552 des AV-Wegenetzes »rotsicher« hinunter zur Osnabrücker Hütte leitet.
Kurz unterhalb der gemütlichen AV-Hütte ertrinkt das Großelendtal im neuen Kölnbrein-Stausee. Wenn bei diesem Anblick das große Elend überkommt, sollte sich damit trösten, daß die ärgsten Wunden dieses Landschaftseingriffs längst unter den Eiswassern von Ankogel und Hochalmspitze verborgen liegen.

Wichtige Hinweise

Dieses Buch wendet sich – so steht es im Vorwort – an den erfahrenen Bergsteiger; man sollte daher glauben, daß Hinweise für richtiges Verhalten beim Bergsteigen an dieser Stelle überflüssig sind. Die Schrekkensbilanz von rund 1000 Bergsteigern und -wanderern, die in den Alpen jedes Jahr bei Unfällen ums Leben kommen, widerspricht dieser Ansicht. Unter dieser großen Zahl von Bergtoten befinden sich nämlich keineswegs nur leichtsinnige »Halbschuhtouristen« oder todesverachtende Extremkletterer, sondern auch nicht wenige sogenannte erfahrene Bergsteiger. Bei genauerer Betrachtung vieler Unglücksfälle stellt sich allzuoft heraus, daß die größten Risiken für Leib und Leben des Bergsteigers nicht so sehr in dessen eigener physischer Beschränktheit oder im allgemein bekannten Bereich der objektiven Gefahren zu suchen sind, sondern viel häufiger in Unwissen, Selbstüberschätzung, Ignoranz und Leichtsinn.

Schier endlose Karawanen auf vielen berühmten Routen mögen eine der Ursachen für manchen Verhaltensfehler sein, die maßlose Überschätzung der eigenen Fähigkeiten und gleichzeitige falsche Bewertung der Schwierigkeiten zwei weitere. Bergsteigen ist keineswegs – wie es so oft von sensationsgierigen Leuten dargestellt wird – ein ständiges Spiel mit dem Tod –, und doch kann hier auch ein kleiner Fehler bereits fatale Folgen haben. Bergsteigen muß man lernen – in der Praxis! Nur dort holt man sich seine Erfahrungen und kann die Gefahren verringern – ganz ausschalten lassen sie sich allerdings nie!

Es geht auf diesen beiden Seiten nicht um Knoten, spezielle Sicherungs- oder Klettertechniken im Detail, sondern um alpine Erfahrungen, die jeder Bergsteiger mit Verstand gesammelt hat und zu verwerten weiß.

Jede Tour beginnt mit einer vernünftigen Vorbereitung. Wer sich von diesem Buch zu der einen oder anderen Route auf einen klassischen Alpengipfel anregen läßt, sollte sich daher unbedingt mit der angegebenen Führerliteratur befassen und die empfohlene Karte studieren. Bereits bei der Auswahl der Touren hat man Charakter, Länge und Schwierigkeit zu berücksichtigen; als Anhaltspunkte dienen dazu in diesem Buch die Angaben in der Oberzeile, wo man auf einen Blick erkennt, ob es sich um eine Eistour (E), eine Felstour (F) oder eine kombinierte Tour (E/F) handelt. Dabei ist zusätzlich zum Hinweis auf Felspassagen auch die Schwierigkeit der schwierigsten Stelle angegeben (bei normalen Verhältnissen). Der Charakter einer Tour ist unter einem eigenen Stichwort kurz dargestellt, so daß jeder Leser schnell den Unterschied zwischen einer Piz-Sesvenna- und einer Aiguille-Verte-Besteigung erkennt.

Zur Vorbereitung einer Tour gehört es auch, über mehrere Tage den Wetterbericht und die Wetterentwicklung zu verfolgen. Selbstverständlich hat man Angehörige oder Freunde über das Ziel zu informieren. Wenn vor der Tour in einer Hütte übernachtet wird, sollte man unbedingt mit dem Hüttenwirt das Unternehmen besprechen: er kennt die Zustände und Verhältnisse in den Routen, weiß über Besonderheiten Bescheid, kann Tips für den Abstieg geben. Die bergsteigerische Kompetenz dieser Leute wird von vielen Alpinisten aus reiner Überheblichkeit nur zu gern unterschätzt!

Nur einige wenige Sätze sollen an dieser Stelle zum Bereich der Ausrüstung geschrieben werden; auch hier gilt es, aus den Erfahrungen zu lernen, sinnvolle Neuerungen – die zum Beispiel im Bekleidungssektor zu großen Gewichtseinsparungen geführt haben – aufzugreifen, überflüssigen Schnickschnack als solchen zu erkennen, aber stets das Notwendige dabei zu haben (das ist in der Regel schwer genug!). Die perfekte Ausrüstung hat zwar schon so manchen Bergsteiger in Notsituationen vor der Katastrophe bewahrt, andererseits darf sich niemand vorgaukeln, daß das Mitführen von Pickel, Steigeisen und Seil etwa bei einer Gletscherbegehung vor dem Spaltensturz schützt! Die Anwendung der Hilfsmittel hat man zu beherrschen! Wer sich darin nicht von einem erfahrenen Freund unterrichten lassen kann, absolviere unbedingt einen Kurs in einer der vielen Bergsteigerschulen oder in einer Alpenvereins-Sektion.

Nur wer so gut vorbereitet eine Tour angeht, daß er sie konditionell und technisch ohne Probleme meistert, wird auch Freude und Befriedigung an der Unternehmung haben. Als Probleme sind dabei keineswegs jene gesunde Angst und jenes spannungsgeladene Zittern an ausgesetzten Passagen gemeint, deren Überwindung stets zu den wichtigsten Momenten jeder großen Tour gehören, sondern das Erreichen absoluter Grenzsituationen, die niemals bewußt angegangen werden dürfen!

Da man auf den Routen zu den bekannten, klassischen Alpengipfeln nur bei sehr ungewöhnlicher Terminplanung als einzige Seilschaft unterwegs sein dürfte, kann es auf diesen Anstiegen leicht zu Stauungen wie im Ferienreiseverkehr kommen. Wer während einer Tour mit deutlich schnellerem Tempo zu Vorgängern aufschließt, hat durchaus das Recht zu überholen. Auf den entsprechenden Wunsch sollte man allerdings höflich hinweisen und eine geeignete Stelle abwarten. Es sollte selbstverständlich sein, daß eine Seilschaft einer schnelleren den Vortritt läßt!

Der oft zitierte Satz »Geschwindigkeit ist Sicherheit« gilt beim Bergsteigen in den Alpen nur unter der Einschränkung, daß das Tempo stets der Sicherheit untergeordnet ist. Auch die Zeit des frühmorgendlichen Aufbruchs hat mit der Sicherheit zu tun.

Bei großen Gletschertouren ist es keineswegs immer eine Marotte des Hüttenwirts, wenn er die Bergsteiger vor Tagwerden auf den Weg scheucht: Nur dann findet man beim Anstieg harten Firn vor, der schnelleres Höhersteigen ermöglicht, und vermeidet es, durch einen aufgeweichten Schneesumpf absteigen zu müssen. Außerdem werden Spaltenbrücken mit zunehmender Dauer der Sonneneinstrahlung immer labiler und unzuverlässiger.

Bei der überwiegenden Zahl der Routen auf klassische Alpengipfel kommt man mit Granit und Gneis des Alpenhauptkamms in Berührung; sehr oft lassen sich dann auch auf den Normalwegen längere Passagen nur in mehr oder weniger schwieriger Kletterei überwinden. Wer Klettern im Kalk der Nördlichen oder Südlichen Alpengruppen gewöhnt ist, wird sich in Granit und Gneis umstellen müssen: Die Felsstruktur ist unvergleichlich gröber, geschlossener, bietet weniger Griff- und Trittmöglichkeiten; andererseits ist die Oberfläche des Gesteins meist rauher, so daß man sehr häufig auf Reibung gehen kann bzw. muß. Insgesamt ist bei Kletterei in Granit und Gneis die Belastung der Arme durch kräfteraubende Züge höher, also anstrengender als im Kalk, wo man mit guter Beinarbeit die Arme weitgehend entlasten kann. Zur Kletterei gehört selbstverständlich auch das Beherrschen der modernen Sicherungstechniken (Informationen dazu bietet die entsprechende Fachliteratur).

An steilen Stellen im Eis ist die richtige Anwendung von Eispickel und Steigeisen von größter Wichtigkeit. Die Sicherungsmethoden hängen hier stets von den Firn- bzw. Eisverhältnissen ab; als Sicherungspunkte kommen bei guten Eisverhältnissen nur Rohreishaken, -spiralen und -schrauben in Frage; das haben Versuche des DAV-Sicherheitskreises ergeben. Diese wichtige Institution hat sich auch mit der Gefahr des Mitreißens von Seilgefährten beim gleichzeitigen Gehen im steilen Firn beschäftigt, mit dem Ergebnis, daß in diesem Gelände ein Sturz nicht gehalten werden kann, man also entweder regelrecht sichert oder aber seilfrei geht. (Über neue Erkenntnisse in der Sicherungstechnik informieren regelmäßig die alpinen Zeitschriften.)

Zum Schluß sei auf die entscheidende Tugend hingewiesen, die es ermöglicht, auch als Bergsteiger mit anspruchsvolleren Zielen zu »überleben« und »alt« zu werden: Der Mut zur Umkehr ist keineswegs ein Ausdruck von Feigheit, sondern vielmehr von Vorsicht und Vernunft!

Erläuterung der Abkürzungen

bez.	bezeichneter, markierter Steig oder Weg
ges.	mit Drahtseilen, Eisenstiften bzw. -klammern oder Leitern gesicherter Steig in felsigem Gelände
AVS	Alpenverein Südtirol
CAF	Club Alpin Français
CAI	Club Alpino Italiano
DAV	Deutscher Alpenverein
ÖAV	Österreichischer Alpenverein
SAC	Schweizer Alpen-Club
ÖAK	Österreichischer Alpen-Klub
AAC	Akademischer Alpen-Club
UTOE	Unione Ticinese Operai Escursionisti

Landkarten von:

FB-WK	Freytag-Berndt-Wanderkarte
AV	Alpenvereinskarte (DAV/ÖAV)
IGN	Institut Géographique National, Paris
IGC	Istituto Geografico Centrale, Torino
TCI	Touring Club Italiano, Servizio Cartografico, Milano
LKS	Landeskarte der Schweiz

Symbole in Karten und Anstiegsskizzen

)(	Paß, Joch, Sattel (in Karten)
)(	Kamin (in Anstiegsskizzen)
/\	Rinne
	Verschneidung
□	Platte
═	Band
o—o	gesicherter Wegabschnitt
	Abseilstelle
	gestufter Fels
√	Scharte (in Anstiegsskizzen)
	Bergschrund, Randspalte
....	Hüttenzustieg (in Karten)
– – –	Variante, alternative Route (in Karten)
———	sichtbare Route (in Anstiegsskizzen)
....	verdeckte Route (in Anstiegsskizzen)

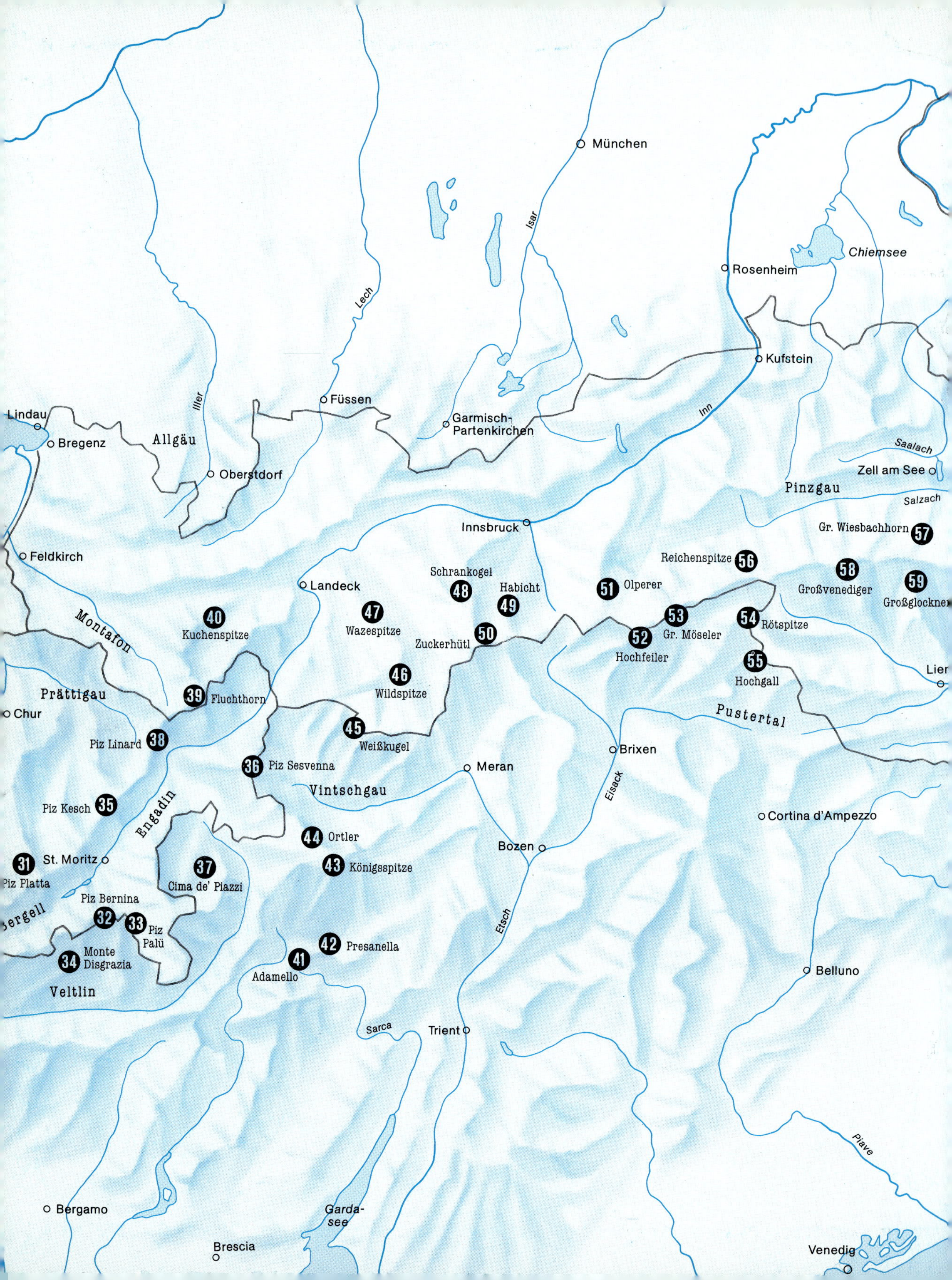
München
Isar
Lech
Chiemsee
Rosenheim
Kufstein
Inn
Füssen
Iller
Lindau
Bregenz
Allgäu
Garmisch-
Partenkirchen
Oberstdorf
Saalach
Zell am See
Pinzgau
Salzach
Innsbruck
Gr. Wiesbachhorn 57
Reichenspitze 56
58 Großvenediger
59 Großglockner
Feldkirch
Schrankogel
48
Habicht
49
51 Olperer
Landeck
Montafon
40 Kuchenspitze
47 Wazespitze
Zuckerhütl 50
53 Gr. Möseler
52 Hochfeiler
54 Rötspitze
55 Hochgall
Lienz
Prättigau
Chur
39 Fluchthorn
46 Wildspitze
Pustertal
Piz Linard 38
45 Weißkugel
36 Piz Sesvenna
Brixen
Meran
Vintschgau
Piz Kesch 35
Engadin
Eisack
Cortina d'Ampezzo
44 Ortler
St. Moritz
31 Piz Platta
37 Cima de' Piazzi
43 Königsspitze
Bozen
Piz Bernina
32
33 Piz Palü
Bergell
34 Monte Disgrazia
Veltlin
42 Presanella
41 Adamello
Etsch
Belluno
Sarca
Trient
Piave
Bergamo
Garda-
see
Brescia
Venedig